Allemand 1re

FANTASTISCH!

A2+ / B1+

Lycée

NOUVEAUX PROGRAMMES 2019

W0370492

Sous la direction de :
Jocelyne Maccarini
IA-IPR
Académie de Nancy-Metz

Pierre Chancy
Professeur agrégé
Lycée Stanislas (67)

David Closen
Professeur certifié et formateur
Lycée Blaise Pascal (57)

Danielle Monnet
Professeure agrégée
Lycée Jean-Victor Poncelet (57)

Mathilde Puche
Professeure agrégée
Lycée Fabert (57)

Nathalie Roussel-Kostka
Professeure agrégée
Lycée Louis Couffignal (67)

Angela Seidack
Professeure agrégée
Lycée Camille Sée (68)

Isabelle Susock
Professeure agrégée
Lycée Félix Mayer (57)

Vincent Turquin
Professeur agrégé et formateur
Lycée Franklin Roosevelt (51)

Nathalie Wallerich
Professeure certifiée et formatrice
Lycée Jean-Baptiste Colbert (57)

Éditions maison des langues

Coordination pédagogique et éditoriale : Anja Burkhardt

Édition : Anja Burkhardt, Barbara Ceruti

Conception graphique : Roser Cerdà, Oscar García Ortega, Luis Luján

Mise en page : Emma Camacho, Nèlia Creixell, Aleix Tormo

Couverture : Roser Cerdà

Iconographie et droits : Anja Burkhardt

Relecture et correction : Katharina Bigot

Cartographie : Éditions Maison des Langues

Remerciements : Nous tenons à remercier toutes les personnes qui ont contribué par leurs conseils et révisions à la réalisation de ce manuel, notamment Florence Pitti, Eduard Sancho, Ainara Munt Ojanguren et Marta Cárdenas.

ISBN : 978-2-35685-582-4

Réimpression : août 2019

Chères et chers élèves,

Bienvenue dans Fantastisch! 1re !

Vous voilà parvenu/e/s à l'entrée du **cycle terminal** : deux années s'offrent à vous pour consolider vos connaissances et asseoir vos compétences en allemand. Que de chemin parcouru depuis vos premiers pas dans la langue ! Vous possédez des centaines de mots et tournures pour **comprendre et vous exprimer**, plus d'une **stratégie** pour surmonter les obstacles, et vous avez quasiment fait le tour de **grammaire**. Par ailleurs, **les pays germanophones, leur culture, leur histoire, et nombre de problématiques** qui traversent leurs sociétés ne vous sont plus étrangers. Vous possédez donc un **bagage solide** dont vous pouvez attester et être fiers/fières.

Vous abordez à présent la dernière ligne droite et, déjà, le **baccalauréat** se profile à l'horizon : épreuves communes dès cette année, aux deuxième et troisième trimestres, puis l'année prochaine, en Terminale, au deuxième trimestre.

Votre manuel vous offre **tous les outils pour franchir aisément cette avant-dernière étape** :

- les **documents**, tous **authentiques**, correspondent au niveau de langue visé. Riches, originaux et motivants, ils ne vous laisseront certainement pas indifférent/e/s !
- les **activités** sont **différenciées**, c'est-à-dire conçues pour s'adapter aux besoins de chacun/e.
- chaque unité comprend des **sujets de type bac**, pour vous préparer sereinement aux nouvelles épreuves communes de contrôle continu de Première et de Terminale.
- les **fiches de méthodologie** et les **stratégies** présentées permettent de **surmonter les difficultés**, à l'oral comme à l'écrit.
- les **tâches finales** sont accompagnées de **fiches d'aide** pour vous guider dans leur réalisation.
- l'apprentissage du **lexique** est facilité grâce à des **cartes mentales illustrées** et des **activités**.
- de **nombreux entraînements** sont proposés pour fixer la **prononciation** et l'**orthographe**.
- la **grammaire** est expliquée de façon claire dans un **précis attrayant** et travaillée dans une **banque d'exercices** très complète.

Les **14 unités** de **Fantastisch! 1re** couvrent les **8 axes d'étude** au programme du cycle terminal et sont organisées autour de l'entrée culturelle **« Gestes fondateurs et mondes en mouvement »**. Chacune s'ouvre sur une **problématique**, parfois complexe mais toujours accessible, à laquelle les documents proposés au fil des pages et les connaissances dont vous disposez par ailleurs vous permettront d'apporter une **réponse personnelle**.

Lisez, écoutez, observez, comparez les réalités culturelles des pays dont vous apprenez la langue ou que vous connaissez, **réfléchissez**, seul/e/s ou à plusieurs, **discutez**, **débattez** ! **Prenez la parole** sans craindre les erreurs. En **méditateurs / médiatrices** averti/e/s de la langue et de la culture que vous êtes désormais, **transmettez** vos découvertes et votre réflexion à d'autres – camarades des autres classes ou public extérieur.

L'équipe de **Fantastisch! 1re** vous prodigue tous ses encouragements à l'orée de cette nouvelle année d'apprentissage et vous souhaite **beaucoup de plaisir et de réussite** tout au long de votre parcours.

Jocelyne Maccarini
Directrice de la collection
IA-IPR d'allemand
Académie de Nancy-Metz

Tableau des contenus

Outils grammaticaux · **Outils lexicaux / phonie-graphie** · **Tâche finale**

4 Ein Begriff mit Vergangenheit

Pressetext: *Heimat? Das ist mehr als Trachtenvereine*

5 Ein Inder aus Deutschland

Literarischer Text: Hasnain Kazim, *Grünkohl und Curry*

Outils grammaticaux

- Les pronoms relatifs au nominatif et au datif / Le pronom relatif **wo**
- La subordonnée de temps avec **wenn**
- Situer dans le temps avec **seitdem** / **damals** / **früher** / **heutzutage**

Outils lexicaux / phonie-graphie

- Ein Ort
- Ein Gefühl
- Eine neue Sehnsucht
- Pass = Identität?

Aussprache:

- O / AU
- E / EI / IE

Tâche finale

„Heimat" ist …

Ich verfasse einen Text für die Schülerzeitung, in dem ich erkläre, was der Begriff „Heimat" bedeutet.

5 Zusammen-gewachsen?

Pressetext: Ost- und Westdeutschland heute

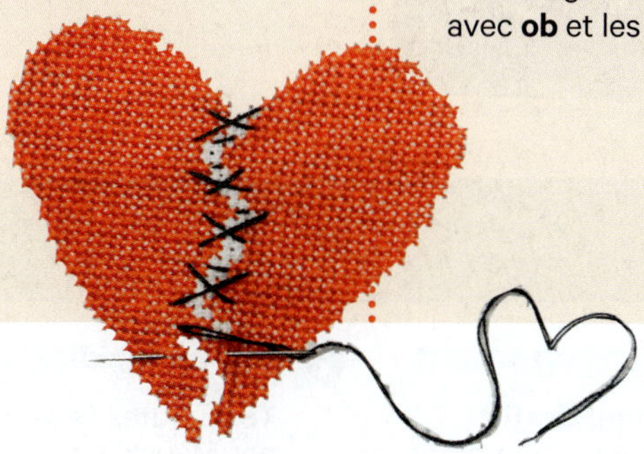

Outils grammaticaux

- Le prétérit
- Les pronoms relatifs au nominatif, à l'accusatif et au datif / Le pronom relatif **was**
- L'interrogative indirecte avec **ob** et les **W-Fragen**

Outils lexicaux / phonie-graphie

- Zwei Länder
- Konsum
- Ort der Sehnsucht
- Vor und nach der Mauer

Aussprache:

- A / Ä
- CH (*Ach-Laut* / *Ich-Laut*)

Tâche finale

Ein typisches Westpaket

Wir erklären in einer kleinen Ausstellung, was ein Westpaket war, beinhaltete und bedeutete.

Outils grammaticaux · **Outils lexicaux / phonie-graphie** · **Tâche finale**

Grafik: Lohnabstand zwischen Männern und Frauen

4 Julikas Traum

Literarischer Text: Urs Widmer, *Top Dogs*

Outils grammaticaux

- Le comparatif de supériorité
- La comparaison avec **im Vergleich zu / anders als / ähnlich wie**
- La contradiction avec **trotzdem / dennoch**

Outils lexicaux / phonie-graphie

- Das traditionelle Frauenbild
- Die „neue" Frau
- Die Frau von heute
- Karrierefrauen

Aussprache:

- Les mots avec préfixe
- Les voyelles ouvertes et fermées

Tâche finale

Gleichstellung in Deutschland

Wir nehmen Stellung zu den Fragen: Wie hat sich die Gleichstellung der Frau in Deutschland verändert? Gibt es heute Chancengleichheit?

Tableau des contenus

	Outils grammaticaux	Outils lexicaux / phonie-graphie	Tâche finale
	• L'opposition avec **während** • L'opposition avec **im Gegensatz zu / anders als** • Le moyen avec **indem**	• Das Regime • Künstler/innen • Stellung beziehen **Aussprache:** • La consonne G • B, D, G et V en fin de mot	**Künstler/innen im Dritten Reich** Ich wähle einen Künstler oder eine Künstlerin aus der Lektion aus und erkläre, welche Haltung er oder sie zu Zeiten der Diktatur hatte.
4 Kunst am Brandenburger Tor **Promovideo:** The Gate Museum **Pressetext:** Bus-Mahnmal am Brandenburger Tor	• La subordonnée de temps avec **als** • Le discours indirect • Les adjectifs invariables en **-er**	• Politische Kunst • Engagement für ... • Besondere Orte • Verstecken und zeigen **Aussprache:** • La voyelle Y • Le H muet et le H expiré	**Politische Kunst in Berlin** Ich erkläre in einem Text für die Schülerzeitung, inwiefern Berlin der ideale Ort für engagierte Kunstprojekte ist.

	Outils grammaticaux	Outils lexicaux / phonie-graphie	Tâche finale
Pressetext: Was ist eine Bürgerinitiative? **4 Aktive Bürger** **Grafik:** Bürgerbeteiligung in Deutschland **Text:** Bürgerbeteiligung in Deutschland und Frankreich im Vergleich	• La cause avec **da / aufgrund / wegen** • Le conditionnel avec le subjonctif II • La comparaison avec **je ..., desto ...** • Les pronoms relatifs au nominatif, à l'accusatif et au datif	• Aktiv werden • Politik in Person • Online-Engagement **Aussprache:** • IE / EI • L'accent des verbes	**Hört uns zu!** Wir diskutieren in der Klasse, welche der Beteiligungsformen am besten geeignet ist, um sich als Bürger Gehör zu verschaffen.
	• Le génitif • Le groupe infinitif complément avec **zu**	• Im Netz • Unsere Daten • Datenschutz **Aussprache:** • Les mots composés • L'intonation	**Datenschutz in Deutschland** Ich verfasse für die Schülerzeitung einen Text zum Thema „Datenschutz in Deutschland" und vergleiche mit Frankreich.

Tableau des contenus

Outils grammaticaux | **Outils lexicaux / phonie-graphie** | **Tâche finale**

4 Proteste für den Wald

Pressetext: Prominente Baumpaten im Hambacher Wald

Outils grammaticaux

- Le but avec **um … zu** et avec **damit**
- L'adjectif attribut et l'adjectif épithète
- Le prétérit et le parfait

Outils lexicaux / phonie-graphie

- Die Symbolik des Waldes
- Im Wald ist es …
- Der Wald als …
- Der Wald, mein Freund
- Sich für den Wald engagieren

Aussprache:

- U / Ü
- Les verbes à préverbe séparable et inséparable

Tâche finale

Ausstellung zum Wald

Wir organisieren eine Ausstellung zum Thema „Die Deutschen und ihr Wald".

Outils grammaticaux | **Outils lexicaux / phonie-graphie** | **Tâche finale**

Outils grammaticaux

- La structure du groupe nominal
- Le genre des noms
- La déclinaison du groupe nominal au datif et au génitif

Outils lexicaux / phonie-graphie

- Atomenergie
- Wissenschaft
- Gesellschaft
- Politik

Aussprache:

- SCH / CH
- La consonne S

Tâche finale

Wissenschaft und Verantwortung

Ich berichte in einem Text für die Schülerzeitung über das Thema „Wissenschaft und Verantwortung" in Deutschland.

---

4 Fluch und Segen der Technik

Text und Infografik: Technik Radar 2018

Outils grammaticaux

- Le but avec **um … zu** et avec **damit**
- Les adverbes de temps et **zwar …, aber**
- Le futur avec **werden**

Outils lexicaux / phonie-graphie

- Atomausstieg
- Digitalisierung
- Fortschrittsoptimismus
- Skepsis

Aussprache:

- V / W
- L'intonation

Tâche finale

Technischer Fortschritt

Wir erklären in einem Artikel für die Schülerzeitung, inwieweit man in Deutschland gegenüber dem technischen Fortschritt skeptisch eingestellt ist.

Tableau des contenus

Outils grammaticaux | Outils lexicaux / phonie-graphie | Tâche finale

3 Mobbing? Nein, danke!

Literarischer Text: Simone Weizenegger, *Besser als Mitleid*

Plakate: Stop Cybermobbing

Filmtrailer: Theater gegen Mobbing

Outils grammaticaux

- La proposition relative avec **wer** / **was** / **wo**
- Le plus-que-parfait / Les temps du récit
- La voix passive

Outils lexicaux / phonie-graphie

- Anders und doch gleich
- Anders lernen
- Anderen helfen

Aussprache:

- G / IG / NG en fin du mot

Tâche finale

Inklusion an unserer Schule

Wir überlegen uns ein Projekt, durch das sich das Miteinander an Schulen verbessert.

3 Erfolgreich integriert?

Literarischer Text: Yadé Kara, *Selam Berlin*

Outils grammaticaux

- La condition avec **wenn**
- Le prétérit et le plus-que-parfait / Les temps du récit

Outils lexicaux / phonie-graphie

- Barrieren überwinden
- Integration
- Vorurteile

Aussprache:

- S / Z

Tâche finale

Ein neues Ende

Wir erfinden für die Szene aus dem Roman von Yadé Kara ein positives Ende.

Outils grammaticaux | Outils lexicaux / phonie-graphie | Tâche finale

4 … und ihre Bewohner

Pressetext: Schicksale der Fuggerei-Bewohner

Outils grammaticaux

- La voix passive
- La conséquence avec **darum** / **deshalb** / **deswegen**
- La concession avec **obwohl** / **auch wenn**

Outils lexicaux / phonie-graphie

- Wohnen im Museum
- Gefühle
- Industriekultur
- Spuren hinterlassen

Aussprache:

- ST / SP
- Les mots composés

Tâche finale

Vergangenheit und Gegenwart

Wir organisieren eine Debatte über das Thema „Ein zweites Leben für einen historischen Ort".

Outils grammaticaux

- Le génitif
- La subordonnée de temps avec **als**

Outils lexicaux / phonie-graphie

- Stimmung und Events
- Gefühle
- Ein Ereignis feiern
- Erinnerung

Aussprache:

- Les voyelles courtes et longues
- V / W

Tâche finale

Lebendige Geschichte

Wir organisieren eine kleine Ausstellung über die Art und Weise, wie in Deutschland an die Geschichte erinnert wird.

Votre méthode de page en page

Les pictos : mode d'emploi

Expression orale Interaction orale	Expression écrite Interaction écrite Compréhension de l'écrit	Compréhension de l'oral (audio) ; renvoi aux fichiers MP3 professeur du pack de ressources numériques pour la classe et aux fichiers MP3 élève sur espacelangues.emdl.fr (Prof. 15 Élève 07) Compréhension de l'oral (vidéo) ; renvoi aux vidéos du pack de ressources numériques pour la classe
Sprachmittlung Activité de médiation	fiche ENTR. LEXICAL · fiche PHONIE-GRAPHIE · fiche AIDE À LA TÂCHE · fiche ÉVAL. TÂCHE	Renvoi aux fiches complémentaires du pack de fiches photocopiables pour la classe et du pack de ressources numériques pour la classe
PÉDAGOGIE DIFFÉRENCIÉE Activité de pédagogie différenciée	fiche MÉTHODO BAC CO · fiche MÉTHODO BAC CE · fiche MÉTHODO BAC EE · fiche MÉTHODO BAC EO	Renvoi aux fiches de préparation aux épreuves communes du baccalauréat du pack de fiches photocopiables pour la classe et du pack de ressources numériques pour la classe

La structure des unités

Ouverture

Des documents qui permettent d'**entrer en douceur** dans le thème.

L'annonce de la **tâche finale**.

La **problématique**, c'est-à-dire la question qui sous-tend toute l'unité.

L'**axe d'étude** du programme traité dans l'unité.

Documents

Une ou deux doubles pages par unité, avec des **supports variés** et toujours **authentiques** (textes, vidéos, enregistrements, images...).

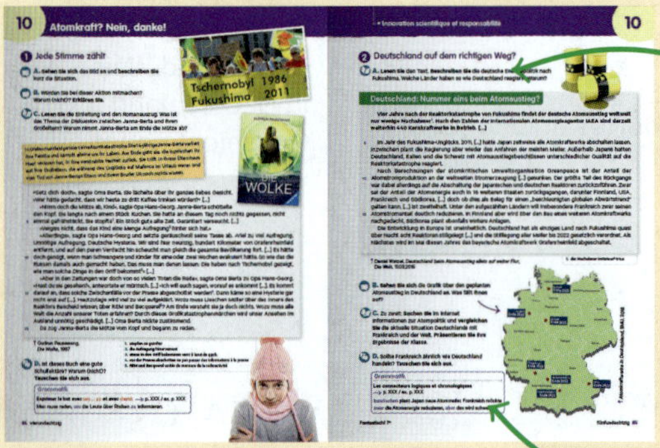

Des **activités qui font sens** et **préparent** à la tâche finale.

Les points de **grammaire** à retenir, accompagnés d'exemples, ainsi qu'un renvoi au **précis grammatical** et à la **banque d'exercices** de fin d'ouvrage.

Lexique

Une **carte mentale** pour visualiser le vocabulaire utile de l'unité. Classés de façon logique, les mots sont plus faciles à mémoriser.

Un renvoi à la **fiche d'entraînement lexical** pour manipuler le vocabulaire de l'unité et réfléchir aux principes de formation du lexique.

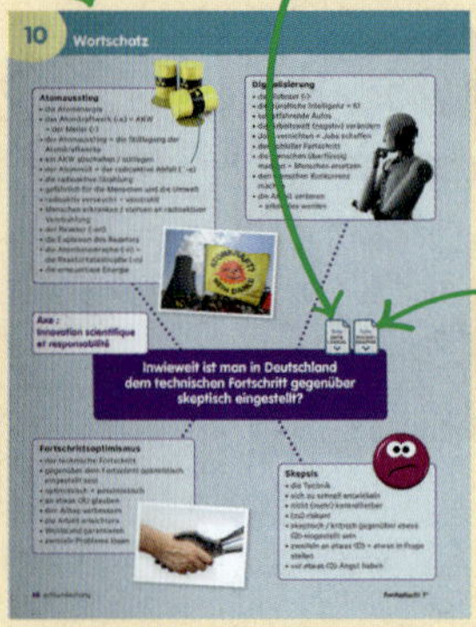

Un renvoi à la **fiche d'entraînement à la maîtrise phonologique** et à la **maîtrise de l'écriture**.

Tâche finale

L'**objectif de la tâche finale** qui clôt l'unité.

Les **étapes à suivre** pour atteindre l'objectif.

Un renvoi à la **fiche d'(auto-)évaluation de la tâche**.

Un renvoi à la **fiche d'aide à la réalisation de la tâche** qui propose des **explications** détaillées en français, des **amorces** et des **stratégies**.

Une **alternative numérique** à la tâche finale proposée.

Entraînement aux nouvelles épreuves du baccalauréat

Une page par unité, pour **se préparer** sereinement **aux trois épreuves communes de contrôle continu** du nouveau baccalauréat.

Chaque page propose **deux sujets de type bac** pour se préparer, selon les cas :

- à l'épreuve 1 de Première (CO + EE) ;
- à l'épreuve 2 de Première (CE + EE) ;
- à la partie orale en continu de l'épreuve 3 de Terminale.

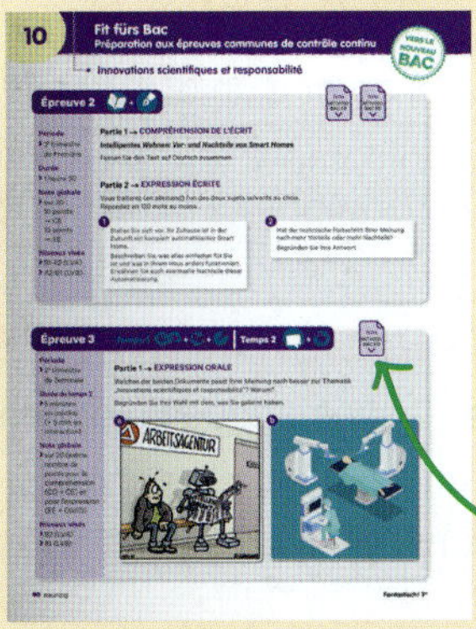

Les **documents supports des évaluations** de compréhension de l'écrit, d'expression écrite et d'expression orale se trouvent **dans le livre du professeur**. Ceux des évaluations de compréhension de l'oral se trouvent **dans le pack de ressources numériques** pour la classe et dans le **manuel interactif** format Web.

Les textes des évaluations de compréhension de l'écrit sont également en accès libre sur la **plateforme pédagogique Espace Langues** (espacelangues.emdl.fr).

Un renvoi aux **fiches de méthodologie pour le nouveau baccalauréat**, pour connaître les **modalités de chaque épreuve** et acquérir des **stratégies de réussite**.

Les annexes

La banque d'exercices

Des **exercices d'application classés par thème grammatical et par unité** pour poursuivre l'entraînement proposé dans les séquences.

Les fiches de méthodologie

Six fiches pratiques pour maîtriser les techniques de production et de réception écrites et orales, ainsi que des conseils pour réussir une interaction écrite, apprendre à bien se relire, etc.

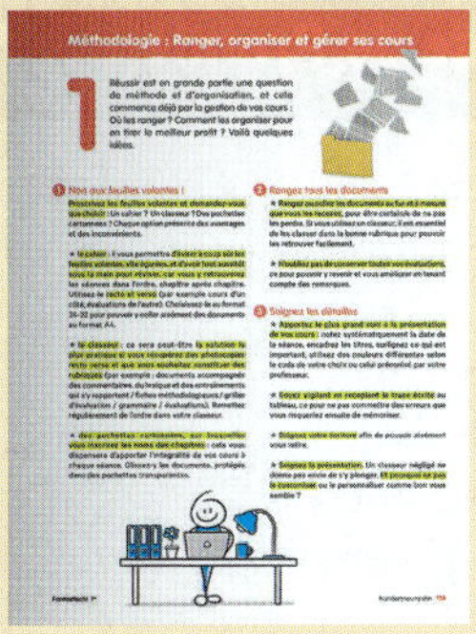

Le précis de grammaire

Des **explications très visuelles et claires** pour bien comprendre et mémoriser les faits de langue des unités.

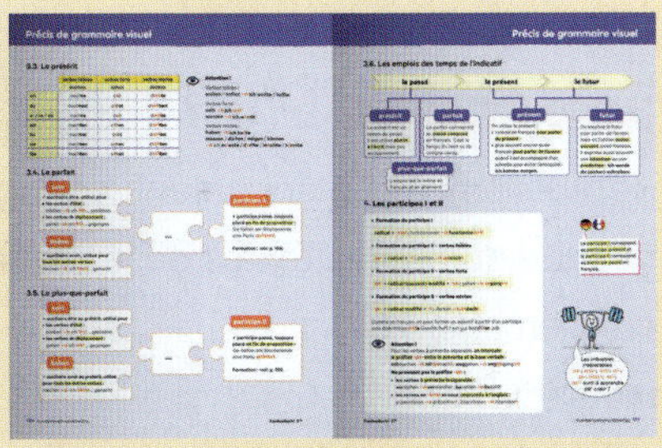

Le lexique allemand-français / français-allemand

Un lexique bilingue pratique pour **retrouver facilement le vocabulaire à mobiliser** dans les activités des différentes unités.

Pour tout savoir sur l'allemand et le nouveau BAC...

L'allemand fait partie des matières évaluées lors des épreuves communes de contrôle continu, qui comptent pour 30 % dans votre note finale du baccalauréat. Les notes que vous obtiendrez en allemand tout au long de vos années de Première et de Terminale entreront également en compte dans le cadre du contrôle continu, qui représente 10 % de votre note finale du baccalauréat.

Épreuve 1

Classe de Première › 2e trimestre

Durée
› 1 heure

Note globale
› sur 20 :
10 points → CO
10 points → EE

Niveaux visés
› B1 pour la langue A
› A2-B1 pour la langue B

L'épreuve commence avec l'écoute du document audio ou le visionnage de la vidéo, après quoi vous pouvez utiliser le temps dont vous disposez comme vous le souhaitez pour rendre compte du document oral, puis pour traiter le sujet d'expression écrite.

Partie 1 → COMPRÉHENSION DE L'ORAL

Document : Un document audio ou vidéo.

Durée du document : 1 minute 30 maximum.

Organisation : Trois écoutes espacées d'une minute. Vous pouvez prendre des notes durant les écoutes et les minutes de pause.

Sujet : En lien avec l'un des axes culturels du programme étudiés en classe. Il ne peut pas s'agir d'un document déjà travaillé en cours.

Objectif : Rédiger un compte rendu en français, libre ou guidé, de ce que vous avez compris.

Partie 2 → EXPRESSION ÉCRITE

Sujet : En lien avec la thématique du document audio ou vidéo de la partie 1.

Objectif : Traiter un sujet en allemand.

Longueur : Au moins 100 mots (dix lignes).

Épreuve 2

Classe de Première › 3e trimestre

Durée
› 1 heure 30

Note globale
› sur 20 :
10 points → CE
10 points → EE

Niveaux visés
› B1-B2 pour la langue A
› A2-B1 pour la langue B

Vous recevez l'intégralité du sujet au début de l'épreuve et disposez de votre temps comme vous le souhaitez pour traiter la compréhension de l'écrit et l'expression écrite.

Partie 1 → COMPRÉHENSION DE L'ÉCRIT

Document/s : Un ou deux textes.

Longueur totale de texte : 2 300 à 4 000 signes (espaces compris), soit entre 25 et 45 lignes.

Sujet : En lien avec l'un des axes culturels du programme étudiés en classe. Il ne peut pas s'agir d'un document déjà travaillé en cours.

Objectif : Rédiger un compte rendu en allemand, libre ou guidé, de ce que vous avez compris.

Partie 2 → EXPRESSION ÉCRITE

Document/s : Aucun, ou éventuellement un document iconographique.

Sujet : En lien avec la thématique du ou des textes de la partie 1.

Objectif : Traiter un sujet en allemand.

Longueur : Au moins 100 mots (dix lignes).

LES TROIS ÉPREUVES DU NOUVEAU BAC

Épreuve 3

Classe de Terminale › 3e trimestre

Note globale › sur 20 : même nombre de points pour la compréhension (CO + CE) et pour l'expression (EE + EO/IO)

Premier temps → ÉPREUVE ÉCRITE

Durée
› 2 heures

Niveaux visés
› B2 pour la langue A
› B1 pour la langue B

L'épreuve commence avec l'écoute du document audio ou le visionnage de la vidéo, après quoi vous disposez de votre temps comme vous le souhaitez pour traiter la compréhension de l'oral, la compréhension de l'écrit et l'expression écrite.

Partie 1 → COMPRÉHENSION DE L'ORAL ET DE L'ÉCRIT

COMPRÉHENSION DE L'ORAL

Même organisation que pour la partie compréhension de l'oral de l'**épreuve 1 de la classe de Première**.

COMPRÉHENSION DE L'ÉCRIT

Même organisation que pour la partie compréhension de l'écrit de l'**épreuve 2 de la classe de Première**, mais la longueur totale de texte passe à 2 500 - 4 500 signes (espaces compris).

Partie 2 → EXPRESSION ÉCRITE

Même organisation que pour la partie expression écrite de l'**épreuve 2 de la classe de Première**.

Second temps → ÉPREUVE ORALE

Durée
› 10 minutes

Niveaux visés
› B2 pour la langue A
› B1 pour la langue B

Le second temps de l'épreuve commence par un exposé oral de 5 minutes maximum, et se poursuit par un entretien de 5 autres minutes entre l'examinateur / examinatrice et vous.

Quand ? Une semaine après le premier temps de l'épreuve.

Examinateur / Examinatrice : Le / La professeur/e que vous avez en cours.

Sujet : En lien avec l'un des axes culturels du programme étudiés en classe.

Objectif : Choisir l'un des trois axes culturels proposés par l'examinateur / examinatrice, puis déterminer lequel des deux documents qu'il / elle vous soumet illustre le mieux l'axe en question.

Documents : Deux documents iconographiques, ou un document iconographique et une citation, ou deux citations.

Partie 1 → EXPRESSION ORALE

Durée : 5 minutes maximum, sans temps de préparation.

Objectif : Faire un bref exposé en allemand pour expliquer votre choix.

Partie 2 → INTERACTION ORALE

Durée : 5 minutes, sans temps de préparation.

Objectif : Répondre aux questions plus générales de l'examinateur / examinatrice sur le travail que vous avez réalisé en cours sur l'axe choisi.

Le pack de fiches de Fantastisch! 1re

Des fiches prêtes à l'emploi à imprimer, photocopier ou vidéoprojeter !

Pour **compléter le livre de l'élève de façon pratique et efficace**, les fiches sont disponibles au format imprimé dans le **pack de fiches photocopiables pour la classe** et au format numérique pour l'impression et la vidéoprojection dans le **pack de ressources numériques pour la classe**.

fiche PHONIE-GRAPHIE

Des fiches d'entraînement ciblé à la **maîtrise phonologique** et à la **maîtrise de l'écriture**.

fiche ENTR. LEXICAL

Des fiches pour **s'entraîner à utiliser le lexique** des unités en contexte et pour développer des **stratégies de compréhension** ou découvrir des **règles de formation**.

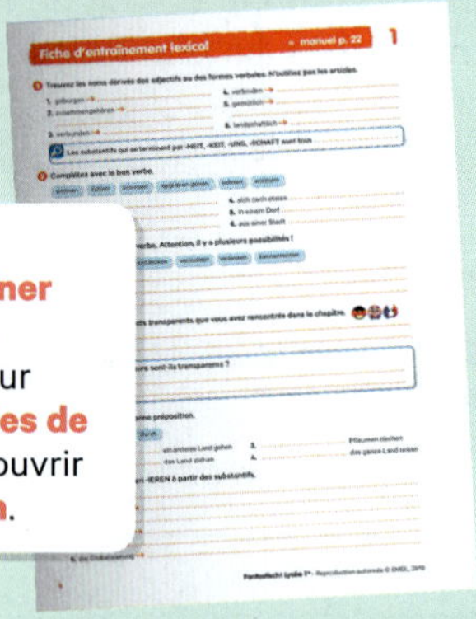

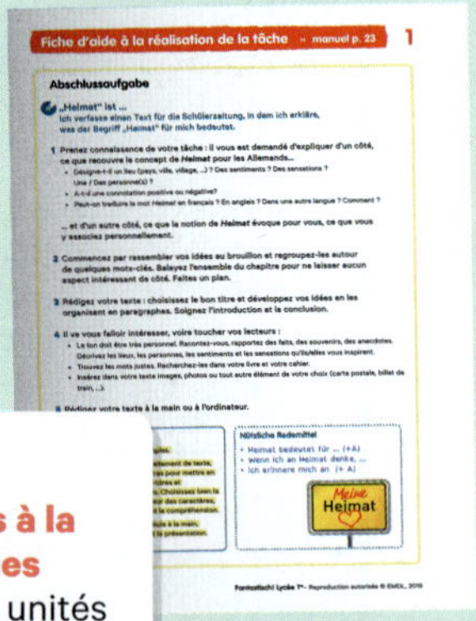

fiche AIDE À LA TÂCHE

Des **aides concrètes à la réalisation des tâches finales** de toutes les unités (explications détaillées en français, amorces, stratégies...).

fiche ÉVAL. TÂCHE

Pour chaque **tâche finale**, une **fiche d'évaluation clé en main** pour l'enseignant/e avec tous les critères de réussite à prendre en compte.

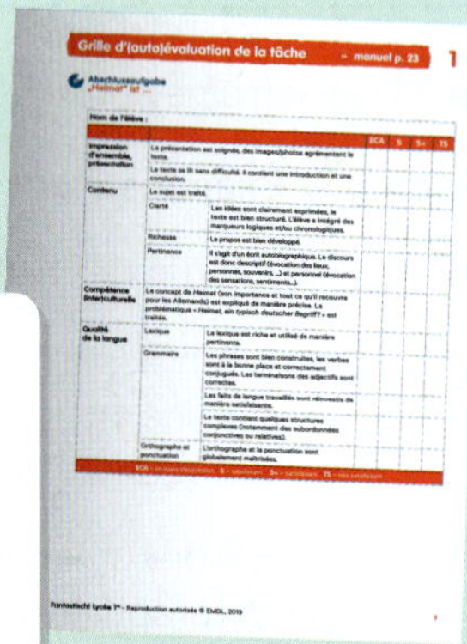

fiche MÉTHODO BAC CO | fiche MÉTHODO BAC CE | fiche MÉTHODO BAC EE | fiche MÉTHODO BAC EO

Des **fiches de méthodologie** pour aborder sereinement les trois épreuves communes de contrôle continu du nouveau baccalauréat.

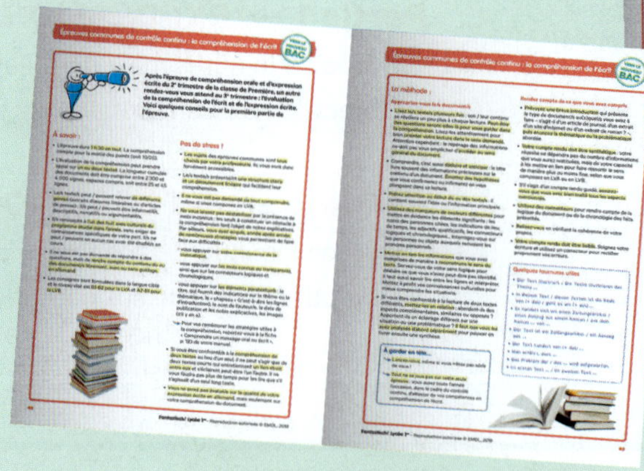

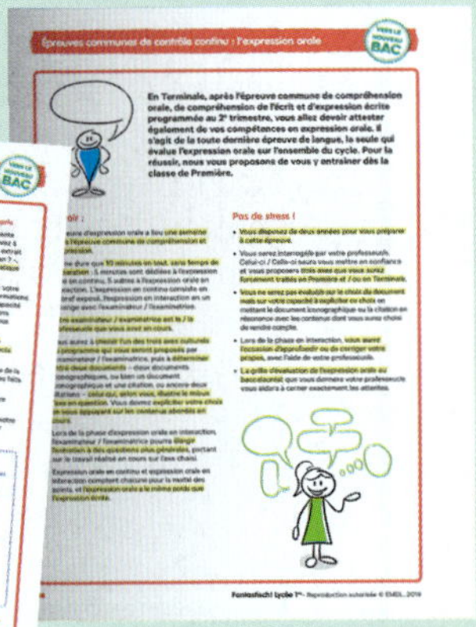

1 Heimat

Was ist „Heimat"? Ein typisch deutscher Begriff?

• Identités et échanges

1 **Hei-mat, die** (*kein Plur.*) (↔ *Fremde*) das Land oder die Gegend, wo man geboren und aufgewachsen ist oder wo man sich zu Hause fühlt, weil man schon lange dort wohnt

2 **Heimweh**

Wer in die Fremde will wandern,
Der muss mit der Liebsten gehn,
Es jubeln und lassen die andern
Den Fremden alleine stehn.

Was wisset ihr, dunkle Wipfel,
von der alten schönen Zeit!
Ach, die Heimat hinter den Gipfeln,
wie liegt sie von hier so weit!

[…]

Wanderlied von Joseph von Eichendorff (1788-1857), einer der bedeutendsten Dichter und Schriftsteller der Romantik

Zitat aus dem Lied *Mein Dorf am Ende der Welt*, Reinhard Mey

3 „Heimat ist immer, wo wir Freunde finden. Wo immer jemand auf dich wartet, da ist Zuhaus'!"

Zitat aus dem Song *Heimat* von Herbert Grönemeyer

4 „Heimat ist kein Ort, Heimat ist ein Gefühl."

Abschlussaufgabe

„Heimat" ist …
Ich verfasse einen Text für die Schülerzeitung, in dem ich erkläre, was der Begriff „Heimat" bedeutet.

1 Eine Kampagne

A. Sehen Sie sich das Video **an**. Welche Aspekte werden mit dem Thema „Heimat“ in Verbindung gebracht?

B. Wie interpretieren Sie den Slogan der Kampagne: „Zusammen sind wir Heimat“? **Tauschen Sie sich aus.**

↑ *#ZusammenHeimat*, Deutscher Caritasverband e.V., 2017, www.zusammen-heimat.de

2 Eine Umfrage

A. Sehen Sie sich die Infografik **an**. Was bedeutet der Begriff „Heimat“ für die Befragten?

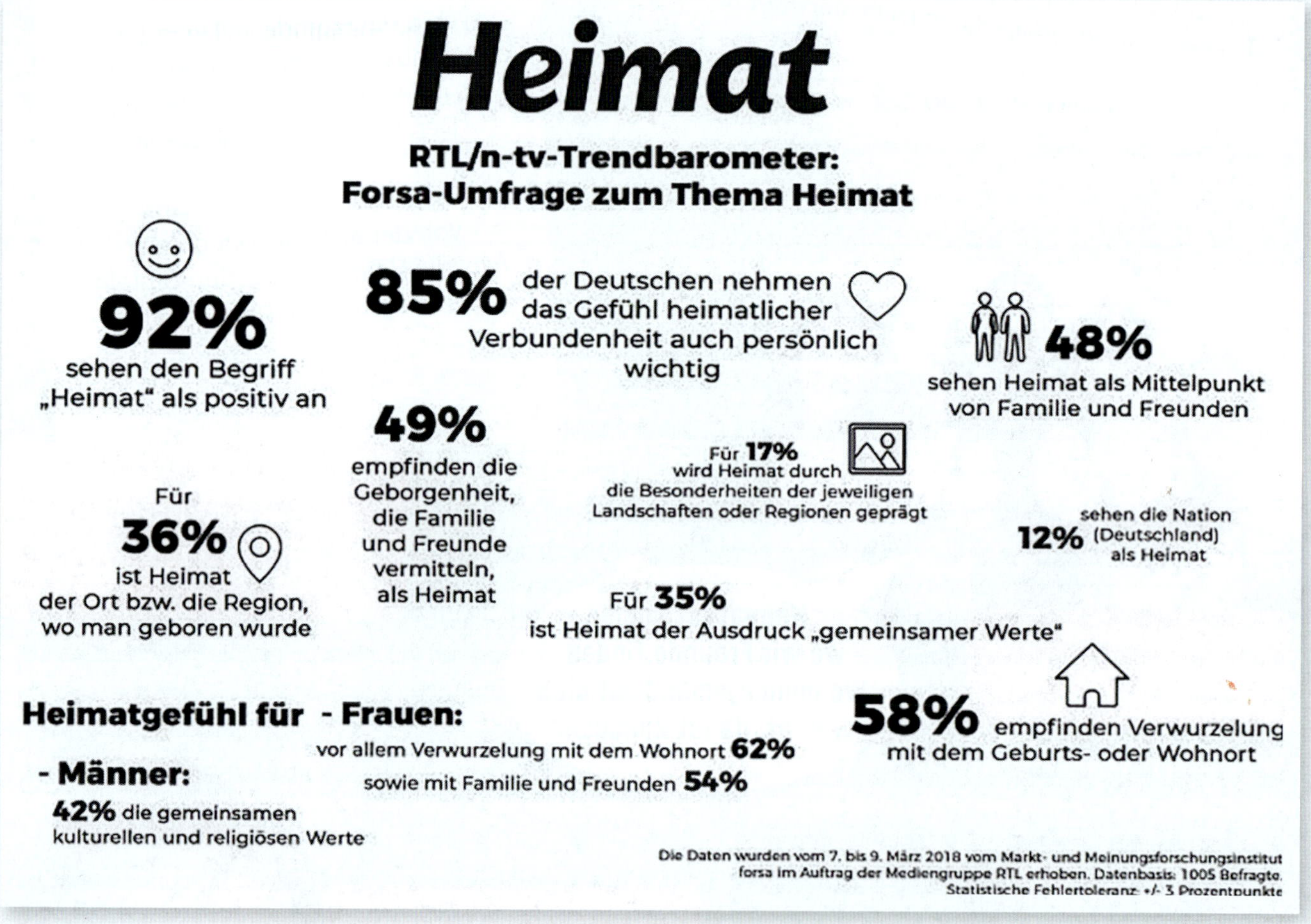

↑ *Forsa-Umfrage Heimat*, Heimatliebe-Magazin, März 2018

B. Wählen Sie vier Aussagen aus der Grafik, die für die Befragten den Heimatbegriff am besten definieren. **Achten Sie auf** die Prozentsätze.

C. Sie haben das Video angesehen und die Infografik ausgewertet. Was glauben Sie: Wie wichtig ist Heimat für die Deutschen? **Tauschen Sie sich aus.**

Grammatik

Les pronoms relatifs au nominatif et à l'accusatif / Le pronom relatif wo → p. 142 / ex. p. 150

- Ist „Heimat“ ein Begriff, **der** typisch deutsch ist?
- Heimat ist der Ort, **wo** man geboren wurde.

3 Ein Essay

A. Lesen Sie den Text. **Notieren Sie** die Gefühle, die Gegenstände und die Aktivitäten, die die Autorin mit ihrer Heimat verbindet.

B. Hören Sie sich jetzt den Sprechessay **an**. Welche Gefühle möchte die Autorin beim Leser hervorrufen?
Prof. 01

„Meine Heimat riecht nach Pflaumenkuchen mit Zimt"

Meine Heimat riecht nach Pflaumenkuchen mit Zimt. [...]

Meine Heimat fühlt sich an wie das frischbezogene Kissen nach einer Fiebernacht. Die Mutter ist noch einmal ins Zimmer gekommen und hat mir einen Kuss auf die Stirn gegeben.

Heimat, das ist das Baumhaus im verbotenen Birkenwäldchen. Hier schmuggeln[1] wir Pfefferminzbonbons und die Zigaretten von Gunhilds Onkel, achtjährige Räuber[2] auf Zeit in einem Sommer, der nie endet.

Heimat, das ist Paul Gerhardt, mehrstimmig[3], auf Familienfesten; das ist die coolste Schlittenabfahrt der Welt im Wald hinter dem Haus [...]

Heimat ist Ort mit Postleitzahl und Hausnummer. Heimat ist aber vor allem ein Gefühl [...]. Immer da und immer schon verloren. Ein Sehnsuchtsort, zu dem es keine Fährten[4] gibt. Selbst Fotoalben führen in die falsche Richtung. Das ist meine Heimat.

Zum achten Mal sagt sie: „Nimm noch ein Stück Pflaumenkuchen." Ich will nicht mehr und zeige das auch, doch das lässt sie nicht gelten. Das Wort führte der Mann im Haus. Großmama machte sich mit Torten bemerkbar. Das ist meine Heimat.

Die Langeweile, die sich an Sonntagen wie ein Leichentuch[5] über das Haus legt. Der Vater spielt Klavier, die Mutter würzt den Sonntagsbraten und ich liege auf dem Bett, träume mich nach ganz weit weg. [...]

Heimat, das sind Waldspaziergänge als Patentrezept gegen Liebeskummer[6]. [...]

Heimat ist ein Landstrich, eine Nation, eine Sprache und eine Mentalität. [...]

Die alte Jacke meines Mannes, in die ich mich berge, wenn er auf Reisen ist. Sie riecht nach Geborgenheit und Trost, wenn ich in der eigenen Wohnung verloren zu gehen drohe.

Heimat ist ein gemischtes Gefühl aus Geborgenheit und Befremdung[7].

Heimat ist ein Synonym fürs Zuhausesein.

↑ Petra Bahr, *Meine Heimat riecht nach Pflaumenkuchen mit Zimt. Ein Sprechessay zum Thema Heimat*, 2010

1. **schmuggeln** faire de la contrabande
2. **der Räuber** le brigand
3. **mehrstimmig** à plusieurs voix
4. **die Fährte** la piste, la trace
5. **das Leichentuch** le linceul
6. **der Kummer** le chagrin
7. **die Befremdung** la sensation d'étrangeté

C. Lesen Sie den Text laut **vor**.

D. Und wonach riecht Ihre Heimat? Welche Bilder, Personen oder Gegenstände verbinden Sie mit ihr? **Tauschen Sie sich** schriftlich in Form eines Interview **aus**.

Grammatik

La subordonnée de temps avec wenn → p. 142 / ex. p. 150

Die Autorin denkt an ihre Heimat, **wenn** sie ein Baumhaus sieht.

4 Ein Begriff mit Vergangenheit

A. Lesen Sie den Text. Sind die folgenden Aussagen richtig (R) oder falsch (F)? **Wählen Sie aus.**

a. „Heimat“ ist heutzutage „in“. (R / F)
b. „Heimat“ ist ein ganz neuer Begriff in Deutschland. (R / F)
c. In Deutschland kann man heute nicht offen über „Heimat“ sprechen. (R / F)
d. Der Heimatbegriff kann instrumentalisiert werden. (R / F)
e. „Heimat“ und „Einwanderung” passen nicht zusammen. (R / F)

Heimat? Das ist mehr als Trachtenvereine[1]

Für die Anthropologin Barbara Krug-Richter führt die Globalisierung zu einer neuen Sehnsucht nach Heimat.

a heute.de: Landzeitschriften boomen, gerade zu großen Fußballturnieren sieht man massenhaft Autos, die mit Schwarz, Rot, Gold geschmückt sind [...]. Sehen wir aktuell eine neue Verbundenheit zu Deutschland – zur Heimat?
K.-R.: Die Verbundenheit ist nicht unbedingt neu, dass man sie so deutlich zeigt, hingegen schon. [...]

b heute.de: Sehen wir da ein völlig neues Phänomen in Deutschland?
K.-R.: Ganz und gar nicht! Es gibt eine Menge Parallelen zu den Jahrzehnten um 1900. Damals spielte der Heimatbegriff ebenfalls eine sehr große Rolle, das zeigte sich beispielsweise in vielen neu gegründeten Heimatvereinen oder Heimatmuseen. Die Industrialisierung hatte ja auch sichtbare negative Seiten, zum Beispiel den Verlust[2] von Natur und Traditionen. [...]

c heute.de: Was hat den Heimatbegriff nach dem Missbrauch[3] durch die Nationalsozialisten wieder akzeptabel gemacht?
K.-R.: Der große Wendepunkt war meines Erachtens 2006, das Fußball-Sommermärchen. Seitdem gehen wir in Deutschland wieder lockerer damit um, uns offen zur Heimat zu bekennen[4].

d heute.de: [...] Sehen wir einen neuen Heimatbegriff?
K.-R.: Natürlich sehen wir in der Politik, am Stammtisch oder bei Kommentaren in sozialen Medien, dass der Heimatbegriff instrumentalisiert werden kann. Heimat beinhaltet immer Eingrenzung [...]. Der moderne Begriff ist eher als Abgrenzung zur Globalisierung und vielleicht auch Digitalisierung zu sehen. [...]

e heute.de: Stichwort Einwanderung – kann Deutschland für Menschen aus anderen Ländern eine Heimat werden?
K.-R.: Natürlich kann hier jemand seine neue Heimat finden. Menschen sind immer gewandert und in ursprünglich anderen Kulturen heimisch geworden.

↑ Christian Thomann-Busse, *Deutsche und die Heimat*, ZDF Nachrichten, 17.03.2018

1. **die Tracht** le costume folklorique
2. **der Verlust** la perte
3. **der Missbrauch** l'abus
4. **sich zu etwas bekennen** revendiquer

B. Ist der Begriff „Heimat“ ein typisch deutsches oder ein universelles Konzept? **Finden Sie** im Artikel die passenden Argumente und **ordnen Sie** sie **zu**.

C. In welcher Beziehung steht der Heimatbegriff zum Thema „Globalisierung“ und „Immigration“? **Erklären Sie**.

Grammatik

Situer dans le temps avec seitdem / damals / früher / heutzutage → p. 143 / ex. p. 150

Der Wendepunkt war 2006. **Seitdem** wird in Deutschland offener über „Heimat“ gesprochen.

5 Ein Inder aus Deutschland

A. Lesen Sie den Romanauszug und **beantworten Sie** die Fragen.

a. Was macht aus Hasnain Kazim einen Inder? Was einen Deutschen?
b. Was meinen der Taxifahrer und der Museumsangestellte dazu? Warum?
c. Wie reagiert der Autor? Wo ist wohl für ihn seine Heimat? Warum?

[...] Ich reise durch Indien und trage meinen alten Shalwar Kameez, ein knielanges Hemd und eine weite Hose. Mir fällt auf, dass ich nicht auffalle. Niemand starrt mich an, niemand achtet auf meine Haut- und Haarfarbe, ich bin wie alle anderen.

Small Talk im Taxi in Neu-Dehli. Ich erzähle dem Fahrer, wie sehr mir die Veränderungen in der Stadt bewusst werden: neue Geschäfte, saubere Straßen, der fröhlich-optimistische Blick der Menschen in die Zukunft. Er fragt mich: »Sir, woher kommen Sie?«

»Aus Deutschland.«

»Deutschland?«

»Ja, meine Familie kommt zwar ursprünglich aus Indien, aber ich wurde in Deutschland geboren.« [...]

»Aber Sie sind doch kein Deutscher!« [...]

»Na ja, ich habe einen deutschen Pass, keinen indischen«, sage ich. »Also bin ich Deutscher. Oder wie sehen Sie das?«

Er betrachtet mich im Rückspiegel mit einem Blick, der mir bedeutet, ich hätte gerade die dümmste Aussage meines Lebens gemacht. Er wackelt mit dem Kopf[1].

»Sir, Ihr Pass mag deutsch sein, aber Ihr Blut ist indisch. Das ist, was zählt!« Als er das sagt, hält er sich die rechte Hand an sein Herz. »Sie fühlen sich doch nicht als Deutscher, oder? Ihre Identität ist indisch, nicht wahr?«

Ich lächle ihn im Rückspiegel an und sage nichts. Ich weiß die Antwort in diesem Moment selbst nicht.

Einige Tage später fahre ich zum Taj Mahal nach Agra. Ich kaufe eine Eintrittskarte für Inder, sie kostet 20 Rupien. Ausländer müssen 800 Rupien zahlen.

An der Sicherheitskontrolle am Eingang durchsucht ein Mann in Uniform meine Kameratasche und fischt meinen Reisepass heraus.

»Sie sind kein Inder«, sagt er und zeigt auf meine Eintrittskarte. »Warum kaufen Sie dann ein Ticket für Inder? Gehen Sie bitte zurück und kaufen Sie eins für Ausländer.«

In diesem Moment fällt mir der Taxifahrer aus Neu-Delhi ein. Ich gucke den Uniformierten an, als hätte er den dümmsten Satz seines Lebens gesagt.

»Hören Sie, mein Pass mag deutsch sein, aber mein Blut ist indisch. Das ist, was zählt, oder?« Als ich das sage, halte ich mir die rechte Hand ans Herz.

Der Uniformierte lächelt und wackelt zustimmend mit dem Kopf.

»Wie wahr, wie wahr!« sagt er. Er klopft mir freundschaftlich auf die Schulter[2].

»Na, gehen Sie schon rein.« [...]

↑ Hasnain Kazim, *Grünkohl und Curry*, 2009

1. **mit dem Kopf wackeln** secouer la tête
2. **jemandem auf die Schulter klopfen** taper sur l'épaule de qqn

B. Sehen Sie sich den ersten Teil der Reportage **an**. Was erfahren Sie?

C. Sehen Sie sich den zweiten Teil **an**. Was sagen Maria, Mustafa, Sule, Sanel, Paul und Shkurte zum Thema „Heimat"? **Machen Sie sich** Notizen.

D. Was meinen Sie zur Frage „Ist Heimat da, wo man lebt, oder da wo man herkommt?" **Tauschen Sie sich aus**.

↑ *Was ist Heimat?*, WDR Cosmo TV, 2015

Ein Ort
- die Heimat
- der Heimatbegriff
- der Geburtsort
- der Ort, wo man geboren ist
- der Wohnort (-e)
- lange irgendwo wohnen
- das Bundesland (¨-er)
- die Gegend (-en) / die Region (-en)
- die Stadt (¨-e) / das Dorf (¨-er)
- die Landschaft (-en)
- der Wald (¨-er) / der Berg (-e) / der See (-n)

Ein Gefühl
- das Gefühl (-e)
- das Heimweh
- die Geborgenheit
- die Gemütlichkeit
- die Verbundenheit
- das Vertraute
- die Zusammengehörigkeit
- die gemeinsamen Werte
- die Sehnsucht (¨-e)
- das Zuhause
- sich zu Hause fühlen ≠ sich fremd fühlen
- nach etwas riechen
- sich an etwas erinnern
- der Waldspaziergang
- der Sonntagsbraten

Axe : Identités et échanges

fiche ENTR. LEXICAL

fiche PHONIE-GRAPHIE

Was ist „Heimat"? Ein typisch deutscher Begriff?

Eine neue Sehnsucht
- die Sehnsucht nach Heimat
- der Trachtenverein (-e) / Heimatverein (-e)
- das Heimatmuseum (-museen)
- ein missbrauchter Begriff
- die Globalisierung
- die Instrumentalisierung
- die Abgrenzung (-en)
- eine andere Kultur

Pass = Identität?
- in einem Land geboren / aufgewachsen sein
- der Ausländer (-) / die Ausländerin (-en)
- das Ausland
- die Einwanderung
- die ursprüngliche Kultur
- der Pass (¨-e)
- das Blut

Abschlussaufgabe

fiche AIDE À LA TÂCHE

fiche ÉVAL. TÂCHE

„Heimat" ist ...

Ich verfasse einen Text für die Schülerzeitung, in dem ich erkläre, was der Begriff „Heimat" bedeutet.

Sprachmittlung

1. Ich gehe noch einmal die Lektion durch und notiere mir die Schlüsselwörter, die für mich von Bedeutung sind.

2. Ich stelle mir folgende Fragen:

Was bedeutet „Heimat" in Deutschland?
Wie kann man das Wort übersetzen?

Was bedeutet „Heimat" für mich?
Was verbinde ich mit meiner Heimat?

3. Ich verfasse einen Text, der sowohl den deutschen Heimatbegriff als auch meine persönliche Definition erklärt.

Digitale Alternative

Sie können Ihren Text auch mit *Canva* gestalten und auf *Calameo* veröffentlichen.

Fit fürs Bac

Préparation aux épreuves communes de contrôle continu

VERS LE NOUVEAU BAC

Identités et échanges

Épreuve 1

fiche MÉTHODO. BAC CO

fiche MÉTHODO. BAC EE

Période
- 2e trimestre de Première

Durée
- 1 heure

Note globale
- sur 20 : 10 points → CO 10 points → EE

Niveaux visés
- B1 (LVA)
- A2-B1 (LVB)

Partie 1 → COMPRÉHENSION DE L'ORAL

Das Heimatmuseum im Helfs Hof

Rendez compte en français du contenu de la vidéo.

↑ *Das Heimatmuseum im Helfs Hof*, Stadt Bochum, 2017

Partie 2 → EXPRESSION ÉCRITE

Behandeln Sie Thema A oder Thema B (mindestens 100 Wörter).

A Wie finden Sie die Idee eines Heimatmuseums in einer Industriestadt wie Bochum, in der viele Menschen aus anderen Ländern und Regionen Deutschlands leben?

Begründen Sie.

B Was ist Heimat für Sie? Wo und bei wem fühlen Sie sich zu Hause und warum?

Beschreiben Sie den Ort, die Person(en), die Gefühle usw., die Sie damit verbinden.

Épreuve 3

Temps 1 + + | **Temps 2** +

fiche MÉTHODO. BAC EO

Période
- 3e trimestre de Terminale

Durée du temps 2
- 5 minutes en continu (+ 5 min. en interaction)

Note globale
- sur 20 (même nombre de points pour la compréhension (CO + CE) et pour l'expression (EE + EO/IO)

Niveaux visés
- B2 (LVA)
- B1 (LVB)

Partie 1 → EXPRESSION ORALE

Welches der beiden Dokumente passt Ihrer Meinung nach besser zur Thematik „Identités et échanges"? Warum?

Begründen Sie Ihre Wahl mit dem, was Sie gelernt haben.

A

„Könnte der Duden nicht endlich mal den Plural ‚Heimaten' aufnehmen?"

Dunja Hayali, Journalistin

↑ Stern, 12. 10. 2018

B

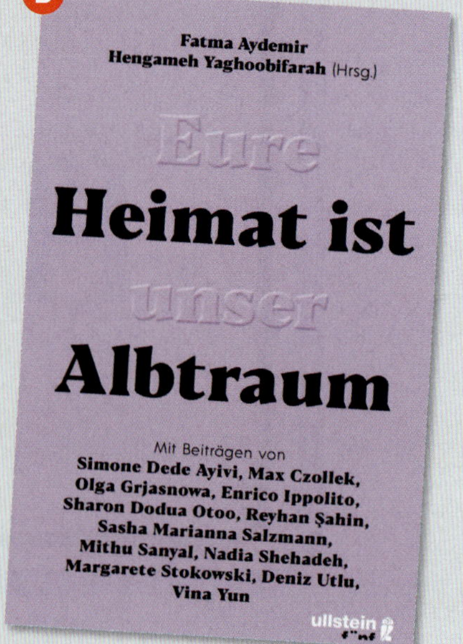

↑ *Eure Heimat ist unser Albtraum*, Buchcover Ullstein Verlag, 2019

2 Zweimal Deutschland

Welches Gefühl der Zusammengehörigkeit gab und gibt es in Deutschland?

• Identités et échanges

1

2

3

Abschlussaufgabe

Ein typisches Westpaket
Wir erklären in einer kleinen Ausstellung, was ein Westpaket war, beinhaltete und bedeutete.

2 Eingemauert

1 Der Eiserne Vorhang

↑ *Die Berliner Mauer*, rbb

A. Sehen Sie sich das Video **an**. Was passierte am 13. August 1961?

B. Sehen Sie das Foto **an**. Wo spielt die Szene? Wie sehen diese Leute aus? Warum wohl?

C. Lesen Sie den Text. Wie kann man die Unzufriedenheit erklären? Wie war der Konsum in der DDR?

↑ Frauen stehen Schlange, um Fleisch zu kaufen

Fünf Pfennig für ein Brötchen, 18 Mark für Ananas

Die DDR wurde nach sowjetischem Vorbild zum sozialistischen Staat erklärt. […] In der freien Marktwirtschaft bestimmen Angebot und Nachfrage den Markt. In der DDR war das anders, hier regelte der Staat die Wirtschaft. […] Der Staat subventionierte die Lebensmittel- und Bekleidungsindustrie und garantierte eine Grundversorgung[1] zu Fixpreisen. So kostete etwa ein Brötchen mehr als 40 Jahre lang fünf Pfennig. Nicht mehr, nicht weniger. Produkte aus dem Westen und Importware wie Kaffee, Kakao und Bananen waren hingegen teurer als Grundnahrungsmittel[2] und zudem seltener in den Geschäften. Läden wie „Delikat" oder „Exquisit" boten hochwertige Luxusartikel, Lebensmittel und Kleidung an. Die Preise dafür waren hoch. So bezahlten die Menschen für eine Dose Ananas mitunter 18 Mark, für ein Hemd 150 Mark. […] Auf Luxusartikel wie Elektrogeräte und Autos mussten die Käufer oft mehrere Jahre warten. Die Wartezeit für einen Trabi lag bei bis zu zwölf Jahren.

Trotz sorgfältiger Planung kam es immer wieder zu Versorgungsengpässen[3] in der DDR. Besonders importierte Waren wie Südfrüchte, Kakao und Zucker waren oft nur in geringen Mengen verfügbar[4]. Die Menschen mussten sich dann schon früh am Morgen in lange Schlangen einreihen und warten, um sie einkaufen zu können. Nicht selten waren die Waren ausverkauft, wenn sie endlich an der Reihe waren. Viele kauften daher gleich auf Vorrat. Auch Lebensmittel wie Brot und Fleisch waren hier und da schon kurz nach Mittag aus.

↑ Wiebke Ziegler, *Leben in der DDR*, WDR planetwissen, 2016

1. **die Grundversorgung** l'approvisionnement de base
2. **die Grundnahrungsmittel** les aliments de base
3. **die Versorgungsengpässe** les difficultés d'approvisionnement
4. **verfügbar** disponible

D. Was waren die Gründe für diese wirtschaftliche Situation? **Erklären Sie** mithilfe des Textes.

2 Kleines Paket, große Wirkung

A. Sehen Sie sich das Plakat zur Aktion „Dein Päckchen nach drüben" **an**. Worum ging es wohl? Was ist wohl mit „drüben" gemeint?

Grammatik

Le prétérit

→ p. 136 / ex. p. 150

Einige Läden **boten** Luxusartikel aus dem Westen **an**.

B. Sehen Sie sich den ersten Teil des Videos **an**. Wie fühlten sich die Menschen, die ein Westpaket bekamen?

C. Sehen Sie sich den zweiten Teil **an** und **beantworten Sie** die Fragen.

a. Welche Produkte waren üblicherweise in einem Westpaket?
b. Welche waren verboten?
c. Wie viel war ein Westpaket wert?

↑ *Frag Dr. Wolle - Das Westpaket*, DDR-Museum, 2015

D. Welche Rolle spielten die Westpakete im Alltag der Menschen? **Tauschen Sie sich aus.**

E. Lesen Sie den Text. Wie wird der Westen charakterisiert? Und warum?

Warum ich mich unglaublich nach dem Westen sehne

Als die Welt noch geteilt war, war der Westen der Ort, an dem alles besser war, der Ort der Sehnsucht. [...]

Er war bunt.
Er war lustig.
Er war leicht.
Er roch gut.
Er schmeckte gut.
Er war sauber.
Er war reich.
Er war nah.
Er war fern.
Er war Trost[1].
Er war Verheißung[2].
Er war unerreichbar.
Er war unmöglich und zugleich möglich.
Und deswegen war er das Ziel.

Der Westen war also für Ostdeutsche ungefähr das, was das Paradies für Christen oder für Moslems ist, es war der Ort auf der anderen Seite.

[...] Anders als das Paradies war der Westen real. Man konnte ihn sehen, wenn man den Fernseher anschaltete, man konnte ihn riechen und schmecken, wenn Pakete ankamen, die von gnädigen[3] Verwandten zu uns in den Osten geschickt wurden.

„Was damals in Pappkartons aus dem Westen in den Osten gelangte, machte Millionen von uns Ostdeutschen glücklich und unglücklich zugleich. [...] Die Existenz des Westpakets machte uns klar, dass der Ort, an dem wir waren, nicht der Ort war, an dem wir sein wollten. Dieser Geruch, der doch nichts anderes war als der Geruch von Kaffee und Seife [...] – für uns war es der Geruch der Freiheit. Keine eingebildete Freiheit, sondern eine Freiheit, die uns in Form des Westpakets daran erinnerte, dass es sie gab. Das war verheißungsvoll und wunderbar."

↑ Kathrin Spoerr, *Warum ich mich unglaublich nach dem Westen sehne*, www.welt.de, 03.10.2015

1. **der Trost** la consolation, le réconfort
2. **die Verheißung** la promesse
3. **gnädig** condescendant/e, clément/e

F. Warum machten die Westpakete die Ostdeutschen „glücklich und unglücklich zugleich"? **Tauschen Sie sich aus.**

Grammatik

Les pronoms relatifs au nominatif, à l'accusatif et au datif / Le pronom relatif was → p. 143 / ex. p. 151

- Der Ort, **an dem** wir waren, war nicht der Ort, **an dem** wir sein wollten.
- Der Westen war für uns das, **was** das Paradies für die Christen ist.

3 Die Mauer in den Köpfen?

A. Lesen Sie den Text. Wie haben sich die westdeutschen Jugendlichen bei ihrem Besuch in der DDR verhalten?

B. Warum haben sich die Jugendlichen wohl so verhalten? **Tauschen Sie sich aus**.

Westbesuch

Unvergesslich für vierzig Gymnasiasten aus Hessen wird eine viertägige Klassenfahrt in die DDR. [...] Die Siebzehnjährigen [...] des Privatgymnasiums von Marburg fahren im Dezember 1984 in einem roten Bus mit gelben „Atomkraft-Nein-Danke"-Aufklebern nach Erfurt, Weimar und Eisenach. [...] Die Schüler besichtigen das Konzentrationslager Buchenwald und Goethes Gartenhaus, sie treffen sich mit FDJlern[1] in einem Jugendclub in Bad Berka zu „Gesprächen zur Jugendpolitik in der DDR". Das Treffen „nervt wegen der linken Phrasen", außerdem ist die Musik langweilig und die Cola schlecht, die Marburger Schüler, alle aus betuchten, bürgerlichen Familien[2], sind Besseres gewöhnt. Irgendwann wird plötzlich die Musik abgestellt. Ein Junge aus Marburg, ein schwieriger Schüler, zerschlägt auf der Toilette mehrere Scheiben. [...] Die Lehrer sind entsetzt. [...] Zuvor hatten einige der Marburger Gymnasiasten Leute ausgelacht, die vor einem HO-Laden Schlange standen. Davor hatten sie DDR-Geldscheine angezündet[3]. Die Westschüler, vermerkt ein deprimierter Lehrer in seinem Reisebericht, seien nicht bereit gewesen, sich über ihre Vorurteile hinwegzusetzen[4], während die DDR-Schüler ein aggressiv-antikapitalistisches Verhalten gezeigt hätten. Von deutsch-deutscher Annäherung keine Spur.

↑ Jutta Voigt, *Westbesuch*, 2011

1. **der / die FDJler/in** membre de la Jeunesse libre allemande
2. **aus betuchten, bürgerlichen Familien** provenant de familles aisées et bourgeoises
3. **etwas anzünden** mettre le feu à qqch.
4. **sich über seine Vorurteile hinwegsetzen** mettre de côté ses préjugés

4 Die Mauer fällt

A. Sehen Sie sich den ersten Teil des Dokumentarfilms **an**. Was passiert?

B. Sehen Sie sich den zweiten Teil **an.** Wie reagieren die Menschen in West und Ost? Wie ist die Stimmung?

↑ *1989: Mauerfall – Der 9. November*, ZDF

5 Zusammengewachsen?

A. Lesen Sie den ersten Teil des Pressetextes (Zeile 1 bis 20) und **erklären Sie** den Titel des Artikels.

B. Lesen Sie den zweiten Teil des Artikels (Zeile 21 bis 29). Warum ist Deutschland noch nicht zusammengewachsen?

C. Lesen Sie nun den letzten Teil des Artikels (Zeile 30 bis 40). Was schlägt Herr Schroeder vor?

Politikwissenschaftler und Historiker Klaus Schroeder [...] lehrt an der Freien Universität Berlin, sein Forschungsschwerpunkt: die Geschichte der DDR und die Wiedervereinigung. Im Interview mit t-online.de erklärt Schroeder, warum es die Spaltung zwischen „Ossis" und „Wessis" auch in 20 Jahren noch geben wird und warum die Politik bei der Wiedervereinigung dennoch keine Fehler gemacht hat.

Wir leben weitgehend in zwei Gesellschaften

Herr Schroeder, haben wir gut 28 Jahre nach dem Mauerfall die Teilung überwunden?
Institutionell haben wir die Teilung überwunden, wir leben in einem gemeinsamen Staat. Aber wir leben weitgehend in zwei Gesellschaften. [...]

Was heißt das konkret?
Die Westdeutschen sind nach dem Mauerfall mit sehr viel Überheblichkeit aufgetreten und haben die Ostdeutschen spüren lassen, dass sie die Verlierer der Geschichte sind. Umgekehrt merkten die Ostdeutschen, die so leben wollten wie der Westen, dass sie tatsächlich die Verlierer sind. [...]

Was ist denn bei der Vereinigung schiefgelaufen[1]?
Es ging wahrscheinlich gar nicht anders: Die Vereinigung erfolgte nicht auf Augenhöhe[2]. Wir hatten auf der einen Seite einen prosperierenden westdeutschen Staat mit der Stadt West-Berlin und einen kollabierenden Staat, der finanziell, mental und politisch am Ende war. Der kleinere hatte sich dem größeren anzupassen. [...]

Was glauben Sie, wie lange wird es dauern, bis wir zusammenwachsen?
Ich denke, wir werden noch mindestens zwei Jahrzehnte immer wieder über Ost/West-Unterschiede und -Animositäten diskutieren. Erst wenn die nachfolgenden Generationen nicht mehr so beeinflusst sind von familiären Milieus, werden wir nicht mehr über Ost und West, sondern über Nord und Süd oder über dies und jenes reden.

[...] Was könnte man konkret dafür tun?
Man kann in den Schulen und in den Medien viel mehr Fakten vermitteln über das geteilte Deutschland: Was kennzeichnet eine Diktatur, was eine Demokratie? Wo sind die Gefahren für die Demokratie? Wenn man viel mehr Geschichtswissen vermittelt, dann können junge Menschen viel offener und kritischer mit der Teilung und der Wiedervereinigung umgehen. Aber dazu brauchen sie Wissen und kein Gequatsche[3] von Älteren, die ihre Vorurteile an die Jüngeren weitergeben. [...]

↑ David Ruch, *Wir leben weitgehend in zwei Gesellschaften*, dpa / t-online, 05.02.2018

1. **schieflaufen** aller de travers
2. **auf Augenhöhe** d'égal à égal
3. **das Gequatsche** les papotages

D. Welches Gefühl der Zusammengehörigkeit gab und gibt es in Deutschland? **Tauschen Sie sich aus.**

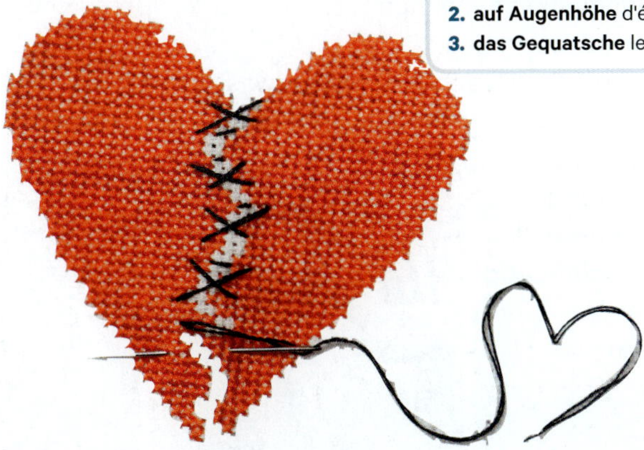

Grammatik

L'interrogative indirecte avec ob et les W-Fragen → p. 141 / ex. p. 151

Wir fragen uns, **ob** Deutschland zusammengewachsen ist.

2 Wortschatz

Zwei Länder

- der Staat (-en)
- die Gesellschaft (-en)
- die Trennung (-en)
- die Teilung (-en)
- die Grenze (-n)
- der Eiserne Vorhang
- drüben
- gemeinsam = zusammen
- zusammenhalten
- solidarisch sein
- das Paket (-e)
- das Päckchen (-)
- ein Paket schicken / bekommen

Konsum

- der Laden (Läden) = das Geschäft (-e)
- die Ware (-n)
- (ein-)kaufen ≠ verkaufen
- bezahlen
- ausverkauft
- das Lebensmittel (-)
- die Südfrucht (¨-e)
- die Kleidung
- das Parfüm (-e)
- der Luxusartikel (-)
- das Elektrogerät (-e)
- teuer ≠ billig
- knapp
- der Mangel an etwas

Axe :
Identités et échanges

fiche ENTR. LEXICAL — fiche PHONIE-GRAPHIE

Welches Gefühl der Zusammengehörigkeit gab und gibt es in Deutschland?

Ort der Sehnsucht

- die Sehnsucht (¨-e)
- sich nach etwas sehnen
- sich an etwas erinnern
- jemanden glücklich machen
- sich über etwas freuen
- der Geruch / der Geschmack von etwas
- nach etwas riechen / schmecken
- bunt ≠ grau
- lustig ≠ traurig
- leicht ≠ schwer
- sauber ≠ schmutzig
- reich ≠ arm
- nah ≠ fern

Vor und nach der Mauer

- der / die Ostdeutsche (-n)
- der / die Westdeutsche (-n)
- sich (nicht) gut verstehen
- der Konflikt (-e)
- arrogant = überheblich
- jemanden verachten
- sich jemandem überlegen fühlen
- jemandem fremd sein
- Vorurteile gegenüber jemandem haben
- der Unterschied (-e)
- anders / unterschiedlich
- sich ändern ≠ so bleiben

fiche AIDE À LA TÂCHE

fiche ÉVAL. TÂCHE

Ein typisches Westpaket

Wir erklären in einer kleinen Ausstellung, was ein Westpaket war, beinhaltete und bedeutete.

Sprachmittlung

1. Wir bilden Dreiergruppen.
2. Jede Gruppe sammelt Informationen und Material zu den folgenden Aspekten.
   - Definition und Beschreibung eines Westpaketes
   - Inhalt eines Westpaketes
   - Bedeutung für Ost und West
3. Wir erstellen mit diesen Informationen ein Plakat oder eine attraktive Präsentation.
4. Wir präsentieren unsere Arbeit in der Schule.

Digitale Alternative

Sie können Ihre Präsentation auch mit *Genial.ly* erstellen.

Fit fürs Bac
Préparation aux épreuves communes de contrôle continu

VERS LE NOUVEAU BAC

Identités et échanges

Épreuve 1

fiche MÉTHODO. BAC CO

fiche MÉTHODO. BAC EE

Période
> 2e trimestre de Première

Durée
> 1 heure

Note globale
> sur 20 :
10 points → CO
10 points → EE

Niveaux visés
> B1 (LVA)
> A2-B1 (LVB)

Partie 1 → COMPRÉHENSION DE L'ORAL

Das geteilte Dorf: Mauer trennte Mödlareuth

Rendez compte en français du contenu de la vidéo.
Vous aborderez les points suivants :
- les moments importants de l'histoire de Mödlareuth ;
- la situation du village aujourd'hui ;
- pourquoi le village a été nommée « little Berlin ».

↑ *Das geteilte Dorf: Mauer trennte Mödlareuth*, AFPTV – Agence France-Presse, 2014

Partie 2 → EXPRESSION ÉCRITE

Behandeln Sie Thema A oder Thema B (mindestens 100 Wörter).

A

Arnold Friedrich ist heute im Ruhestand und erinnert sich an seine Zeit als Bürgermeister von West-Mödlareuth. Schreiben Sie die Autobiografie des Bürgermeisters mithilfe der nebenstehenden Daten und Ereignisse.

Mein Name ist Arnold Friedrich und ich wurde …

- **1947** geboren
- **ab 1979** Wahl zum ehrenamtlichen Bürgermeister der Gemeinde Töpen (westlicher Teil von Mödlareuth)
- **1983** Besuch von George Bush Senior als US-Vizepräsident in Mödlareuth: „Ich bin ein Mödlareuther"
- **Frühjahr 1989** europäische Journalisten im geteilten Mödlareuth
- **9. Dezember 1989** offizielle Öffnung der Grenze in Mödlareuth – große Feier
- **17. Juni 1990** Fall der Mauer in Mödlareuth
- **3. September 1990** Gründung des Museums in Mödlareuth
- **2006** Ruhestand

B

Tausende Besucher kommen jedes Jahr in das Mauermuseum in Mödlareuth. Ist es Ihrer Meinung nach konstruktiv, an das geteilte Deutschland zu erinnern?

Nehmen Sie Stellung.

Épreuve 2

fiche MÉTHODO. BAC CE

fiche MÉTHODO. BAC EE

Période
> 3e trimestre de Première

Durée
> 1 heure 30

Note globale
> sur 20 :
10 points → CE
10 points → EE

Niveaux visés
> B1-B2 (LVA)
> A2-B1 (LVB)

Partie 1 → COMPRÉHENSION DE L'ÉCRIT

Mauer-Erzählungen: Meine Omi war ganz schockiert

Fassen Sie den Text auf Deutsch zusammen. Beachten Sie dabei folgende Punkte:
- die Folgen für die Großmutter und ihre Familie;
- die Gefühle der Großmutter damals.

Partie 2 → EXPRESSION ÉCRITE

Behandeln Sie Thema A oder Thema B (mindestens 100 Wörter).

A

Kurz nach dem Mauerbau hat die Omi ihrer Schwester einen Brief geschrieben, den sie ihr leider nicht schicken konnte.

Schreiben Sie diesen Brief.

Liebe Schwester, …

B

Der Text endet mit der folgenden Aussage:

„Aber ihrer Schwester auf der Ostseite ging es auch nicht gut."

Kommentieren Sie diesen Satz.

3 Vor 100 Jahren …

Die Verwirklichung der deutschen Frau: weiter als vor hundert Jahren?

• Espace privé et espace public

↑ *Sowieso heiraten*, Woessner, 2018

Abschlussaufgabe

Gleichstellung in Deutschland
Wir nehmen Stellung zu den Fragen: Wie hat sich die Gleichstellung der Frau in Deutschland verändert? Gibt es heute Chancengleichheit?

3 Vor hundert Jahren: die „neue" Frau?

1 Eine Selbstverständlichkeit?

A. Sehen Sie sich die beiden Fotos **an**. Wie viel Zeit ist zwischen den beiden Aufnahmen vergangen? Was fällt Ihnen auf?

↑ Hausfrau um 1905

↑ Zwei Frauen um 1925

B. Sehen Sie sich den ersten Teil des Dokumentarfilms **an**. Worum geht es? Was erfahren Sie?

C. Sehen Sie sich das Video noch einmal **an**. Wem haben die Frauen das Wahlrecht zu verdanken?

D. Seit wann gibt es das Frauenwahlrecht in Deutschland? Und in anderen Ländern? **Recherchieren Sie** im Internet.

↑ *100 Jahre Frauenwahlrecht*, ver.di TV, 2018

Grammatik

Le comparatif de supériorité → p. 144 / ex. p. 152

1925 waren die Frauen **unabhängiger als** 1905.

2 Die „neue" Frau

A. Lesen Sie den Text auf Seite 35. Welche Aspekte werden jeweils in den einzelnen Abschnitten angesprochen?

B. Lesen Sie den Text noch einmal. Was charakterisiert die „neue" Frau in den 1920er Jahren? Was setzt diesem Trend ein Ende? **Erklären Sie**.

Model, 1922 →

Le look « à la garçonne », né de l'émancipation des femmes et d'une revendication pour l'égalité des sexes, reflète une mutation culturelle dans la représentation de la femme contemporaine. C'est à Paris qu'émerge le look garçonne, sous l'impulsion de Coco Chanel en particulier.

Die neue Frau

A Der Erste Weltkrieg bedeutete für viele Frauen einen starken Einschnitt auch in gesellschaftlicher Hinsicht. Weil die Männer an der Front waren, mussten sie nun deren Rolle in der Familie, aber auch im Arbeitsleben übernehmen. Mit der Rückkehr der Männer nach Kriegsende wurden die Frauen zwar vielfach wieder an ihre angestammten[1] Plätze zurückgedrängt, aber es gab auch viele junge Frauen, die eine neue Rolle einforderten[2] und sich mit neuem Selbstbewusstsein in der Öffentlichkeit zeigten.

B Das zeigte sich rein äußerlich an der nun modischen Kurzhaarfrisur sowie an kürzeren und damit praktischeren Kleidern. Provokativ rauchten diese Frauen auf der Straße und in Clubs, dabei durfte die Zigarettenspitze nicht fehlen – die gesundheitlichen Schäden des Rauchens waren damals ja noch nicht bekannt. Auch Sport treiben – Tennis oder Golf – und Auto fahren, als vormals männliche Verhaltensweisen, wurde nun von Frauen betrieben.

C Das neue Frauenbild setzte sich jedoch vor allem in den Städten durch, während auf dem Land die traditionelle Rollenverteilung beherrschend blieb. Die neue Lebensweise konnten sich meist nur Frauen aus großbürgerlichen oder adeligen Kreisen leisten.

D Politisch war 1919 eine der Hauptforderungen der Frauenbewegung mit der Einführung des Wahlrechts für die weibliche Bevölkerung durchgesetzt[3] worden. 1925 waren 35 Prozent der Frauen berufstätig. Hausangestellte und Verkäuferin waren typische weibliche Berufe. Durch die Industrialisierung kamen nun vermehrt Frauen in die Fabriken und arbeiteten dort am Fließband. Ebenfalls nahmen Berufe wie Sekretärin, Stenotypistin und Telefonistin zu. [...] Eine wesentlich kleinere Gruppe von Frauen wurde Tänzerin, Schauspielerin, Künstlerin oder Schriftstellerin.

E Mit der Weltwirtschaftskrise und erst recht mit der Machtübernahme durch die Nazis, die ein traditionelles Frauenbild propagierten, war es mit der „neuen" Frau erst einmal vorbei.

↑ *Die neue Frau*, www.zeitklicks.de

1. **angestammt** accoutumé, habituel/e
2. **(ein-)fordern** réclamer, exiger qqch.
3. **durchgesetzt werden** être adopté, aboutir

↑ Telefonistinnen in einem Fernsprechamt, 1920er Jahre

↑ Zeitschriftencover mit Illustration vom Sonntags-Korso des Damen-Automobilklubs „Vierrad-Bremse", 1926

↑ Frau beim Fechten, 1925

3 Gleichberechtigung heute?

A. Lesen Sie den Artikel 3 des Deutschen Grundgesetzes und **finden Sie** die Schlüsselwörter.

Art 3

(1) Alle Menschen sind vor dem Gesetz gleich.
(2) Männer und Frauen sind gleichberechtigt. Der Staat fördert die tatsächliche Durchsetzung der Gleichberechtigung von Frauen und Männern und wirkt auf die Beseitigung bestehender Nachteile hin.
(3) Niemand darf wegen seines Geschlechtes, seiner Abstammung, seiner Rasse, seiner Sprache, seiner Heimat und Herkunft, seines Glaubens, seiner religiösen oder politischen Anschauungen benachteiligt oder bevorzugt werden. Niemand darf wegen seiner Behinderung benachteiligt werden.

B. Sehen Sie sich die Grafik **an** und **werten Sie** sie **aus**. Was fällt Ihnen auf?

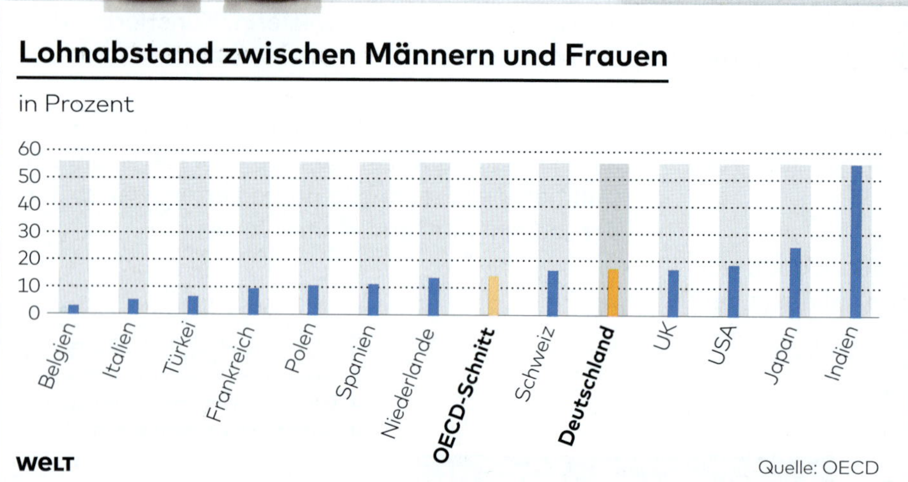

www.welt.de, 2017

Grammatik

La comparaison avec **im Vergleich zu / anders als / ähnlich wie**
→ p. 143 / 144 / ex. p. 152
Anders als in Belgien ist der Lohnabstand in den USA relativ groß.

C. Sehen Sie sich den zweiten Teil des Dokumentarfilms **an**. Wie ist die Situation der Frauen heute, 100 Jahre nach der Einführung des Frauenwahlrechts?

100 Jahre Frauenwahlrecht, ver.di TV, 2018

D. Und wie steht es mit der Gleichstellung von Mann und Frau in Frankreich oder in anderen Ländern, die Sie kennen? **Nennen Sie** Beispiele oder **berichten Sie** über Ihre Erfahrungen.

Grammatik

La contradiction avec trotzdem / dennoch → p. 143 / ex. p. 152
In Deutschland sind Frauen gleichberechtigt.
Trotzdem / Dennoch werden sie schlechter bezahlt als Männer.

4 Julikas Traum

A. Lesen Sie die Einleitung zum Theaterstück. Was erfahren Sie über Julika Jenkins?

B. Hören Sie zu und **lesen Sie** den Auszug aus dem Theaterstück **mit**. Wovon träumt Julika?

Prof. 10

Spitzenmanager haben aufgrund von Umstrukturierungen ihren Job verloren. Sie machen bei einem Seminar mit, um wieder ins Berufsleben zurückzukehren. Eine von ihnen, die Projektleiterin Julika Jenkins, erzählt von ihrem Traum.

Ein Büro aus Glas

„[...] Ein Büro aus Glas. Oberster Stock, Dachterrasse. Die ganze Skyline. Tief unter mir der Central Park, Sie verstehen, mein Büro ist in New York. Trägt meinen Namen, das Building. Jenkins-Building. Sind alle meine Unternehmen drin, The Julika-Jenkins-Corporation, Jenkins Jenkins and Jenkins. Jenkins International. Meine Mutter hat keine Ahnung. Glaubt, ich bin ne Edelnutte[1], oder lebe von der Sozialhilfe, die mit ihren ewigen Ängsten. Und dann, aus heiterem Himmel[2], schicke ich ihr ein Ticket, Zürich-New York, first class, oder mit der Concorde ab Paris, noch besser. Sie denkt natürlich, daß ich das Ticket gestohlen hab. Jeden Tag, Jahr für Jahr, hat sie mir in die Ohren geheult, daß aus mir nichts werden wird[3]. Nichts, nichts, nichts. Ein Ozean zwischen mir und Mami, das ist die Minimaldistanz. Ich hole sie am Airport ab, VIP-Exit, und hinüber zur Limousine mit den abgedunkelten Fenstern. Sie wissen schon, lang wie die Ewigkeit, hinten so ne Haifischflosse, vorn ein schwarzer Chauffeur, der der Mami die Tür aufhält. Neben dem Chauffeur sieht sie wie ein Huschel vom Land[4] aus. Neben mir sowieso. In meinem Büropalast überall emsige Angestellte, Guten Tag, Frau Chef, guten Abend, Frau Jenkins. Im Vorbeigehn zeichne ich noch schnell einen Vertrag ab, entschuldige Mami, muß heut abend noch raus, wir übernehmen die ABB. Und oben in meinem Büro staunt die Mami auf den Lichterglanz des Broadway hinunter und dreht sich nach mir um und bricht in Tränen aus und sagt: Kind, ich hab dir Unrecht getan. Großartig hast du das gemacht. Großartig, Kind."

↑ Urs Widmer, *Top Dogs*, 2011

1. **die Edelnutte** la call-girl
2. **aus heiterem Himmel** sans prévenir
3. **aus mir wird nichts werden** je n'arriverai à rien
4. **ein Huschel vom Land** une personne sans culture

C. Lesen Sie den Text noch einmal. Wie würden Sie Julika charakterisieren? **Wählen Sie aus.**

a. emanzipiert **b.** ehrgeizig **c.** zielstrebig **d.** erfolgreich **e.** gefühlskalt **f.** unabhängig **g.** emotional **h.** selbstsicher **i.** unsicher

D. Welches Verhältnis hat Julika zu ihrer Mutter? **Wählen Sie** die Aussagen **aus**, die Sie für passend halten und **belegen Sie** Ihre Meinung mit Zitaten.

a. Julika möchte, dass ihre Mutter stolz auf sie ist.
b. Julikas Mutter denkt immer nur schlecht über ihre Tochter.
c. Julika möchte ihre Mutter gern sehen.
d. Julika möchte ihre Mutter durch ihre berufliche Karriere beeindrucken.

E. Was wünscht sich Julika in ihrem Traum von ihrer Mutter? Was für ein Leben hat wohl Julikas Mutter geführt? **Erklären Sie.**

Das traditionelle Frauenbild

- der Privatbereich ≠ der öffentliche Bereich
- von etwas ausgeschlossen sein
- von jemandem abhängig sein
- unmündig sein
- sich unterordnen
- die traditionelle Rollenverteilung
- sich um die Kinder kümmern
- den Haushalt führen

Die „neue" Frau

- für etwas kämpfen
- frei wählen
- über sich selbst bestimmen
- sich von etwas befreien
- unabhängig sein
- sich gegen etwas auflehnen
- berufstätig sein
- ein neues Selbstbewusstsein
- kurze Haare
- typisch männliche Verhaltensweisen (rauchen, Sport treiben, Auto fahren ...)

Axe :
Espace privé et espace public

fiche ENTR. LEXICAL

fiche PHONIE-GRAPHIE

Die Verwirklichung der deutschen Frau: weiter als vor hundert Jahren?

Die Frau von heute

- gleichberechtigt sein
- die Gleichberechtigung
- die Gleichstellung
- die Anerkennung / der Respekt
- (nicht mehr) benachteiligt sein
- in wichtigen Positionen unterrepräsentiert sein
- jemanden / etwas anerkennen
- die Leistung (-en)
- (keine) Karriere machen
- weniger / mehr wert sein
- weniger / mehr Lohn bekommen
- sich (nicht) um die Kinder / den Haushalt kümmern

Karrierefrauen

- emanzipiert
- unabhängig
- ehrgeizig
- zielstrebig
- gefühlskalt ≠ emotional
- selbstsicher ≠ unsicher
- erfolgreich

Abschlussaufgabe

fiche AIDE À LA TÂCHE

fiche ÉVAL. TÂCHE

Sprachmittlung

Gleichstellung in Deutschland

Wir nehmen Stellung zu den Fragen: Wie hat sich die Gleichstellung der Frau in Deutschland verändert? Gibt es heute Chancengleichheit?

1. Wir bilden Paare.

2. Zusammen mit unserem Partner / unserer Partnerin gehen wir noch einmal die Lektion durch und suchen Fakten zur Gleichstellung der Frau in Deutschland heute und vor hundert Jahren.

3. Wir legen eine Gliederung für die Präsentation der Fakten fest.

4. Wir nehmen gemeinsam Stellung. Jeder präsentiert einen Teil der Stellungnahme.

Digitale Alternative

Sie können Ihre Stellungnahme auch als MP3-Datei oder MP4-Datei aufnehmen.

3 Fit fürs Bac

Préparation aux épreuves communes de contrôle continu

VERS LE NOUVEAU BAC

Espace privé et espace public

Épreuve 1

fiche MÉTHODO. BAC CO

fiche MÉTHODO. BAC EE

Période
- 2e trimestre de Première

Durée
- 1 heure

Note globale
- sur 20 :
  10 points → CO
  10 points → EE

Niveaux visés
- B1 (LVA)
- A2-B1 (LVB)

Partie 1 → COMPRÉHENSION DE L'ORAL

Schülerumfrage: Gibt es Frauen- oder Männerberufe?

Rendez compte en français du contenu de la vidéo.
Vous aborderez les points suivants :
- le thème principal du document ;
- les différents points de vue ;
- la fonction du document (relater, informer, convaincre, critiquer, dénoncer...).

↑ *Schülerumfrage: Gibt es Frauen- oder Männerberufe?*, Jugendmagazin YAEZ, 2013, www.yaez.de

Partie 2 → EXPRESSION ÉCRITE

Behandeln Sie Thema A oder Thema B (mindestens 100 Wörter).

A

Zehn Jahre später arbeitet Michael, der junge Mann auf dem Standbild oben, als Erzieher in einem Kindergarten. Er schreibt an seine ehemalige Schulfreundin Lara eine E-Mail über seinen Beruf (Gründe für die Berufswahl, Reaktionen seiner Eltern und Freunde, Berufsalltag ...).

Verfassen Sie diese E-Mail.

Liebe Lara, ...

A

Sie sind Journalist/in für eine Frauenzeitschrift. Schreiben Sie einen Artikel, in dem Sie Frauen verteidigen, die Hausfrau sein wollen und keinen Beruf ausüben möchten.

Verfassen Sie den Artikel und führen Sie darin Argumente für die Entscheidung dieser Frauen an.

Épreuve 3

Temps 1 + + | Temps 2 +

fiche MÉTHODO. BAC EO

Période
- 3e trimestre de Terminale

Durée du temps 2
- 5 minutes en continu (+ 5 min. en interaction)

Note globale
- sur 20 (même nombre de points pour la compréhension (CO + CE) et pour l'expression (EE + EO/IO)

Niveaux visés
- B2 (LVA)
- B1 (LVB)

Partie 1 → EXPRESSION ORALE

Welches der beiden Dokumente passt Ihrer Meinung nach besser zur Thematik „Espace privé et espace public"? Warum?
Begründen Sie Ihre Wahl mit dem, was Sie gelernt haben.

A

↑ Gehaltsunterschied zwischen Männern und Frauen (Symbolbild)

B

↑ Automechanikerin bei der Arbeit (Symbolbild)

4 Die Gedanken sind frei …

Gehen oder bleiben?

• Art et pouvoir

Die Gedanken sind frei

Die Gedanken sind frei,
wer kann sie erraten[1]?
Sie fliegen vorbei
wie nächtliche Schatten.
Kein Mensch kann sie wissen,
kein Jäger erschießen[2]
mit Pulver und Blei.
Die Gedanken sind frei!

Ich denke, was ich will
und was mich beglücket,
doch alles in der Still',
und wie es sich schicket.
Mein Wunsch und Begehren
kann niemand verwehren[3],
es bleibet dabei:
Die Gedanken sind frei!

Und sperrt man mich ein
im finsteren Kerker[4],
ich spotte der Pein
und menschlicher Werke;
denn meine Gedanken
zerreißen die Schranken[5]
und Mauern entzwei:
Die Gedanken sind frei!

1. **erraten** deviner
2. **erschießen** abattre
3. **verwehren** empêcher, interdire
4. **in einen Kerker einsperren** enfermer dans un cachot
5. **die Schranken zerreißen** détruire les barreaux

↑ Volkslied, ca. 1790, bearbeitet von Hoffmann von Fallersleben, 1842

Abschlussaufgabe

Künstler/innen im Dritten Reich
Ich wähle einen Künstler oder eine Künstlerin aus der Lektion aus und erkläre, welche Haltung er oder sie zu Zeiten der Diktatur hatte.

4 Kunst und Künstler im Dritten Reich

1 In Zeiten der Unterdrückung …

A. Sehen Sie sich das Video **an**. Welche Art von Kunst wurde von den Nationalsozialisten bevorzugt?

B. Sehen Sie sich das Video ein zweites Mal **an**. Welche Künstler werden im Video genannt? Wie reagieren diese Künstler auf die Diktatur?

↑ *Nationalsozialismus: Kunst und Kultur*, dokumentARfilm, 2018

↑ Skulptur von Käthe Kollwitz

↑ Bildhauer Arno Breker

Grammatik

L'opposition avec im Gegensatz zu / anders als / während

→ p. 143 / ex. p. 153

Während Kollwitz nicht mehr ausstellen durfte, bekam Breker viele Aufträge.

Le moyen avec indem

→ p. 144 / ex. p. 153

Viele Künstler protestierten, **indem** sie Deutschland verließen.

2 … frei bleiben?

A. Bilden Sie drei Gruppen (A, B und C). **Lesen Sie** Ihren Text (A, B oder C). Wie haben sich die Künstler/innen positioniert? Und warum? **Machen Sie sich** Notizen.

B. Informieren Sie dann die anderen Gruppen über den Inhalt Ihres Textes.

A Schauspielerin Marlene Dietrich

Eine politische Künstlerin war Marlene Dietrich nie […]. Und doch entschied sie sich konsequent: gegen das von Hitler regierte Deutschland und für die Vereinigten Staaten. Die Schauspielerin und Sängerin […] wurde Anfang der 1930er-Jahre mit dem Film „Der blaue Engel" zu einem der wenigen deutschen Weltstars. Mit ihrem Regisseur und Entdecker Josef von Sternberg ging sie nach Hollywood, gemeinsam drehten sie sieben Filme. Mehrfach wurde von deutscher Seite versucht, sie zurückzuholen; sogar Joseph Goebbels soll sich um sie bemüht haben. Aber Marlene Dietrich verabscheute das „Dritte Reich" und seine Ideologie, und nach Hitlers Machtübernahme lebte sie, wenn sie sich in Europa aufhielt, nur noch in Österreich oder Frankreich. […] 1939 wurde sie offiziell Amerikanerin.

Im Krieg zwischen der neuen und der alten Heimat bezog die gebürtige Berlinerin eindeutig Stellung. Sie tourte jahrelang durch die Vereinigten Staaten und Europa, um […] die amerikanischen Truppen zu unterhalten. Dieses Engagement verzieh ihr das deutsche Publikum nicht. 1960 wurde sie bei Auftritten in Deutschland angespuckt[1] und ausgebuht.

↑ *Künste im Exil*, www.kuenste-im-exil.de, Eine virtuelle Ausstellung des Deutschen Exilarchivs 1933-1945 der Deutschen Nationalbibliothek

1. **jemanden anspucken** cracher sur qqn

B Reichsfilmregisseurin Leni Riefenstahl

Leni Riefenstahl war nicht nur Regisseurin, sie war daneben auch Tänzerin, Schauspielerin, und zuletzt Fotografin und Taucherin[1]. […]

Ihr Regiedebüt hatte Leni Riefenstahl im Jahr 1932 mit dem Stummfilm „Das blaue Licht", sie schrieb das Manuskript, wirkte als Schauspielerin mit und führte Regie. Eben dieser Film war es auch, der ihr die Aufmerksamkeit Adolf Hitlers sicherte. […]. Hitler bewunderte und umschwärmte die Regisseurin, und so kam es zur Produktion jener Filme, die Leni Riefenstahls Karriere nach dem Dritten Reich in Misskredit[2] bringen sollten: „Triumph des Willens" (1934) und der zweiteilige Olympiafilm „Fest der Völker".

Während ihrer Zeit als Regisseurin im Dienst der Nationalsozialisten verband Leni Riefenstahl und Adolf Hitler eine enge Freundschaft, die auch Gespräche über persönliche und private Angelegenheiten einschloss […].

Nach dem Krieg gelang es Leni Riefenstahl nicht mehr, als Regisseurin an die alten Erfolge anzuknüpfen[3], sie startete jedoch eine glänzende Karriere als Fotografin und widmete sich schließlich dem Tauchen und der Unterwasserfotografie.

↑ *Leni Riefenstahl*, www.was-war-wann.de

1. **die Taucherin** la plongeuse
2. **jemanden in Misskredit bringen** discréditer qqn
3. **an die alten Erfolge anknüpfen** renouer avec le succès passé

C Schriftsteller Erich Kästner

Kästner war und ist nicht nur als Autor spannender Kinderbücher bekannt, sondern auch als kritischer Journalist und weitsichtiger Zeitkritiker.

In der Zeit des Nationalsozialismus musste er seine Kritik aber oft auf heimliche Tagebuchnotizen beschränken[1]. Denn als er versuchte, die Menschen vor der drohenden Gefahr zu warnen, wurde er festgenommen und verhört. […] Viele seiner Bücher wurden verboten und sogar 1933 öffentlich verbrannt, aber auf das Drängen seiner Freunde, aus Deutschland zu fliehen, antwortete er mit folgendem Vers:

„Ich bin ein Deutscher aus Dresden in Sachsen, mich lässt die Heimat nicht fort. Ich bin wie ein Baum, der in Deutschland gewachsen, wenn's sein muss in Deutschland verdorrt."

Unter Pseudonym […] verfasste Kästner dann im Dritten Reich weiter Filmdrehbücher und Komödien, die meist im Ausland, vorwiegend in der Schweiz veröffentlicht[2] wurden.

Nach dem Zweiten Weltkrieg zog Kästner nach München. Er arbeitete dort als Schriftsteller, Journalist und Herausgeber der Kinder- und Jugendzeitschrift „Pinguin". Er […] engagierte sich politisch in der Öffentlichkeit als Kriegsgegner.

↑ Nach: Kirsti Kriegel, *Erich Kästner*, Rossipotti-Literaturlexikon

1. **sich auf etwas beschränken** se limiter à qqch.
2. **veröffentlichen** publier, rendre public

C. Lesen Sie das Gedicht „Die Gedanken sind frei" (Seite 41) und suchen Sie im Internet eine vertonte Fassung. Inwiefern passt das Lied zur Thematik der ganzen Lektion? **Tauschen Sie sich aus**.

D. Zu zweit: **Übersetzen Sie** das Gedicht (Seite 41) in ein möglichst poetisches Französisch.

« Die Gedanken sind frei » est un chant populaire allemand sur la liberté d'opinion dont le réseau « la rose blanche » fit son hymne. Il fut repris en janvier 2015 par un collectif d'artistes alsaciens en hommage aux victimes des attentats contre Charlie Hebdo.

Das Regime

- das Dritte Reich
- eine Ideologie propagieren
- jemanden / etwas bevorzugen
- unterstützen
- dulden
- billigen ≠ missbilligen
- verbieten
- das Berufsverbot (-e)
- Berufsverbot erteilen
- Bücher / Kunstwerke beschlagnahmen
- Bücher verbrennen
- Andersdenkende verfolgen
- jemanden festnehmen
- jemanden verhören

Axe :
Art et pouvoir

fiche ENTR. LEXICAL

fiche PHONIE-GRAPHIE

Gehen oder bleiben?

Künstler/innen

- der Künstler (-) / die Künstlerin (-nen)
- das Kunstwerk (-e)
- ein Kunstwerk erschaffen
- der Maler (-) / die Malerin (-nen)
- der Bildhauer (-) / die Bildhauerin (-nen)
- der Regisseur (-e) / die Regisseurin (-nen)
- der Schauspieler (-) / die Schauspielerin (-nen)
- der Tänzer (-) / die Tänzerin (-nen)
- der Sänger (-) / die Sängerin (-nen)
- der Schriftsteller (-) / die Schriftstellerin (-nen)
- der Journalist (-en) / die Journalistin (-nen)
- der Fotograf (-en) / die Fotografin (-nen)

Stellung beziehen

- seine Gedanken äußern
- Missstände aufzeigen
- Kritik an etwas üben
- provozieren
- gegen etwas kämpfen
- das Land verlassen
- das Regime unterstützen
- sich für etwas engagieren
- Propaganda für etwas machen
- über ein Thema schweigen
- sich anpassen
- (eindeutig) Stellung beziehen
- sich positionieren

fiche AIDE À LA TÂCHE

fiche ÉVAL. TÂCHE

Künstler/innen im Dritten Reich

Ich wähle einen Künstler oder eine Künstlerin aus der Lektion aus und erkläre, welche Haltung er oder sie zu Zeiten der Diktatur hatte.

1. Ich wähle einen Künstler oder eine Künstlerin aus der Lektion: Käthe Kollwitz, Arno Breker, Marlene Dietrich, Leni Riefenstahl oder Erich Kästner.

2. Ich notiere mir alle Angaben zu seiner / ihrer Karriere und Positionierung gegenüber dem Regime.

3. Ich trage die Ergebnisse vor. Ich kann dafür ein Merkblatt mit Daten, Fakten und Wortschatzhilfen benutzen.

Digitale Alternative

Sie können eine Präsentation mit *Genial.ly* erstellen und Ihren Vortrag in MP3- oder MP4-Format aufnehmen.

Käthe Kollwitz

Arno Breker

Marlene Dietrich

Leni Riefenstahl

Erich Kästner

Fit fürs Bac

Préparation aux épreuves communes de contrôle continu

VERS LE NOUVEAU BAC

Art et pouvoir

Épreuve 1

fiche MÉTHODO. BAC CO

fiche MÉTHODO. BAC EE

Période
- 2e trimestre de Première

Durée
- 1 heure

Note globale
- sur 20 : 10 points → CO, 10 points → EE

Niveaux visés
- B1 (LVA)
- A2-B1 (LVB)

Partie 1 → COMPRÉHENSION DE L'ORAL

Literatur des 20. Jahrhunderts – Bücherverbrennung

Rendez compte en français du contenu de la vidéo.

↑ *Literatur des 20. Jahrhunderts – Bücherverbrennung*, dokumentARfilm, 2019

Partie 2 → EXPRESSION ÉCRITE

Behandeln Sie Thema A oder Thema B (mindestens 100 Wörter).

A

Sie haben im Internet die Kommentare von Cem, Frank und Selma zum Video gelesen.
Nehmen Sie zu den drei Meinungen Stellung.

Es ist schlimm, wenn ein Regime Kunstwerke verbietet. Das heißt, dass es keine Meinungsfreiheit gibt.
Cem

Ich finde ganz normal, dass man Kunstwerke, in denen Menschen diskriminiert werden, verbietet.
Frank

Kunst muss frei bleiben, auch wenn sie provoziert oder schockiert. Denn sie zeigt, was in unserer Welt falsch läuft, was man vielleicht ändern muss. Das ist ein wichtiger Beitrag für die Demokratie.
Selma

B

Das Video zeigt, wie politische Machthaber mit Kunstwerken in Zeiten der Diktatur umgehen. Können Sie verstehen, dass manche Künstler ihre Heimat verlassen und im Exil leben wollen? Argumentieren Sie und nennen Sie konkrete Beispiele.

Épreuve 3

Temps 1 + + | Temps 2 +

fiche MÉTHODO. BAC EO

Période
- 3e trimestre de Terminale

Durée du temps 2
- 5 minutes en continu (+ 5 min. en interaction)

Note globale
- sur 20 (même nombre de points pour la compréhension (CO + CE) et pour l'expression (EE + EO/IO)

Niveaux visés
- B2 (LVA)
- B1 (LVB)

Partie 1 → EXPRESSION ORALE

Welches der beiden Dokumente passt Ihrer Meinung nach besser zur Thematik „Art et pouvoir"? Warum? Begründen Sie Ihre Wahl mit dem, was Sie gelernt haben.

A

„(3) Kunst und Wissenschaft, Forschung und Lehre sind frei."

Artikel 5 des Grundgesetzes der Bundesrepublik Deutschland

B

↑ ***Bücherverbrennung 1933***, Zeichnung, anonym

5 Politische Kunst?

Warum zieht Berlin engagierte Künstler/innen an?

• Art et pouvoir

↑ Auf einem 1,3 km langen Stück der Berliner Mauer entstanden 1990 spontan 105 Kunstwerke von 118 Künstler/innen aus 121 Ländern. Dieses Gesamtkunstwerk ist heute unter dem Namen East Side Gallery bekannt.

Abschlussaufgabe

Politische Kunst in Berlin
Ich erkläre in einem Text für die Schülerzeitung, inwiefern Berlin der ideale Ort für engagierte Kunstprojekte ist.

5 Verhüllen, verstecken, vermitteln

1 Verstecken, um zu zeigen

A. Gehen Sie auf die Webseite www.kuppelkucker.de und **sehen Sie sich** das Video „Erklärfilm – Die Geschichte des Reichstagsgebäudes“ **an**. Welche Bedeutung hatte und hat der Reichstag in Berlin?

B. Sehen Sie sich das Foto **an**. Was wollte der Künstler wohl mit der Verhüllung des Reichstags sagen?

C. Lesen Sie nun den Text und **schreiben Sie** mithilfe der folgenden Schlüsselwörter eine Zusammenfassung.

Christo | Symbol der Freiheit | protestieren | Geschichte des Gebäudes

↑ Der verhüllte Reichstag 1995

Christos Reichstag, ein Weltkunstwerk

Die Verhüllung des Berliner Reichstags war eine von Christos spektakulärsten Kunstaktionen. Sie lockte vor 20 Jahren fünf Millionen Besucher in die Hauptstadt. Ein Massenspektakel, das bis heute nachwirkt.

Für seine Kunstprojekte braucht Christo vor allem drei wichtige Eigenschaften: Geduld, Beharrlichkeit und Überzeugungskraft[1]. Für die „Verhüllung des Berliner Reichstags“ wurden diese Eigenschaften auf eine harte Probe gestellt. 23 Jahre lang kämpfte Christo um die Verwirklichung[2] seiner Kunstaktion. Der geschichtsträchtige Bau faszinierte ihn als Symbol der Freiheit, weil von dort 1918 die Republik ausgerufen wurde. Außerdem lag das Gebäude direkt an der Berliner Mauer, gegen die Christo schon 1962 mit seinem Projekt „Mauer aus Ölfässern[3] – Eiserner Vorhang“ protestiert hatte. Damals hatte er 441 Ölfässer gestapelt und die Pariser Rue Visconti versperrt, um so seinen Unmut gegen das DDR-Regime und den Bau der Berliner Mauer auszudrücken.

Die Idee, das Berliner Reichstagsgebäude zu verhüllen, war begleitet von heftigen Kontroversen. Als staatliches Symbol der Deutschen solle der Reichstag das Volk einen und nicht durch eine umstrittene künstlerische Aktion polarisieren, meinten viele Anhänger der Christdemokratischen Partei (CDU). Die damalige Bundespräsidentin Rita Süßmuth fand, dass gerade die Verhüllung die ambivalente Geschichte dieses Gebäudes erst sichtbar machen würde. Als der Bundestag am 25. Februar 1994 endlich für die Kunstaktion stimmte, war das für Christo ein großer Moment: „Bis 1989 war der Reichstag ein Mausoleum, ein Gebäude ohne Zukunft, eine schlafende Schönheit. Das Aufregende ist, dass wir das Projekt Reichstag in diesem Moment der Umstrukturierung realisieren und dass wir diese Umgestaltung physikalisch demonstrieren können.“

↑ Gaby Reucher, *Christos Reichstag, ein Weltkunstwerk*, Deutsche Welle, 24.06.2015

1. **die Überzeugungskraft** la force de persuasion
2. **die Verwirklichung** la réalisation
3. **das Ölfass** le baril de pétrole

2 Schwimmwesten am Konzerthaus

A. Sehen Sie sich die Fotos **an**. Inwiefern hat sich dieser Künstler von Christo inspirieren lassen?

B. Was symbolisieren wohl die Schwimmwesten? **Stellen Sie** Hypothesen **auf**.

C. Lesen Sie nun den Text. Waren Ihre Hypothesen richtig?

↑ Das mit Schwimmwesten bedeckte Konzerthaus in Berlin, 2016 ↓

Ai Weiwei und die Schwimmwesten

Dem chinesischen Künstler Ai Weiwei sind in seiner Heimat lange grundlegende Menschenrechte vorenthalten[1] worden. Jetzt setzt er sich in Europa für Flüchtlinge ein.

Berlin – Der chinesische Künstler Ai Weiwei (58) erinnert in Berlin mit einer Installation aus Schwimmwesten an das Schicksal der Flüchtlinge, die auf ihrem Weg nach Europa ertrunken sind. Das Kunstwerk am Konzerthaus Gendarmenmarkt ist eine Aktion für die Filmgala *Cinema for Peace*, wie die Veranstalter[2] am Samstag mitteilten.

Diese Woche war der Künstler bereits für Dreharbeiten in Berlin unterwegs. Er arbeitet an einem Film über Flüchtlinge und hatte auf dem stillgelegten Flughafen Tempelhof Neuankömmlinge befragt. [...]

Ai Weiwei, der sich schon in China für die Menschenrechte eingesetzt hatte und zeitweise in Haft[3] saß, trat 2015 eine Gastprofessur an der Universität der Künste in Berlin an. Vor Kurzem hatte er für heftige Diskussionen gesorgt, als er auf der griechischen Insel Lesbos das Foto des im Vorjahr in der Türkei ertrunkenen syrischen Flüchtlingsjungen Aylan nachstellte[4].

↑ red/dpa, *Schwimmwesten erinnern an Flüchtlinge*, Stuttgarter Zeitung, 14.02.2016

1. **jemanden etwas vorenthalten** priver qqn de qqch.
2. **der Veranstalter** l'organisateur
3. **in Haft** en détention
4. **nachstellen** reconstituer

D. Welche dieser beiden Kunstaktionen finden Sie interessanter? **Tauschen Sie sich aus.**

Grammatik

La subordonnée de temps avec als → p. 143 / ex. p. 154

Als das Projekt endlich genehmigt wurde, war das ein großer Moment für den Künstler.

3 Mauerkunst

A. Sehen Sie sich die beiden Fotos **an**. Was wollte der Künstler wohl mit seinem Bild sagen?

← Der Moskauer Maler Dmitri Vrúbel vor seinem berühmten Wandbild an der East Side Gallery

↑ Erich Honecker und Leonid Iljitsch Breschnew begrüßen sich 1979 mit einem Bruderkuss zum 30. Geburtstag der DDR in Ost-Berlin

Grammatik

Le discours indirect → p. 138 / ex. p. 154

Der Künstler meinte, es **sei** ein interessantes Projekt.

B. Lesen Sie nun den Text. Waren Ihre Hypothesen richtig?

Den Bildermüll zur Kunst erheben

Jeder Berlintourist kennt dieses Motiv. Es ist wohl das meistfotografierte Wandbild der East Side Gallery am Spreeufer: ausgerechnet Breschnew und Honecker versunken im sozialistischen Bruderkuss. Gemalt hat es der russische Künstler Dmitri Vrubel. Sein Werk ist weltberühmt, aber Vrubel?

Er kam 1990 nach Berlin, ein Jahr nach dem Fall der DDR. Auch die Sowjetunion stand unmittelbar vor ihrem Zerfall[1], russische Künstler strömten ins westliche Ausland, suchten Ausstellungsräume. Dmitri Vrubel ging nicht zu den Kunstgalerien nach West-Berlin. Er ging zur Berliner Mauer.

An diesem Ort des Zerfalls und Aufbruchs versammelten sich Künstler aus der ganzen Welt. Sie bemalten toten Beton mit ihren Bildern, die sie dem Frieden, der Liebe, der Freiheit und Demokratie widmeten. Vrubel hingegen kopierte lediglich eine Postkarte, ein Foto des Franzosen Régis Bossu, es zeigte Erich Honecker und Leonid Breschnew 1979, am 30. Jahrestag der DDR. Zwei alte Männer, zufällig die mächtigsten des Ostblocks, die Augen geschlossen, die Lippen zärtlich aufeinandergedrückt. Vrubel setzte noch einen Kommentar unter sein Wandbild: „Mein Gott, hilf mir, diese tödliche Liebe zu überleben." Muss man das verstehen?

Dmitri Vrubel empfängt uns in Berlin, mittlerweile führt er mit seiner Frau Viktoria Timofeeva eine eigene Galerie in der Kulturbrauerei in Prenzlauer Berg. Was wollte er mit seinem berühmtesten Werk sagen? Der Bruderkuss auf der Berliner Mauer sei sehr viel mehr als das Abbild einer sozialistischen Geste, sagt Vrubel. Er betrachtet Zeitdokumente grundsätzlich nicht innerhalb ihres ursprünglichen[2] Kontextes, sondern versucht, universelle Wahrheiten in ihnen zu entdecken. „Dieser Kuss kann nur einer ewigen, großen Liebe gewidmet sein. Das sind jetzt nicht mehr zwei besoffene Idioten, die sich am Ende einer Parteiveranstaltung in den Armen liegen."

Vrubel mag es ironisch und pathetisch – Leben, Sterben und Liebe, darum ginge es doch. Und das macht sein Motiv vielleicht auch so beliebt. Nach dem Zerfall des sozialistischen Systems konnte der Bruderkuss plötzlich ganz neu gedeutet werden. Verhöhnung[3] der DDR-Elite, Plädoyer für gleichgeschlechtliche Liebe – alle Zuschreibungen[4] waren möglich und erlaubt.

↑ Anastasia Arinushkina, *Den Bildermüll zur Kunst erheben*, Zeit Online, 14.03.2017

1. **der Zerfall** la dislocation
2. **ursprünglich** initial
3. **die Verhöhnung** la moquerie
4. **die Zuschreibung** l'attribution

4 Kunst am Brandenburger Tor

A. **Sehen Sie sich** das Promovideo **an**. Was ist das Besondere an diesem Museum?

www.brandenburgertor-museum.de, TRIAD Entertainment, 2017

B. **Lesen Sie** den Text über die Kunstinstallation des deutsch-syrischen Künstlers Manaf Halbouni. Worum geht es?

Bus-Mahnmal[1] vor dem Brandenburger Tor

Bedrohlich ragen sie in den Himmel, recken ihre Unterseite der Straße des 17. Juni entgegen. Seit Freitag Mittag erheben [sich drei senkrecht aufgerichte Busse] vor dem Brandenburger Tor.

„Monument" heißt die Installation des deutsch-syrischen Künstlers Manaf Halbouni schlicht. Sie sollen ein Mahnmal sein für Frieden und Solidarität mit Kriegsopfern aus aller Welt, indem sie „stumm in das öffentliche Leben der Stadt ragen" [...] Im Krieg um Aleppo bauten Zivilisten aus drei Buswracks[2] eine Barrikade, um sich vor Heckschützen[3] zu schützen. Die drei Busse vor dem Brandenburger Tor sind allerdings ausrangierte Linienbusse aus Deutschland, die der Künstler bei einem Gebrauchtwagenhändler erworben hat.

„Ich kann mir kaum einen besseren Ort für das Monument von Manaf Halbouni vorstellen, als den Platz des 18. März am Brandenburger Tor", sagt Klaus Lederer [...], Schirmherr[4] der Kunstaktion. Die Stelle, der die Quadriga den Rücken zuwendet, stehe für freiheitliche demokratische Tradition und friedlich errungene Freiheitsrechte. Der 18. März vereint Freiheitsbestrebungen[5] in der deutschen Geschichte: An diesem Tag schaffte König Friedrich Wilhelm IV. im Zuge der Revolution 1848 die Zensur ab, [...] am 18. März 1990 durfte die DDR zum ersten Mal die Volkskammer frei wählen. [...] „Das Monument soll uns mahnen, dass all das nicht selbstverständlich ist", erläutert Lederer die Intention des Kunstwerks.

Gisa Bodenstein, Julius Betschka, *Umstrittenes Bus-Mahnmal steht vor dem Brandenburger Tor*, Berliner Morgenpost, 10.11.2017

1. **das Mahnmal** le mémorial
2. **das Wrack** l'épave
3. **der Heckenschütze** le tireur embusqué
4. **der Schirmherr** le parrain
5. **die Bestrebung** l'effort

Grammatik

Les adjectifs invariables en -er

→ p. 131 / ex. p. 154

Das Mahnmal steht am **Brandenburger** Tor.

Touristen und Einheimische bestaunen die Kunstaktion

C. **Gehen Sie** auf www.berlin.de/kultur-und-tickets/tipps/kunst/kunstaktionen/ und **sehen Sie sich** die dort aufgeführten Kunstaktionen in Berlin **an**. Welche gefällt Ihnen am besten? Warum?

D. Warum zieht wohl Berlin engagierte Künstler/innen an? Zu zweit: **Tauschen Sie sich** schriftlich **aus**.

Politische Kunst

- die Kunst
- der Künstler (-) / die Künstlerin (-en)
- das Kunstwerk (-e)
- die Ausstellung (-en)
- mutig / gewagt
- gefährlich
- verboten
- ein Risiko eingehen
- Grenzen überschreiten
- eine politische Botschaft vermitteln
- etwas denunzieren
- seinen Unmut gegen etwas ausdrücken
- sich für jemanden / etwas engagieren
- sich für jemanden / etwas einsetzen
- gegen etwas protestieren

Engagement für ...

- die Freiheit
- die Demokratie
- die Menschenrechte
- der Frieden ≠ der Krieg
- der Flüchtling (-e)
- das Opfer (-)
- die (freie / gleichgeschlechtliche) Liebe
- die Solidarität

Axe :
Art et pouvoir

fiche ENTR. LEXICAL

fiche PHONIE-GRAPHIE

Warum zieht Berlin engagierte Künstler/innen an?

Besondere Orte

- das Gebäude (-)
- der (Deutsche) Reichstag
- das Konzerthaus
- die Berliner Mauer
- das Brandenburger Tor
- das Symbol (-e)
- ein Symbol für etwas sein
- der Staat (-en)
- die Macht (¨-e)
- die Regierung (-en)
- der Zerfall
- der Aufbruch (¨-e)
- der Neuanfang

Verstecken und zeigen

- das Kunstprojekt (-e)
- die Installation (-en)
- die Verhüllung (-en)
- etwas mit etwas verhüllen
- etwas verstecken
- das Gebäude (-)
- der Stoff (-e)
- die Säule (-n)
- die Schwimmweste (-n) →
- etwas bemalen
- das Graffiti (-s)
- das Wandbild (-er)
- der Bruderkuss
- mächtige Politiker

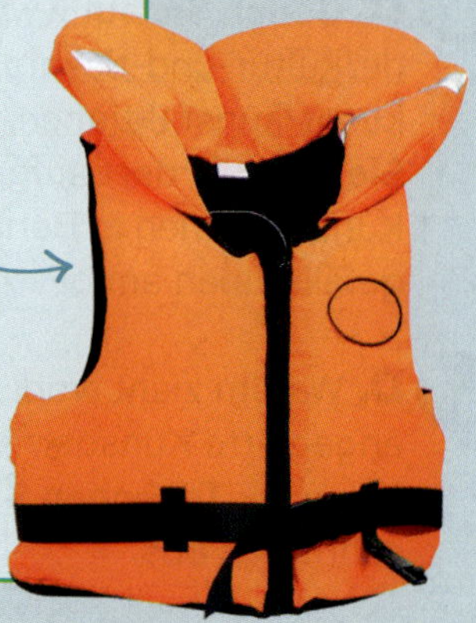

fiche AIDE À LA TÂCHE

fiche ÉVAL. TÂCHE

Politische Kunst in Berlin

Ich erkläre in einem Text für die Schülerzeitung, inwiefern Berlin der ideale Ort für engagierte Kunstprojekte ist.

Sprachmittlung

1. Ich gehe noch einmal die Lektion durch und notiere mir die Schlüsselwörter, die für mich von Bedeutung sind.

2. Ich mache mir zu den folgenden Punkten Notizen.

- Orte in Berlin (Gebäude, Plätze, Straßen, ...)
- Kunstprojekte (Installation, Malerei, Skulptur, Graffiti, ...)
- Botschaft (für Flüchtlinge, für Menschenrechte, gegen Rassismus, ...)

3. Ich verfasse einen Artikel, der anhand gut ausgewählter Beispiele zeigt, dass Berlin ein besonderer Ort für engagierte Kunstprojekte ist.

Digitale Alternative

Sie können Ihren Text auch mit *Canva* gestalten und auf *Calameo* veröffentlichen.

Fit fürs Bac
Préparation aux épreuves communes de contrôle continu

VERS LE NOUVEAU BAC

Art et pouvoir

Épreuve 1

fiche MÉTHODO. BAC CO

fiche MÉTHODO. BAC EE

Période
- 2e trimestre de Première

Durée
- 1 heure

Note globale
- sur 20 :
  10 points → CO
  10 points → EE

Niveaux visés
- B1 (LVA)
- A2-B1 (LVB)

Partie 1 → COMPRÉHENSION DE L'ORAL

Ai Weiweis Schwimmwesten-Mahnmal in Wien

Rendez compte en français du contenu de la vidéo.
Vous aborderez les points suivants :
- l'action évoquée (lieu, moment, forme, objectif…) ;
- l'événement politique ou historique qui l'a suscitée ;
- l'opinion que l'artiste exprime.

↑ *Ai Weiweis Schwimmwesten-Mahnmal in Wien*, AFPTV – Agence France-Presse, 2016

Partie 2 → EXPRESSION ÉCRITE

Behandeln Sie Thema A oder Thema B (mindestens 100 Wörter).

A

In einem Internetforum lesen Sie die nebenstehenden Beiträge zum Thema „engagierte Kunst".

Schreiben Sie Ihren eigenen Kommentar: Reagieren Sie auf die Beiträge und äußern Sie Ihre Meinung zum Thema. Argumentieren Sie.

„Ich denke, dass Künstler sich engagieren müssen. Es ist wichtig, dass sie eine politische Botschaft vermitteln."
Alex

„Ich finde es nicht nötig, dass Künstler durch ihre Kunst eine Botschaft vermitteln. Sie sollten das ausdrücken, worauf sie Lust haben. Kunst bleibt eine individuelle und freie Sache."
Elah

„Ein Kunstwerk ist und bleibt immer das Ergebnis einer persönlichen künstlerischen Arbeit. Aber Künstler sollten sich mit ihren Werken auch sozial und politisch engagieren."
Paul

B

Passen Kunst und Politik zusammen? Argumentieren Sie mit konkreten Beispielen.

Épreuve 2

fiche MÉTHODO. BAC CE

fiche MÉTHODO. BAC EE

Période
- 3e trimestre de Première

Durée
- 1 heure 30

Note globale
- sur 20 :
  10 points → CE
  10 points → EE

Niveaux visés
- B1-B2 (LVA)
- A2-B1 (LVB)

Partie 1 → COMPRÉHENSION DE L'ÉCRIT

Politischer Rock und Pop in Deutschland

Fassen Sie den Text auf Deutsch zusammen. Beachten Sie dabei folgende Fragen:
- Welche Botschaft möchte der Journalist mit diesem Artikel vermitteln?
- Können Sie die Situation von den Liedermachern und Bands in Deutschland in den 1970ern, 1980ern und heute charakterisieren?

Partie 2 → EXPRESSION ÉCRITE

Behandeln Sie Thema A oder Thema B (mindestens 100 Wörter).

A

Im Text ist von „politischem Rock und Pop" die Rede. Meinen Sie, dass man mit Liedern die Gesellschaft verändern kann?

Nehmen Sie dazu Stellung und nennen Sie Beispiele.

B

Schreiben Sie einen Artikel, in dem Sie von einem engagierten Lied erzählen, das Ihnen besonders gut gefällt. Inwiefern ist dieses Lied für Sie interessant? Welche Botschaft wollte der Liedermacher damit vermitteln?

6 Der Bürger ist König!

Legt man in Deutschland mehr Wert auf Partizipation als woanders?

• Citoyenneté et mondes virtuels

1

↑ *Lange Nacht der Demokratie*, Illustration: Nontira Kigle

2

↑ Change.org

3

↑ Katharina Schulze, Sprecherin NOlympia München

Abschlussaufgabe

Hört uns zu!
Wir diskutieren in der Klasse, welche der Beteiligungsformen am besten geeignet ist, um sich als Bürger Gehör zu verschaffen.

1 Online-Engagement

A. Sehen Sie sich die Infografik **an**. Was erfahren Sie über das Engagement für den Klimaschutz in Deutschland?

KLIMASCHUTZ IM NETZ!

63 % sehen Umwelt- und Klimaschutz als zentrale Zukunftsaufgabe

34 % engagieren sich allgemein bei Online-Petitionen und -Kampagnen

15% schreiben Einträge in Foren und Blogs

Im Internet finden sich viele spannende Möglichkeiten, sich über Klimaschutz auszutauschen, bei Projekten mitzuwirken oder neue zu initiieren.

Quelle: Umweltbundesamt 2014

B. Lesen Sie den Text. Welche Möglichkeiten gibt es, sich für den Klimaschutz zu engagieren?

Klimaschutz macht aktiv

Die Welt retten – das macht man am besten nicht allein! Es gibt für jede und jeden von uns so viele Möglichkeiten, etwas für den Klimaschutz zu tun. Warum nicht gleich gemeinsam handeln? Jede Menge Organisationen und Initiativen laden Engagierte dazu ein[1], sich zu beteiligen. Oder Sie gründen[2] gleich selbst Ihr Repair-Café, starten eine Garteninitiative in der Stadt oder organisieren einen Mitfahr-Service zu Arbeit und Schule. Hier finden Sie eine bunte Palette von Anregungen[3], machen Sie mit!

Ein Drittel der Deutschen engagiert sich im Internet für wichtige Themen – durch Online-Petitionen, Kampagnen, Blogs und vieles mehr. Aber noch viel mehr Bürgerinnen und Bürger halten Umwelt- und Klimaschutz für Kernfragen für unsere Zukunft.

↑ *Klimaschutz macht aktiv*, BMU, 2015

1. **jemanden zu etwas (D) einladen** inviter qqn à qqch.
2. **gründen** fonder
3. **die Anregung** la suggestion, l'incitation

C. Sehen Sie sich den ersten Teil des Erklärvideos **an** und **beantworten Sie** die folgenden Fragen.

a. Was ist eine offizielle Online-Petition („E-Petition")?
b. Was kann man mit einer offiziellen Online-Petition erreichen?

↑ *poliWHAT?! Petitionen*, edeos

D. Sehen Sie sich nun den zweiten Teil **an** und **beantworten Sie** die folgenden Fragen.

a. Wozu dienen inoffizielle Online-Petitionen?
b. Welche Plattformen für inoffizielle Online-Petitionen werden genannt?

E. Welche politische Reichweite haben Online-Petitionen? **Erklären Sie.**

2 Per Mausklick aktiv

A. Sehen Sie sich den Cartoon **an.**
Was wird kritisiert?

B. Lesen Sie den Text.
Was ist Klicktivismus?

↑ *Karry, Click!*

Gutes Gewissen per Mausklick

Clicktivism, oder eingedeutscht Klicktivismus, ist ein Phänomen, welches sich speziell im Social Network stark verbreitet hat und für viele schon zu einer Selbstverständlichkeit[1] geworden ist.

Für die Älteren unter uns: Klicktivismus ist eine digitale Variante der Montagsdemonstrationen[2]. Nur ohne Montag. Und ohne auf die Straße gehen zu müssen. Und ohne großes Risiko für die eigene Person.

Aufgrund der sozialen Netzwerke hat ein Klick natürlich eine enorme Reichweite und mit gut platzierten, sauberen Informationen lässt sich eine große Menschengruppe mobilisieren, die sonst nie von einer Problematik erfahren hätte. Sei es bei Twitter oder auch Facebook: mit einem Klick lassen sich Informationen verteilen und auch Beistand[3] signalisieren. Auch Petitionen lassen sich so zahlenmäßig stark unterzeichnen, Organisationen wie Change.org und Avaaz.org finden so starken Zulauf.

Leider führt Klicktivismus aber schnell zu einem Stillstand in der Unterstützung, denn hier liegt auch das Grundproblem: [...] beim Klicktivismus endet die Unterstützung meist bei dem Klick, dem abgegeben Kommentar oder der geteilten Botschaft. Echter Aktivismus ist daher selten die Folge.

↑ Andre Wolf, *Clicktivism – Gutes Gewissen per Mausklick*, www.mimikama.at, 2014

1. **die Selbstverständlichkeit** l'évidence
2. **die Montagsdemonstrationen** les « manifestations du lundi » ont eu lieu en Allemagne de l'Est à l'automne 1989 et ont contribué à la chute du mur de Berlin
3. **der Beistand** le soutien, l'aide

C. Was meinen Sie, können wir mit einem Mausklick die Welt verändern? **Tauschen Sie sich aus.**

Grammatik

La cause avec da / aufgrund / wegen → p. 143 et 145 / ex. 155

Aufgrund der sozialen Netzwerke kann ein Klick viel bewirken.

D. Haben Sie selbst schon einmal eine Online-Petition unterschrieben? **Führen Sie** eine Umfrage in der Klasse **durch** und **fassen Sie** anschließend die Ergebnisse **zusammen**.

a. Wie viele haben schon eine Online-Petition unterschrieben? Wozu?
b. Wie viele würden das machen? Warum? Warum nicht?

Grammatik

Le conditionnel avec le subjonctif II
→ p. 138 / ex. 155

Ich **würde** eine Online-Petition unterschreiben!

3 Von der Bürgerinitiative zum Volksentscheid

A. Lesen Sie den Text und **beantworten Sie** die folgenden Fragen.

a. Was haben eine Schülerinitiative und eine Bürgerinitiative gemeinsam?
b. Was ist das Ziel einer Bürgerinitiative?

Erklär's mir: Was ist eine Bürgerinitiative?

Wenn euer Lieblingsfach lange Zeit ausfällt und kein Lehrer da ist, um euch zu unterrichten, dann seid ihr damit bestimmt nicht einverstanden. Vielleicht protestiert ihr zusammen und fordert einen Lehrer. Gemeinsam geht ihr auf den Schulhof und sammelt Unterschriften oder macht durch Plakate auf euch aufmerksam. Genau das ist eine Initiative, in eurem Fall eine Schülerinitiative. Ganz ähnlich[1] ist es bei einer Bürgerinitiative. Die Leute sind besorgt oder wütend, weil direkt bei ihnen in der Nachbarschaft eine Straße, eine Bahntrasse oder ein ihrer Meinung nach viel zu großes Gebäude gebaut werden soll. Sie sind nicht einverstanden, weil das Lärm bedeuten könnte oder weil Bäume dafür gefällt werden. Dabei spielt es oft keine Rolle, welcher Partei die Bürger angehören[2] oder was sie sonst noch für Interessen haben. Umso mehr mitmachen, desto höher ist die Chance, dass sie Politiker von ihrer Sache überzeugen können – und etwa den Bau einer Bahntrasse verhindern oder die Pläne ändern.

↑ Martin Frenk, *Erklär's mir: Was ist eine Bürgerinitiative?*, Badische Zeitung, 22.03.2013

1. **ähnlich** identique
2. **einer Partei angehören** appartenir à un parti

En Allemagne, la démocratie directe s'exerce, à l'échelle des « Länder », à trois échelons :
Échelon 1 : une proposition de loi peut être déposée par un groupe de citoyens par le biais d'une « initiative citoyenne » (« Bürgerinitiative »), appelée aussi initiative populaire (« Volksinitiative »).
Échelon 2 : Si la proposition n'aboutit pas, les citoyens peuvent alors adresser une pétition (« Volksbegehren »).
Échelon 3 : Un nombre suffisant de signatures permet l'organisation d'un « référendum d'initiative citoyenne » (« Volksentscheid »).
Le référendum d'initiative populaire est pratiqué par plus d'une quarantaine de pays en 2019.

B. Sehen Sie sich das Video **an** und **machen Sie sich** Notizen zu den folgenden Punkten.

- **a.** Das Ziel der Aktion
- **b.** Die Zahl der Unterschriften
- **c.** Die Bilanz der Organisatoren

← *Fahrrad-Volksentscheid Berlin*, Tagesspiegel, 2016

C. Haben Sie von ähnlichen bürgerschaftlichen Aktionen in Frankreich gehört? Von welchen? **Berichten Sie.**

Grammatik

La comparaison avec je ..., desto ...
→ p. 144 / ex. p. 155
Je mehr Leute unterschreiben, **desto** besser ist das für Initiative.

← Initiator Heinrich Strößenreuther und seine Helfer

4 Aktive Bürger

A. Sehen Sie sich die Grafik **an**. Was erfahren Sie über die Bürgerbeteiligung in Deutschland? Was hat sich im Laufe der Jahrzehnte geändert?

B. Glauben Sie, dass die Ergebnisse der Statistik in Frankreich die gleichen wären? **Tauschen Sie sich aus**.

C. Bilden Sie zwei Gruppen (A und B). **Lesen Sie** Ihren Text (A oder B) und **machen Sie sich** Notizen.

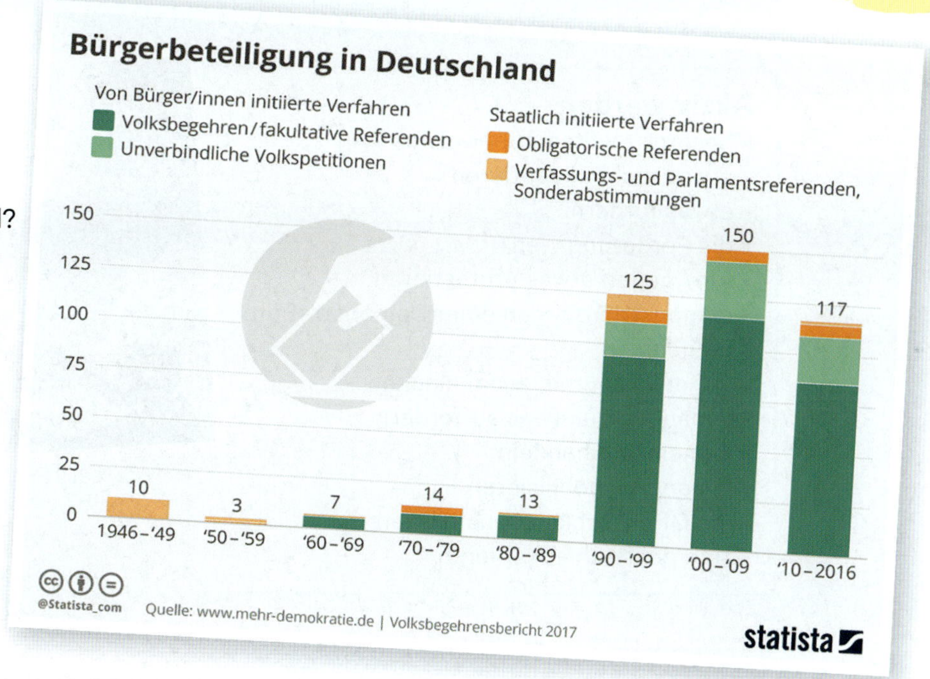

Bürgerbeteiligung im Vergleich

PÉDAGOGIE DIFFÉRENCIÉE

A Frankreich

Die französische Regierung, die von der napoleonischen Organisation übernommen wurde, ist sehr zentralisiert. Lokale und regionale Behörden[1] haben eine begrenzte Autonomie. Die Ziele der durchgeführten Maßnahmen werden von den Verwaltungsagenten festgelegt, und die Bürger werden nur selten dazu aufgefordert, außerhalb der demokratischen Wahlen an der öffentlichen Debatte teilzunehmen. Aus all diesen Gründen ist die Beteiligung der Bürger begrenzt. Die politischen Behörden müssen neue Wege der direkten Kommunikation mit ihren Bürgern eröffnen. Wie könnte Frankreich trotz seines zentralisierten Systems die Bürgerbeteiligung fördern?

B Deutschland

Deutschland ist das Land, in dem die Bürgerbeteiligung am weitesten entwickelt[2] ist. Ihr föderales System ermöglicht ein kollaboratives politisches System, in dem die Bürger vertreten sind.
Die Regierung ermutigt sie, sich an politischen Debatten auf allen Ebenen (föderal, regional und lokal) zu beteiligen. [...] Zum Beispiel organisiert es lokale Referenden, Bürgerforen und Bürgerkomitees. Das föderale System eignet sich mehr für die Bürgerbeteiligung als ein zentralisiertes System.

↑ Thomas Balbach, *Bürgerbeteiligung in Deutschland und Frankreich im Vergleich*, citizenLab, 2018

1. **die Behörde** l'administration
2. **entwickeln** développer

D. Informieren Sie die andere Gruppe über den Inhalt Ihres Textes.

E. Was unterscheidet Deutschland von Frankreich? **Tauschen Sie sich aus**.

Grammatik

Les pronoms relatifs au nominatif, à l'accusatif et au datif
→ p. 143 / ex. p. 155
Deutschland ist das Land, **in dem** die Bürgerbeteiligung am weitesten entwickelt ist.

Aktiv werden
- besorgt / wütend über etwas sein
- etwas nicht akzeptieren
- etwas fordern
- die Forderung (-en)
- für / gegen etwas protestieren
- demonstrieren = an einer Demonstration teilnehmen
- auf etwas aufmerksam machen
- jemanden zu etwas auffordern
- gemeinsam handeln
- jemanden mobilisieren
- die Öffentlichkeit sensibilisieren
- sich politisch engagieren

Axe : Citoyenneté et mondes virtuels

fiche ENTR. LEXICAL
fiche PHONIE-GRAPHIE

Legt man in Deutschland mehr Wert auf Partizipation als woanders?

Politik in Person
- die Regierung (-en)
- der Politiker (-) / die Politikerin (-nen)
- der Bürger (-) / die Bürgerin (-nen)
- die Beteiligungsform (-en)
- die Bürgerinitiative (-n)
  → das Volksbegehren (-)
  → der Volksentscheid (-e)
- eine Bürgerinitiative starten
- sich an einer Debatte beteiligen
- eine Petition erstellen
- Unterschriften sammeln
- ein Projekt unterstützen
- die Politiker überzeugen
- das Gesetz (-e)
- die Gesetzesänderung (-en)

Bürger

Bürgerinitiative = Volksinitiative

↓

Volksbegehren

↓

Volksentscheid

↓

neues / anderes Gesetz

Regierung

Online-Engagement
- die E-Partizipation
- einen Kommentar im Internet / in einem Forum verfassen
- einen Blogeintrag schreiben
- sich viral verbreiten
- die Online-Petition (-en)
- eine Online-Petition unterschreiben
- viele Menschen erreichen
- der Klicktivismus
- klicken
- das gute / schlechte Gewissen
- die (große / geringe) Reichweite
- auf jemanden Druck ausüben

Abschlussaufgabe

fiche AIDE À LA TÂCHE

fiche ÉVAL. TÂCHE

Hört uns zu!

Wir diskutieren in der Klasse, welche der Beteiligungsformen am besten geeignet ist, um sich als Bürger Gehör zu verschaffen.

1. Wir bilden Gruppen von vier bis sechs Schülern/innen.
2. Wir gehen noch einmal den Inhalt der Lektion durch und notieren alle Informationen über die folgenden Beteiligungsformen.

   - die Bürgerinitiative
   - die Online-Petition

3. Wir diskutieren in der Gruppe über die Vor- und Nachteile jeder Form und notieren konkrete Beispiele.
4. Wir entscheiden uns für eine der beiden Beteiligungsformen.
5. Jede Gruppe stellt ihre Wahl vor und erklärt, warum diese Form ihrer Meinung nach am besten geeignet ist, um sich als Bürger Gehör zu verschaffen.

Digitale Alternative

Sie können Ihre Gruppendiskussion auch in MP3- oder MP4-Format aufnehmen.

Fit fürs Bac

Préparation aux épreuves communes de contrôle continu

VERS LE NOUVEAU BAC

Citoyenneté et mondes virtuels

Épreuve 1

fiche MÉTHODO. BAC CO

fiche MÉTHODO. BAC EE

Période
- 2e trimestre de Première

Durée
- 1 heure

Note globale
- sur 20 :
  10 points → CO
  10 points → EE

Niveaux visés
- B1 (LVA)
- A2-B1 (LVB)

Partie 1 → COMPRÉHENSION DE L'ORAL

Fridays for Future in Freiburg

Rendez compte en français du contenu de la vidéo.
Vous aborderez les points suivants :
- les caracteristiques de l'événement ;
- le profil des participants ;
- les avis des participants.

↑ *Fridays for Future in Freiburg*, Florian Kech, Badische Zeitung online, 2019

Partie 2 → EXPRESSION ÉCRITE

Behandeln Sie Thema A oder Thema B (mindestens 100 Wörter).

A Denken Sie, dass eine Demonstration die Öffentlichkeit sensibilisieren kann? Gibt es andere Formen des politischen Engagements, die auch wirksam sein könnten? Erklären Sie.

B Stellen Sie sich vor, Sie haben an einer Demonstration gegen den Klimawandel teilgenommen.

Erzählen Sie.

Épreuve 2

fiche MÉTHODO. BAC CE

fiche MÉTHODO. BAC EE

Période
- 3e trimestre de Première

Durée
- 1 heure 30

Note globale
- sur 20 :
  10 points → CE
  10 points → EE

Niveaux visés
- B1-B2 (LVA)
- A2-B1 (LVB)

Partie 1 → COMPRÉHENSION DE L'ÉCRIT

Mit Unterschriften online die Welt retten

Fassen Sie den Text auf Deutsch zusammen.

Partie 2 → EXPRESSION ÉCRITE

Behandeln Sie Thema A oder Thema B (mindestens 100 Wörter).

A In einem Internetforum finden Sie die nebenstehenden Meinungen zum Thema „Online-Petitionen".

Posten Sie Ihre Meinung ins Forum und beziehen Sie sich dabei auf die Meinungen der drei Jugendlichen.

B Haben Sie schon einmal eine Online-Petition unterzeichnet? Wofür? Mit welchem Erfolg? Erzählen Sie.

Für mich sind Online-Petitionen sinnlos. Ich finde es besser, wenn man seine Meinung auf der Straße äußert. Da wird man wirklich gesehen und gehört.

Tom

Auf die Straße gehen? Nein, das ist nicht mein Ding. Es gibt doch andere Möglichkeiten, um sich Gehör zu verschaffen, zum Beispiel im Internet. Da ist die Reichweite viel größer und alle können sich beteiligen.

Annelise

Ich finde, dass man viel bewirken kann, wenn man gemeinsam handelt. Ich habe schon für einige Bürgerinitiativen unterschrieben, denn damit können wir als Bürger die Politik beeinflussen.

Kasim

7 Der digitale Bundesbürger

Wie steht Deutschland zum Netz?

• Citoyenneté et mondes virtuels

↑ *WLAN-Adler Piratenpartei Deutschland,* Illustration: David von Bassewitz

Abschlussaufgabe

Datenschutz in Deutschland
Ich verfasse für die Schülerzeitung einen Text zum Thema „Datenschutz in Deutschland" und vergleiche mit Frankreich.

1 Datenschutz

A. Sehen Sie sich den Cartoon **an**. Was wird gezeigt? Was wird kritisiert?

Matthias Schlechta/toonpool, 2018

B. Sehen Sie sich das Video **an** und **beantworten Sie** die folgenden Fragen.

a. Welche Daten sammeln wir im Laufe unseres Lebens?
b. Warum ist der Datenschutz wichtig?

Der Datenschutz, www.webhelm.de, 2018

C. Lesen Sie den Pressetext. Was denken die Jugendlichen vom Datenschutz? **Machen Sie sich** Notizen.

Junge Leute wollen Datenschutz bei Social Media

Rund neun von zehn Jugendlichen in Deutschland nutzen täglich soziale Online-Dienste und geben dadurch persönliche Daten preis[1]. Die überwiegende Mehrheit findet es dabei nicht gut, wenn diese Daten von den Anbietern[2] für Werbeschaltungen[3] oder andere Zwecke ausgewertet werden. Rund 73 Prozent sind dagegen, dass persönliche Daten von den Anbietern gespeichert und an Dritte weitergegeben werden, ergab eine Studie des Instituts der deutschen Wirtschaft (IW) in Köln. Der repräsentativen Studie unter Schülern zwischen 14 und 21 Jahren zufolge nutzen 86 Prozent soziale Online-Dienste, vor allem WhatsApp : Rund 78 Prozent der Jugendlichen kommunizieren täglich über den Dienst der Facebook-Tochter. An zweiter Stelle liegt mit 54 Prozent die Kommunikations-App Snapchat. Die zu Google gehörende Video-Plattform YouTube wird von etwa jedem Zweiten täglich genutzt. Abgeschlagen[4] sind bei den Jugendlichen dagegen die sozialen Netzwerke Facebook und Google+. Lediglich 17 Prozent der Befragten haben hier ein Konto.

Die meisten Social-Media-Dienste erzielen ihre Einnahmen durch Werbung, indem sie ihr Wissen über die Anwender auf der Basis persönlicher Daten nutzen, um möglichst relevante Werbeanzeigen auszuspielen. „Bei vielen sozialen Netzwerken steigt der wirtschaftliche Nutzen mit der Menge der Daten“, erklärt IW-Digitalisierungsexpertin Barbara Engels – und das sähen viele Jugendliche durchaus kritisch. Das ausgeprägte Bewusstsein der Jugendlichen für Datenschutz führt der Studie zufolge bei den meisten jedoch nicht dazu, dass sie bereit wären, für mehr Schutz auch zu zahlen. [...]

Junge Leute wollen Datenschutz bei Social Media, dpa, 21.05.2018

1. **preisgeben** révéler
2. **der Anbieter** (ici) YouTube, Google, Facebook, etc.
3. **die Werbeschaltung** la diffusion de publicité
4. **abgeschlagen** être en perte de vitesse

2 Mein Leben, meine Daten!

A. Sehen Sie sich das Foto und das Wahlplakat der Piratenpartei **an**. Was wird betont? Was wird kritisiert?

↑ Piratenpartei Deutschland, 2013

B. Lesen Sie den Pressetext. Wie stehen die Deutschen zur Frage des Datenschutzes? Wie wird dieses Phänomen erklärt?

Wieso ist den Deutschen der Datenschutz so wichtig?

Viele Umfragen ergeben immer wieder, dass den Deutschen der Datenschutz im Vergleich zu anderen Staaten besonders wichtig ist. Woran liegt das? An den Erfahrungen mit zwei Diktaturen auf deutschem Boden? Wie erklären Sie sich das?

Unsere Antwort

Datenschutz ist ein verhältnismäßig junger Begriff, der ein Problem in sich birgt. Das Wort bedeutet für jeden etwas anderes: Schutz der eigenen Daten, Schutz der Daten von Dritten, Schutz vor Regierungen, Arbeitgebern, Industrien, Ablehnung[1] von Datenverarbeitung – es steckt drin, was derjenige, der den Begriff erwähnt, halt eben gerade meint. Und in der Tat: Gefühlsmäßig sind viele dieser Themen in Deutschland verhältnismäßig hoch bewertet[2], gerade im Vergleich mit anderen Ländern. Dafür gibt es verschiedene Gründe.

In Deutschland gab es in den vergangenen hundert Jahren gleich zwei Diktaturen, die Daten über ihre Bürger gesammelt und gehortet haben. Daraus hat sich ein grundsätzliches Misstrauen[3] gegen staatliche Datensammlungen entwickelt. [...]

Für ein Land, in dem es keine existentielle Not gibt, kümmern sich die Deutschen nicht übermäßig stark um den Datenschutz. [...] Proteste gegen die massenhafte Überwachung der Bürger durch Geheimdienste haben jeweils nur ein paar Hundert Menschen auf die Straße gelockt. [...] „Datenschutz" ist für die Deutschen also vielleicht eher ein wichtiger Begriff als eine tatsächlich wichtige Angelegenheit.

↑ Johannes Boie, *Wieso ist den Deutschen der Datenschutz so wichtig?*, Süddeutsche Zeitung, 02.09.2014

1. **die Ablehnung** le refus
2. **hoch bewertet sein** occuper une place importante
3. **das Misstrauen** la méfiance

C. Wie wichtig ist Datenschutz für Sie? **Tauschen Sie sich aus.**

Grammatik

Le génitif → p. 132 / ex. p. 156

Der Schutz **der** eigenen Daten ist extrem wichtig.

Le groupe infinitif complément avec zu → p. 142 / ex. p. 156

Es ist wichtig, die Daten **zu schützen**.

Im Netz
- das Internet
- das soziale Netzwerk (-e) = der soziale Online-Dienst (-e)
- soziale Netzwerke / YouTube / WhatsApp / Snapchat / Facebook / Google+ nutzen
- über WhatsApp kommunizieren
- online sein
- ein Konto haben
- das Profilbild (-er)

Unsere Daten
- die persönlichen Daten
- seine Daten schützen
- persönliche Daten preisgeben
- ein ausgeprägtes Bewusstsein für etwas haben
- Daten sammeln / speichern / weitergeben
- die Werbung / die Werbeanzeige (-n)
- die Bürger überwachen
- die Überwachung
- die Privatsphäre schützen
- (keine) Privatsphäre (mehr) haben

Axe : Citoyenneté et mondes virtuels

fiche ENTR. LEXICAL

fiche PHONIE-GRAPHIE

Wie steht Deutschland zum Netz?

Datenschutz
- der Schutz der eigenen Daten / der Daten von Dritten
- sich für mehr Datenschutz einsetzen
- sich um den Datenschutz kümmern
- sich (um etwas) Sorgen machen
- die Ablehnung von Datenverarbeitung
- protestieren / der Protest
- auf die Straße gehen = demonstrieren
- das Grundrecht (-e)
- die Partei (-en)

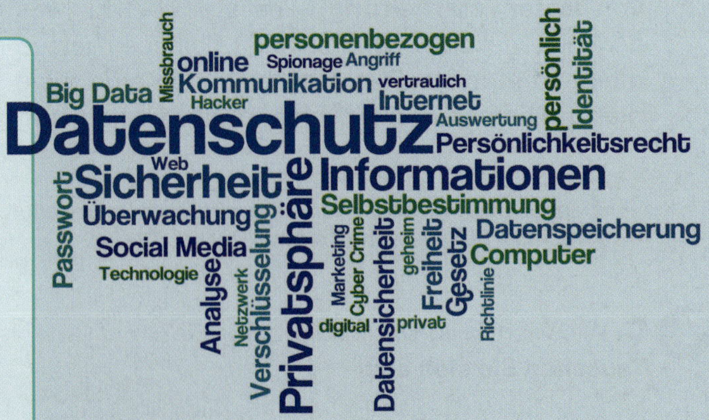

fiche AIDE À LA TÂCHE

fiche ÉVAL. TÂCHE

Datenschutz in Deutschland

Ich verfasse für die Schülerzeitung einen Text zum Thema „Datenschutz in Deutschland“ und vergleiche mit Frankreich.

Sprachmittlung

1. Ich gehe noch einmal die Inhalte der Lektion durch und mache mir Notizen zu den folgenden Fragen.
   - Warum ist es wichtig, seine Daten zu schützen?
   - Wie stehen die Deutschen zum Datenschutz? Warum?
   - Welche Gemeinsamkeiten und Unterschiede gibt es zu Frankreich?
2. Ich überlege mir eine Struktur für meinen Text.
3. Ich verfasse meinen Text. Ich nehme dabei klaren Bezug auf die Dokumente der Lektion.
4. Ich unterstreiche meine Ideen mit Beispielen und Fakten und vergleiche mit der Situation in Frankreich.

Digitale Alternative

Sie können Ihren Text auch mit *Canva* gestalten und auf *Calameo* veröffentlichen.

Fit fürs Bac
Préparation aux épreuves communes de contrôle continu

VERS LE NOUVEAU BAC

Citoyenneté et mondes virtuels

Épreuve 2

Période
- 3e trimestre de Première

Durée
- 1 heure 30

Note globale
- sur 20 : 10 points → CE 10 points → EE

Niveaux visés
- B1-B2 (LVA)
- A2-B1 (LVB)

Partie 1 → COMPRÉHENSION DE L'ÉCRIT

Das Internet vergisst nichts

Fassen Sie den Text auf Deutsch zusammen.

Partie 2 → EXPRESSION ÉCRITE

Behandeln Sie Thema A oder Thema B (mindestens 100 Wörter).

A Sie haben in einem Artikel zum Thema Datenschutz die nebenstehenden Aussagen gelesen.
Geben Sie die Aussagen mit Ihren eigenen Worten wieder und nehmen Sie zu den geäußerten Standpunkten Stellung.

B Seine Daten schützen ... aber wie?
Schreiben Sie einen Blogeintrag. Erlären Sie, welche Möglichkeiten es gibt, seine Daten zu schützen, und warum das so wichtig ist.

„Wenn ich auf Facebook bin, teile ich meine Daten nur mit den Leuten, die ich kenne. Es ist mir sehr wichtig, mein Privatleben zu schützen."
Anna

„Für mich ist der Datenschutz ein Grundrecht der Menschen. Es sollte viel strenger kontrolliert werden, wer auf unsere Daten Zugriff hat."
Max

„Ich kümmere mich wenig um Datenschutz und wäre nicht bereit, dafür mehr zu zahlen. Ich finde es toll, dass man soziale Netzwerke gratis benutzen kann."
Samira

Épreuve 3

Temps 1 | Temps 2

fiche MÉTHODO. BAC EO

Période
- 3e trimestre de Terminale

Durée du temps 2
- 5 minutes en continu (+ 5 min. en interaction)

Note globale
- sur 20 (même nombre de points pour la compréhension (CO + CE) et pour l'expression (EE + EO/IO)

Niveaux visés
- B2 (LVA)
- B1 (LVB)

Partie 1 → EXPRESSION ORALE

Welches der beiden Dokumente passt Ihrer Meinung nach besser zur Thematik „Citoyenneté et mondes virtuels"? Warum?
Begründen Sie Ihre Wahl mit dem, was Sie gelernt haben.

A

↑ Der gläserne Mensch (Symbolbild)

B

↑ Entscheidung zwischen sozialen Netzwerken und Privatsphäre (Symbolbild)

8 Schöner, lieber Wald

Inwiefern ist der Wald für die Deutschen (immer noch) wichtig?

• Fictions et réalités

2

1

3

5

4

6

Abschlussaufgabe

Ausstellung zum Wald
Wir organisieren eine Ausstellung zum Thema „Die Deutschen und ihr Wald".

1 Die Deutschen und der Wald

A. Sehen Sie sich die Bilder **an**. Was bedeuten sie wohl?

1

2

3

4

5
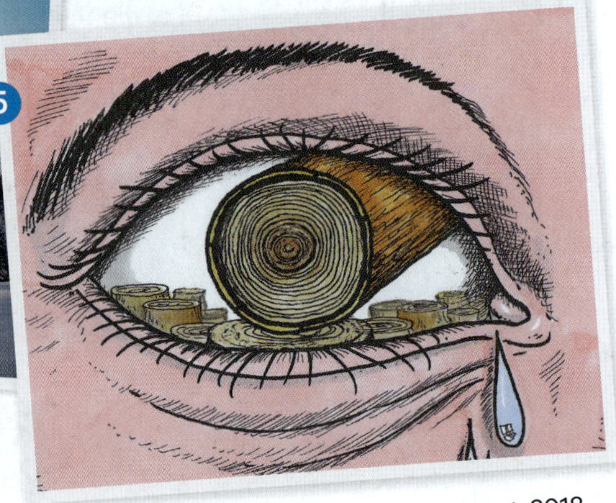

↑ Waldemar Mandzel, *Hambacher Forst*, 2018

a. Viele Mythen, Sagen und Märchen spielen im Wald.

b. Der Wald ist der ideale Ort für Freizeitaktivitäten an der frischen Luft, wie zum Beispiel ein Waldspaziergang, Wandern oder Joggen.

c. Wir müssen unsere „grüne Lunge" schützen und den Wald retten!

d. Ich liebe die natürliche Vielfalt im Wald: Ich kann Beeren, Pilze und Kräuter sammeln und viele verschiedene Tiere beobachten.

e. „Oh Tannenbaum! Oh Tannenbaum! Wie grün sind deine Blätter ..." – Weihnachten ohne einen Weihnachtsbaum ist für mich einfach undenkbar!

B. Lesen Sie die Aussagen und **ordnen Sie** sie den Bildern **zu**.

C. Gibt es in Frankreich eine ähnliche Beziehung zum Wald? **Tauschen Sie sich aus.**

Grammatik

Le but avec um ... zu et avec damit → p. 142 et 143 / ex. p. 157

- Die Deutschen gehen in den Wald, **um** spazieren **zu** gehen.
- Sie schützen den Wald, **damit** er als grüne Lunge erhalten bleibt.

En Allemagne, les arbres sont associés à différentes fêtes : le sapin de Noël (invention allemande), « der Osterbaum », décoré d'œufs de Pâques, « der Maibaum » (arbre de mai) le 1er mai et « der Richtbaum » pour l'inauguration d'une maison.

2 Deutscher Mythos, deutsche Geschichte

A. Sehen Sie sich das Video zuerst ohne Ton **an.** Was sehen Sie?

B. Sehen Sie sich nun das Video mit Ton **an.** Was wird mit dem Wald assoziiert?

C. Suchen Sie die Definitionen dieser Gefühle im Wörterbuch. Welche werden im Video genannt?

a. die Geborgenheit
b. der Grusel
c. der wohlige Schauder
d. die Freude
e. die Sehnsucht
f. die Verzweiflung

D. Sehen Sie sich den zweiten Teil des Videos **an.** Inwiefern spielte der Wald eine entscheidende Rolle in der deutschen Geschichte?

↑ *Der Wald, ein Mythos aus uralten Zeiten,* ARD - SWR, 2018

Grammatik

L'adjectif attribut et l'adjectif épithète
→ p. 130 et 131 / ex. p. 157
- Im Wald ist es abends **gruselig**.
- Der Wald steht für **gruselige** Abenteuer.

3 Einfach nur Bäume?

PÉDAGOGIE DIFFÉRENCIÉE

A. Bilden Sie drei Gruppen (A, B und C). **Lesen Sie** Ihren Text (A, B oder C) und **beantworten Sie** die folgenden Fragen.

a. Wie wird der Wald dargestellt? Positiv oder negativ?
b. Was symbolisiert der Wald?
c. Dient er nur als Hintergrund oder spielt er eine Rolle in der Geschichte?

B. Informieren Sie die anderen Gruppen über Ihren Text.

A Die Alte im Wald (Anfang)

Es fuhr einmal ein armes Dienstmädchen mit seiner Herrschaft durch einen großen Wald, und als sie mitten darin waren, kamen Räuber aus dem Dickicht[1] hervor und ermordeten, wen sie fanden. Da kamen alle miteinander um bis auf[2] das Mädchen, das war in der Angst aus dem Wagen gesprungen und hatte sich hinter einem Baum verborgen[3]. Wie die Räuber mit ihrer Beute fort waren, trat es herbei und sah das große Unglück. Da fing es an bitterlich zu weinen und sagte:

»Was soll ich armes Mädchen nun anfangen, ich weiß mich nicht aus dem Wald herauszufinden, keine Menschenseele wohnt darin, so muss ich gewiss verhungern.«

Es ging herum, suchte einen Weg, konnte aber keinen finden. Als es Abend war, setzte es sich unter einen Baum, befahl sich Gott und wollte da sitzen bleiben und nicht weggehen, möchte geschehen, was immer wollte.

↑ Jacob und Wilhelm Grimm, *Kinder-und Hausmärchen,* 1812/15

1. **das Dickicht** le fourré
2. **bis auf** sauf, excepté
3. **verbergen** cacher

8 Die Waldsymbolik

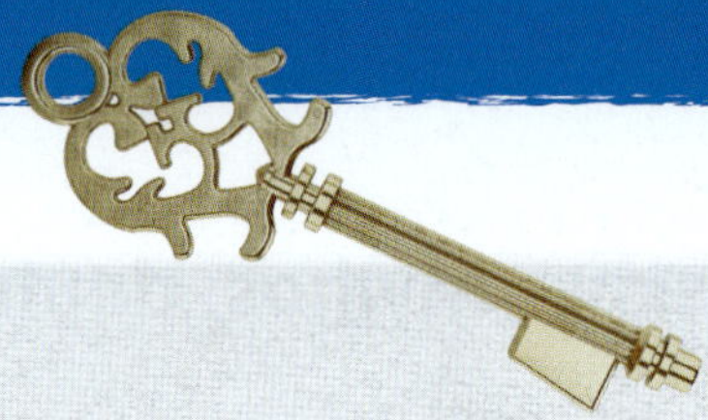

B Die Alte im Wald (Fortsetzung)

Als das Mädchen aber eine Weile da gesessen hatte, kam ein weißes Täubchen[1] zu ihm geflogen und hatte ein kleines, goldenes Schlüsselchen im Schnabel. Das Schlüsselchen legte es ihm in die Hand und sprach:

»Siehst du dort den großen Baum, daran ist ein kleines Schloss[2], das schließ mit dem Schlüsselchen auf, so wirst du Speise[3] genug finden und keinen Hunger mehr leiden.«

Da ging es zu dem Baum und schloss ihn auf und fand Milch in einem kleinen Schüsselchen und Weißbrot zum Einbrocken dabei, dass es sich satt essen konnte. Als es satt war, sprach es:

»Jetzt ist es Zeit, wo die Hühner daheim auffliegen, ich bin so müde, könnt ich mich doch auch in mein Bett legen.«

Da kam das Täubchen wieder geflogen und brachte ein anderes goldenes Schlüsselchen im Schnabel und sagte:

»Schließ dort den Baum auf, so wirst du ein Bett finden.«

Da schloss es auf und fand ein schönes, weiches Bettchen; da betete es zum lieben Gott, er möchte es behüten in der Nacht, legte sich und schlief ein.

Am Morgen kam das Täubchen zum drittenmal, brachte wieder ein Schlüsselchen und sprach:

»Schließ dort den Baum auf, da wirst du Kleider finden,« und wie es aufschloss, fand es Kleider, mit Gold und Edelsteinen besetzt, so herrlich, wie sie keine Königstochter hat. Also lebte es da eine Zeitlang, und kam das Täubchen alle Tage und sorgte für alles, was es bedurfte, und war das ein stilles, gutes Leben.

↑ Jacob und Wilhelm Grimm, *Kinder-und Hausmärchen*, 1812/15

1. **das Täubchen** la colombe
2. **das Schloss** la serrure
3. **die Speise** la nourriture

C Mädchenmeute

Charlotte Nowak, 15, lebt mit sieben anderen Mädchen im Wald, nachdem sie aus einem Sommerferiencamp geflohen sind. Anuschka und Freigunda sind andere Mädchen der Gruppe. Charlotte hat sich an der Hand verletzt.

Anuschka suchte in der beginnenden Dämmerung fieberhaft nach irgendetwas auf dem Waldboden. [...].

Ich ging zu ihr rüber, in den graugrünen Wald hinein, der mich von vorn und hinten anfallen[1] wollte. Ich spürte es. Dieser Wald hatte ganz andere Absichten[2] [...]. Der Wald will doch was von uns, dachte ich.

»Was tust du da?«

»Ich suche Baldrian[3]. Der vertreibt den Teufel und sein Gefolge. Sodass nur die ungefährlichen Geister erscheinen.«

»Aha«, sage ich. Sie hätte auch sagen können, dass die Spinnen hier Spanisch sprechen.

»Ah, Wermut[3]!«, jubelte sie. »Super! Das reinigt das Blut und vertreibt Hexen. Angelika[3] wäre auch gut, [...] Angelika hilft gegen Dämonen.«

»Dann musst du unbedingt weitersuchen und Freigunda was davon geben.«

Sie lachte mit kollerndem Geräusch, und ihre Wangen wurden ganz rund.

Wir gingen zurück zu den anderen.

Was Anuschka gemacht habe, fragten die, aber denen erzählte sie nichts von Dämonen und Teufeln. Denen erzählte sie was von »entzündungshemmend[4]«, wegen meiner Hand. Und die versorgte[5] sie dann auch. Sie wickelte den Verband ab, wusch meine Wunde, legte ein Blatt drauf, wickelte den Verband wieder rum.

»In zwei Tagen ist alles gut. Wermut hilft toll.« Sie nickte mir aufmunternd zu.

↑ Kirsten Fuchs, *Mädchenmeute* © 2015 Rowohlt Berlin GmbH, Berlin (RB 764)

1. **anfallen** attaquer
2. **die Absicht** l'intention
3. **Baldrian, Wermut, Angelika** la valériane, l'armoise, l'angélique
4. **entzündungshemmend** anti-inflammatoire
5. **versorgen** soigner

4 Proteste für den Wald

A. Sehen Sie sich das Pressebild **an.** Warum wohl hängen Fotos an den Bäumen?

B. Lesen Sie nun den Text von Zeile 1 bis 16 und 39 bis 44. **Überprüfen Sie** die Hypothesen der Klasse. Wer hat sich für den Hambacher Wald engagiert?

↑ Benno Führmann ist Baumpate

Prominente Baumpaten im Hambacher Wald

Persönlichkeiten aus Musik, Film und Fernsehen haben Patenschaften für die Bäume im Hambacher Forst übernommen. Zwar wird in der Bergbauregion zur Zeit nicht weiter gerodet, doch ist der Wald noch längst nicht gerettet.

Wer jetzt im Hambacher Forst einen Baum fällt, der bringt unter Umständen einen Prominenten zu Fall: Über 60 Bilder alternativer Nobelpreisträger und prominenter Persönlichkeiten aus der Kultur hängen seit dem 23. Oktober an den Stämmen der Buchen im Hambacher Forst. Die bekannten Gesichter haben Baumpatenschaften übernommen – eine Aktion der Klima-Allianz Deutschland gegen die weitere Braunkohleförderung[1] im Revier.

Der jetzige Hambacher Forst ist das letzte Stück eines riesigen Waldgebietes, das den Baggern im Rheinischen Braunkohletagebau[2] zum Opfer gefallen ist[3]. Seit Jahren besetzen[4] Umweltschützer und Aktivisten den Wald, bauen Baumhäuser und errichten Straßensperren, um gegen Stromkonzerne wie RWE und die Klimapolitik der Bundesregierung zu protestieren.

Erst vor Kurzem erreichten die Umweltschützer per Gerichtsbeschluss einen Rodungsstopp. „Nachdem es im Oktober breite Proteste aus der Bevölkerung gab und dann der Gerichtsbeschluss kam, dachten viele, der Wald sei gerettet – aber der Rodungsstopp hat uns nur eine Atempause verschafft“, sagt Julia Dittman, Mitorganisatorin der Prominenten-Aktion. Jetzt gelte es, den Hambacher Wald durch einen baldigen Kohleausstieg endgültig zu schützen.

Die Klima-Allianz Deutschland hat bekannte Kulturschaffende aus Film, Kunst und Musik angefragt und sofort viele Zusagen erhalten. Unter den Prominenten finden sich etwa der Schauspieler Benno Führmann, die Fernsehköchin Sarah Wiener (unser Bild oben), die Regisseurin Doris Dörrie, die Popband Revolverheld, der Kabarettist Winfried Schmickler sowie der Künstler Ólafur Elíasson.

↑ Gaby Reucher, *Prominente Baumpaten im Hambacher Wald*, Deutsche Welle, 24.10.2018

1. **die Braunkohleförderung** l'extraction de charbon
2. **der Tagebau** la mine à ciel ouvert
3. **jemanden zum Opfer fallen** être la victime de qqn
4. **besetzen** occuper

C. Lesen Sie nun den Text von der Zeile 17 bis zur Zeile 24. Was will die Firma RWE mit dem Hambacher Wald machen?

D. Lesen Sie nun den ganzen Text. Was spielt sich im Hambacher Forst ab? Welche Aktionen wurden für den Wald unternommen?

Grammatik

Le prétérit et le parfait

→ p. 136 / ex. p. 157

Es **gab** breite Proteste, deshalb **hat** RWE vorerst die Rodung **gestoppt**.

Die Symbolik des Waldes

- das Märchen (-)
- der Mythos (Mythen)
- das Gedicht (-e)
- der Teufel (-)
- der (gute / böse) Geist (-er)
- der Räuber (-)
- jemanden überfallen / angreifen
- sich verlaufen
- repräsentieren / symbolisieren
- für etwas stehen
- etwas verkörpern
- das Sinnbild der deutschen Identität

Im Wald ist es ...

- schön
- poetisch / romantisch
- düster / dunkel
- gruselig / unheimlich / schauderhaft
- gefährlich
- märchenhaft / traumhaft / zauberhaft
- wundervoll

Der Wald als ...

- (der) Zufluchtsort / Ort der Geborgenheit
- (der) Sehnsuchtsort
- (der) Ort für Mythen und Märchen
- (der) Erholungsort
- (der) Ort für Freizeitaktivitäten (in der Natur / an der frischen Luft)
- (das) Zuhause von Tieren
- (der) Ort natürlicher Vielfalt
- (die) grüne Lunge

Axe : Fictions et réalités

fiche ENTR. LEXICAL

fiche PHONIE-GRAPHIE

Inwiefern ist der Wald für die Deutschen (immer noch) wichtig?

Der Wald, mein Freund

- der Wald / der Forst
- Schutz bieten
- Nahrung liefern
- Früchte, Pilze und Beeren sammeln
- das Holz / das Feuerholz
- Holz vielfältig benutzen
- frische Luft atmen
- heilende Pflanzen und Kräuter

Sich für den Wald engagieren

- der Baum (¨-e)
- der Baumstamm / der Stamm (¨-e)
- einen Baum fällen
- den Wald roden / die Rodung
- Braunkohle abbauen
- der Promi (-s) = die prominente Persönlichkeit
- die (berühmte / bekannte) Persönlichkeit (-en)
- Baumpate / Baumpatin werden
- Fotos an den Bäumen aufhängen
- den Wald schützen / retten
- sich für etwas engagieren
- für / gegen etwas kämpfen
- die Vernichtung des Waldes

fiche AIDE À LA TÂCHE

fiche ÉVAL. TÂCHE

Ausstellung zum Wald

Wir organisieren eine Ausstellung zum Thema „Die Deutschen und ihr Wald".

Sprachmittlung

1. Wir bilden fünf Gruppen. Jede Gruppe bearbeitet einen der folgenden Aspekte.

- Der Wald und die deutsche Literatur
- Der Wald als Erholungsort
- Der Wald als Quelle
- Der Wald als Nationalsymbol
- Der Wald muss geschützt werden

2. Wir sammeln Ideen und Informationen zu unserem Thema.

3. Wir schreiben zusammen einen Text und wählen einen attraktiven Titel.

4. Wir suchen einige Bilder aus, die das Thema schön illustrieren.

5. Mit den Bildern und den Texten gestalten wir ein schönes Plakat.

Digitale Alternative

Sie können für Ihre Ausstellung auch *Genial.ly* oder *Canva* benutzen.

Fit fürs Bac

Préparation aux épreuves communes de contrôle continu

VERS LE NOUVEAU BAC

Fictions et realités

Épreuve 2

fiche MÉTHODO. BAC CE

fiche MÉTHODO. BAC EE

Période
- 3e trimestre de Première

Durée
- 1 heure 30

Note globale
- sur 20 : 10 points → CE 10 points → EE

Niveaux visés
- B1-B2 (LVA)
- A2-B1 (LVB)

Partie 1 → COMPRÉHENSION DE L'ÉCRIT

Von Märchen, Sagen und Wesen des Waldes

Fassen Sie den Text auf Deutsch zusammen.

Partie 2 → EXPRESSION ÉCRITE

Behandeln Sie Thema A oder Thema B (mindestens 100 Wörter).

A In einem Internetforum lesen Sie die nebenstehenden Kommentare. Welche Aussage entspricht am ehesten Ihrer Meinung? Begründen Sie Ihre Antwort.

B Was fällt Ihnen ein, wenn Sie an den Wald denken? Erzählen Sie.

Im Wald fühle ich mich wohl, glücklich und geborgen. Ich mag den Wald und seine Magie.
Milla

Ich gehe nicht so gern im Wald spazieren. Im Wald fühle ich mich nicht sicher. Das ist nicht der richtige Ort für mich.
Ben

Ich gehe zwar gern im Wald spazieren, aber ich mag lieber die Berge oder das Meer.
Erik

Épreuve 3

Temps 1 + + | Temps 2 +

fiche MÉTHODO. BAC EO

Période
- 3e trimestre de Terminale

Durée du temps 2
- 5 minutes en continu (+ 5 min. en interaction)

Note globale
- sur 20 (même nombre de points pour la compréhension (CO + CE) et pour l'expression (EE + EO/IO)

Niveaux visés
- B2 (LVA)
- B1 (LVB)

Partie 1 → EXPRESSION ORALE

Welches der beiden Dokumente passt Ihrer Meinung nach besser zur Thematik „Fictions et realités"? Warum?

Begründen Sie Ihre Wahl mit dem, was Sie gelernt haben.

A

↑ Szene aus dem Märchen *Rotkäppchen* von den Gebrüdern Grimm (Symbolbild)

B

↑ Gemälde *Jäger im Wald* von Caspar David Friedrich, 1814

9 $E=mc^2$

Wie viel Gewissen braucht die Wissenschaft?

• Innovations scientifiques et responsabilité

Abschlussaufgabe

Wissenschaft und Verantwortung
Ich berichte in einem Text für die Schülerzeitung über das Thema „Wissenschaft und Verantwortung" in Deutschland.

9 Zwischen Erkenntnis und Verantwortung

1 Grenzenlose Energie?

A. Sehen Sie sich das Foto **an**. Was assoziieren Sie mit den Begriffen „Hiroshima“ und „Nagasaki“? **Tauschen Sie sich aus.**

B. Lesen Sie den Pressetext. Was erfahren Sie über die Atomenergie und ihre Entdecker?

Otto Hahn und Lise Meitner in ihrem Labor in Berlin

Die Entdeckung der Kernspaltung

Am 17. Dezember 1938 beginnt das Atomzeitalter: Otto Hahn, Fritz Straßmann und Lise Meitner entdecken bei ihren Experimenten die Kernspaltung. Ihre Erkenntnisse verändern die Welt. [...]

„Lise Meitner hat die Versuche, die letztlich zur Kernspaltung führten, initiiert“, sagt ihre Biografin Charlotte Kerner. Die Physikerin sei fasziniert gewesen von den Experimenten des Italieners Enrico Fermi und überredete[1] Hahn, sie ebenfalls zu machen. [...] Persönlich miterleben konnte Meitner die Versuche Hahns und Straßmanns nicht. Der vor den Nationalsozialisten nach Schweden geflüchteten Jüdin blieb nur der Briefkontakt zu Hahn. Auf dem Postweg gab Meitner Hahn schließlich auch die Erklärung für die Versuchsergebnisse der beiden Chemiker. [...] Kurz danach wurde von anderen Forschern gezeigt, dass bei der Spaltung neue Neutronen entstehen, die in einer Kettenreaktion wiederum Atomkerne spalten können [...].

Diese Entdeckung machte sich die Atomindustrie nur wenige Jahre später zunutze[2]. [...] Inzwischen versorgen Atomkraftwerke weltweit Millionen von Menschen mit Strom.

Die Entdeckung brachte aber auch die Atombomben, die US-Amerikaner 1945 auf die japanischen Städte Hiroshima und Nagasaki abwarfen, mit verheerenden und bis dahin unvorstellbar schrecklichen Folgen. [...]

Hahn bezeichnete die Nutzung der Kernspaltung für militärische Zwecke später als „Schweinerei“[3] [...]. Auch Straßmann sei sehr erschüttert[4] gewesen, dass die Entdeckung diese Folgen hatte [...]. Hahn und Straßmann gehörten daher auch zu den Unterzeichnern des Göttinger Manifests von 1957 gegen strategische Atomwaffen.

„Auch Lise Meitner war immer gegen die Atombombe und für die friedliche Nutzung der Atomenergie“, sagt ihre Biografin Kerner. Damals habe man die Atomenergie als die Lösung des Energieproblems der Menschheit betrachtet und dabei die Folgen nicht bedacht.

↑ DPA, *Die Entdeckung der Kernspaltung*, 17.12.2013, Die Welt

1. **jemanden zu etwas überreden** persuader qqn de qqch.
2. **sich etwas zunutze machen** tirer profit de qqch.
3. **die Schweinerei** la cochonnerie
4. **erschüttert** consterné/e, atterré/e

C. Sehen Sie sich die Reportage **an**. Was erfahren Sie über die „Göttinger Achtzehn“?

D. Inwiefern haben Wissenschaftler Verantwortung gegenüber der Gesellschaft? **Argumentieren Sie.**

↑ *Die Göttinger Erklärung 1957*, Georg-August-Universität Göttingen, 2018

2 Kontrollierter Fortschritt

A. Sehen Sie sich den Trailer zum Film „Plug & Pray“ **an**. Wer ist Joseph Weizenbaum? Inwiefern ist er anders als seine Kollegen?

↑ *Plug & Pray*, Mascha Film, 2010

B. Finden Sie, dass der Titel gut zum Film passt? **Argumentieren Sie**.

C. Lesen Sie den Text und **machen Sie sich** Notizen zu den folgenden Punkten.

a. Art des Textes | **b.** Autor | **c.** Zielpublikum | **d.** Themen | **e.** Absicht des Autors

„Wird alles gut? – Für einen Fortschritt nach menschlichem Maß“

Neue wissenschaftliche Erkenntnisse und technische Möglichkeiten stellen uns vor grundsätzliche Fragen: Wie gehen wir mit der Natur um? Wie gehen wir mit der Gattung Mensch um? Was bedeutet Fortschritt heute? […] Sie müssen in der ganzen Gesellschaft diskutiert und sie müssen dann politisch entschieden werden – im Parlament.

[…] Wir alle leben von der Neugier der Forscherinnen und Forscher, von ihrer beharrlichen Arbeit, von ihrer Leidenschaft für die Sache. Ihre Leistungen verdienen hohe Anerkennung[1] und breite Unterstützung. […]

Wenn ich von manchen Verheißungen[2] angesichts der großen Möglichkeiten der Lebenswissenschaften höre, dann erinnert mich das an die Euphorie, die viele in den fünfziger und sechziger Jahren erfasst hatte. Damals ging es um die friedliche Nutzung der Atomenergie, die auch ich lange Jahre für den richtigen Weg gehalten habe. Damals träumten viele – nicht nur Wissenschaftler – von nie versiegender[3] Energie zu konkurrenzlos niedrigen Preisen. […] Eine der Schwierigkeiten der Debatte, die wir führen müssen, liegt darin, dass die wissenschaftlichen und technischen Entwicklungen so schnell voranschreiten. Wir kommen kaum noch dazu, ihre Chancen und Risiken kritisch zu reflektieren. […]

Um unserer Freiheit willen müssen wir fragen: Was von den vielen neuen Möglichkeiten ist gut? Was müssen wir unbedingt versuchen? Was dürfen wir keinesfalls tun? […] Wir brauchen eine fundierte und gewissenhafte öffentliche Diskussion, in der nichts unausgesprochen bleibt: Weder die Absichten[4] noch die Ziele, weder die Hoffnungen noch die Befürchtungen, die sich mit den neuen Möglichkeiten verbinden. […] Wir müssen uns gemeinsam immer wieder neu darauf verständigen, welche Richtung wir dem Fortschritt geben wollen. Wir müssen immer wieder neu entscheiden, welche Grenzen wir überschreiten und welche Grenzen wir akzeptieren wollen. […]

↑ Bundespräsident a. D. Johannes Rau, *Berliner Rede 18.05.2001*, Staatsbibliothek zu Berlin, www.bundespraesident.de

1. **die Anerkennung** la reconnaissance
2. **die Verheißung** la promesse
3. **nie versiegend** inépuisable
4. **die Absicht** l'intention

↑ Bundespräsident a. D. Johannes Rau

D. Sie wollen in Ihrer Stadt eine Debatte zum Thema Fortschritt organisieren. Welche Personen würden Sie einladen? **Tauschen Sie sich** schriftlich **aus.**

Grammatik

La structure du groupe nominal → p. 127 / ex. p. 158
Le genre des noms → p. 127 / ex. p. 158
La déclinaison du groupe nominal au datif et au génitif → p. 130 / ex. p. 158

Atomenergie
- die Kernspaltung (-en)
- die Atomenergie
- die riesige / endlose Energiequelle (-n)
- die (friedliche) Nutzung = Verwendung
- die Atombombe (-n)
- explodieren
- eine Atombombe abwerfen
- die Folge (-n) = die Konsequenz (-en)
- der / die Tote (-n)
- das Opfer (-)
- das Ende des Zweiten Weltkriegs
- die Nuklearwaffe (-n)

Wissenschaft
- der Forscher (-) / die Forscherin (-nen)
- der Wissenschaftler (-) / die Wissenschaftlerin (-nen)
- die wissenschaftliche Entdeckung (-en)
- eine Entdeckung machen
- nach seinem Gewissen handeln
- seinen Prinzipien / Überzeugungen treu bleiben

Axe : Innovations scientifiques et responsabilité

fiche ENTR. LEXICAL

fiche PHONIE-GRAPHIE

Wie viel Gewissen braucht die Wissenschaft?

Gesellschaft
- gemeinsam Lösungen suchen
- sich für etwas engagieren
- Druck auf jemanden / etwas ausüben
- gegen etwas protestieren
- an öffentlichen Diskussionen teilnehmen
- langfristig denken = an die Zukunft / an die nächsten Generationen denken
- aus der Vergangenheit / aus Fehlern lernen

Politik
- für etwas / jemanden Verantwortung tragen
- zum Wohl der Gesellschaft handeln
- vor Gefahren / Risiken warnen
- die Folgen bedenken
- Chancen und Risiken kritisch reflektieren
- nicht nur an die politische Karriere denken
- Entscheidungen treffen

Abschlussaufgabe

fiche AIDE À LA TÂCHE

fiche ÉVAL. TÂCHE

Wissenschaft und Verantwortung

Ich berichte in einem Text für die Schülerzeitung über das Thema „Wissenschaft und Verantwortung" in Deutschland.

Sprachmittlung

1. Ich gehe vom Zitat des ehemaligen Bundespräsidenten Johannes Rau aus:

   „Um unserer Freiheit willen müssen wir fragen: Was von den vielen neuen Möglichkeiten ist gut? Was müssen wir unbedingt versuchen? Was dürfen wir keinesfalls tun?"

2. Ich gehe die Dokumente der Lektion durch und mache mir Notizen zu den im Zitat erwähnten Aspekten.
3. Ich erkläre, wie ich zu Raus Aussage stehe und belege meine Position mit Beispielen und Zitaten aus der Lektion.

Digitale Alternative

Sie können Ihren Text auch mit *Canva* gestalten und auf *Calameo* veröffentlichen.

Fit fürs Bac
Préparation aux épreuves communes de contrôle continu

VERS LE NOUVEAU BAC

Innovations scientifiques et responsabilité

Épreuve 1

fiche MÉTHODO. BAC CO

fiche MÉTHODO. BAC EE

Période
- 2e trimestre de Première

Durée
- 1 heure

Note globale
- sur 20 :
  10 points → CO
  10 points → EE

Niveaux visés
- B1 (LVA)
- A2-B1 (LVB)

Partie 1 → COMPRÉHENSION DE L'ORAL

30 Jahre WWW – Ein Monster außer Kontrolle?

Rendez compte en français du contenu de la vidéo.
Vous aborderez les points suivants :
- les origines du web ;
- la raison pour laquelle ce système fonctionne aussi bien ;
- les dangers du web.

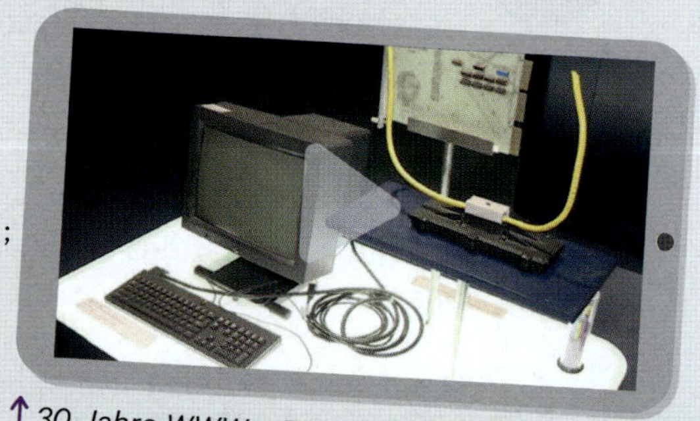

↑ 30 Jahre WWW – Ein Monster außer Kontrolle?, AFPTV – Agence France-Presse, 2019

Partie 2 → EXPRESSION ÉCRITE

Behandeln Sie Thema A oder Thema B (mindestens 100 Wörter).

A

Ist das Internet „ein Monster außer Kontrolle"?

Geben Sie Ihre persönliche Antwort auf die gestellte Frage und nennen Beispiele.

B

Das Internet braucht mehr Kontrolle!

Schreiben Sie einen Text mit diesem Titel, in dem Sie dazu aufrufen, dass die großen Internetfirmen mehr Verantwortung für die Inhalte, die im Internet veröffentlicht werden, übernehmen.

Épreuve 2

fiche MÉTHODO. BAC CE

fiche MÉTHODO. BAC EE

Période
- 3e trimestre de Première

Durée
- 1 heure 30

Note globale
- sur 20 :
  10 points → CE
  10 points → EE

Niveaux visés
- B1-B2 (LVA)
- A2-B1 (LVB)

Partie 1 → COMPRÉHENSION DE L'ÉCRIT

Josef Weizenbaum sieht Gefahren beim Computereinsatz in Schulen

Fassen Sie den Text auf Deutsch zusammen.

Partie 2 → EXPRESSION ÉCRITE

Behandeln Sie Thema A oder Thema B (mindestens 100 Wörter).

A

Josef Weizenbaum bezeichnet Computer in den Händen von Kindern als „intellektuelle Mordinstrumente".
Sind Sie mit dieser Definition einverstanden?

Begründen Sie.

B

Stellen Sie sich vor, Sie verbringen einen ganzen Tag komplett ohne Internet, Smartphone und Computer.

Schreiben Sie darüber einen Tagebucheintrag, in dem Sie erzählen, was Sie gemacht haben und wie Sie sich dabei gefühlt haben.

Liebes Tagebuch,

heute war ein ganz besonderer Tag …

10 Immer nur nach vorn?

Inwieweit ist man in Deutschland dem technischen Fortschritt gegenüber skeptisch eingestellt?

• Innovations scientifiques et responsabilité

1

2

3

4

5

Abschlussaufgabe

Technischer Fortschritt
Wir erklären in einem Text für die Schülerzeitung, inwieweit man in Deutschland gegenüber dem technischen Fortschritt skeptisch eingestellt ist.

10 Atomkraft? Nein, danke!

1 Jede Stimme zählt

A. Sehen Sie sich das Foto **an** und **beschreiben Sie** kurz die Situation.

B. Würden Sie bei dieser Aktion mitmachen? Warum (nicht)? **Erklären Sie.**

C. Lesen Sie die Einleitung und den Romanauszug. Was ist das Thema der Unterhaltung zwischen Janna-Berta und ihren Großeltern? Warum nimmt Janna-Berta am Ende die Mütze ab?

In Grafenrheinfeld kommt es zu einer Atomkatastrophe. Die 14-jährige Janna-Berta verliert ihre Familie und kämpft alleine um ihr Leben. Am Ende geht sie, die inzwischen ihr Haar verloren hat, in ihre verstrahlte Heimat zurück. Sie trifft in ihrem Elternhaus auf ihre Großeltern, die während des Unglücks auf Mallorca im Urlaub waren und vom Tod von Janna-Bertas Eltern und ihrem Bruder Uli noch nichts wissen.

»Setz dich doch«, sagte Oma Berta. Sie lächelte über ihr ganzes liebes Gesicht. »Wer hätte gedacht, dass wir heute zu dritt Kaffee trinken würden?« […]

»Nimm doch die Mütze ab, Kind«, sagte Opa Hans-Georg. Janna-Berta schüttelte den Kopf. Sie langte nach einem Stück Kuchen. Sie hatte an diesem Tag noch nichts gegessen, nicht einmal gefrühstückt. Sie stopfte[1]. Ein Stück gute alte Zeit. Garantiert verseucht. […]

»Vergiss nicht, dass das Kind eine Menge Aufregung[2] hinter sich hat.«

»Allerdings«, sagte Opa Hans-Georg und setzte geräuschvoll seine Tasse ab. »Viel zu viel Aufregung. Unnötige Aufregung. Deutsche Hysterie. Wir sind hier neunzig, hundert Kilometer von Grafenrheinfeld entfernt, und auf den puren Verdacht hin scheucht man gleich die gesamte Bevölkerung fort. […] Es hätte doch genügt, wenn man Schwangere und Kinder für eine oder zwei Wochen evakuiert hätte. So wie das die Russen damals auch gemacht haben. Das muss man denen lassen: Die haben nach Tschernobyl gezeigt, wie man solche Dinge in den Griff bekommt[3]« […]

»Aber in den Zeitungen war doch von so vielen Toten die Rede«, sagte Oma Berta zu Opa Hans-Georg. »Hast du sie gesehen?«, antwortete er mürrisch. […] »Ich will euch sagen, worauf es ankommt […]. Es kommt darauf an, dass solche Zwischenfälle vor der Presse abgeschottet werden[4]. Dann käme so eine Hysterie gar nicht erst auf […]. Heutzutage wird viel zu viel aufgeklärt. Wozu muss Lieschen Müller über das Innere des Reaktors Bescheid wissen, über REM und Becquerel[5]? Am Ende versteht sie ja doch nichts. Wozu muss alle Welt die Anzahl unserer Toten erfahren? Durch dieses Großkatastrophenmärchen wird unser Ansehen im Ausland unnötig geschädigt. […] Oma Berta nickte zustimmend.

Da zog Janna-Berta die Mütze vom Kopf und begann zu reden.

↑ Gudrun Pausewang, *Die Wolke*, 1987

1. **stopfen** se goinfrer
2. **die Aufregung** l'énervement
3. **etwas in den Griff bekommen** venir à bout de qqch.
4. **vor der Presse abschotten** ne pas passer des informations à la presse
5. **REM und Becquerel** unités de mesure de la radioactivité

D. Ist dieses Buch eine gute Schullektüre? Warum (nicht)? **Tauschen Sie sich aus.**

Grammatik

Le but avec um … zu / damit → p. 142 et 143 / ex. p. 159

Man muss reden, **um** die Leute über Risiken **zu** informieren.

2 Deutschland auf dem richtigen Weg?

A. Lesen Sie den Text. **Beschreiben Sie** die deutsche Energiepolitik nach Fukushima. Was erfahren Sie über die Energiepolitik anderer Länder?

Deutschland: Nummer eins beim Atomaustieg?

Vier Jahre nach der Reaktorkatastrophe von Fukushima findet der deutsche Atomausstieg weltweit nur wenige Nachahmer[1]. Nach den Zahlen der Internationalen Atomenergieagentur IAEA sind derzeit weiterhin 440 Kernkraftwerke in Betrieb. […]

Im Jahr des Fukushima-Unglücks, 2011, […] hatte Japan zeitweise alle Atomkraftwerke abschalten lassen. Inzwischen plant die Regierung aber wieder das Anfahren der meisten Meiler. Außerhalb Japans hatten Deutschland, Italien und die Schweiz mit Atomausstiegsbeschlüssen unterschiedlicher Qualität auf die Reaktorkatastrophe reagiert.

Nach Berechnungen der atomkritischen Umweltorganisation Greenpeace ist der Anteil der Atomstromproduktion an der weltweiten Stromerzeugung […] gesunken. Der größte Teil des Rückgangs war dabei allerdings auf die Abschaltung der japanischen und deutschen Reaktoren zurückzuführen. Zwar sei der Anteil der Atomenergie auch in 16 weiteren Staaten zurückgegangen, darunter Finnland, USA, Frankreich und Südkorea, […] doch ob dies als Beleg für einen „beschleunigten globalen Abwärtstrend" gelten kann, […] ist zweifelhaft. Unter den aufgezählten Ländern will insbesondere Frankreich zwar seinen Atomstromanteil deutlich reduzieren. In Finnland aber wird über den Bau eines weiteren Atomkraftwerks nachgedacht, Südkorea plant ebenfalls weitere Anlagen.

Die Entwicklung in Europa ist uneinheitlich. Deutschland hat als einziges Land nach Fukushima quasi über Nacht acht Reaktoren stillgelegt […] und die Stilllegung aller Meiler bis 2022 gesetzlich verordnet. Als Nächstes wird im Mai diesen Jahres das bayerische Atomkraftwerk Grafenrheinfeld abgeschaltet.

1. **der Nachahmer** imitateur/-trice

↑ Daniel Wetzel, *Deutschland beim Atomausstieg allein auf weiter Flur*, Die Welt, 11.03.2015

B. Sehen Sie sich die Grafik über den geplanten Atomaustieg in Deutschland **an**. Was fällt Ihnen auf?

C. Zu zweit: **Suchen Sie** im Internet Informationen zur Atompolitik und **vergleichen Sie** die aktuelle Situation Deutschlands mit Frankreich und der Welt. **Präsentieren Sie** Ihre Ergebnisse der Klasse.

D. Sollte Frankreich ähnlich wie Deutschland handeln? **Tauschen Sie sich aus.**

↑ *Atomkraftwerke in Deutschland*, BMU, 2018

Grammatik

Les adverbes de temps et zwar …, aber → p. 143 / ex. p. 159

Inzwischen plant Japan neue Atommeiler. Frankreich möchte **zwar** die Atomenergie reduzieren, **aber** das wird schwer.

3 Zeitalter der Roboter?

A. Sehen Sie sich zunächst den Titel vom EDEKA-Weihnachtsspot **an**. Wie wird Weihnachten in 100 Jahren wohl aussehen? Werden wir überhaupt noch Weihnachten feiern? Was glauben Sie?

↑ *Weihnachten 2117*, EDEKA, 2017

29 **B. Sehen Sie sich** den ersten Teil des Spots **an**. Wie ist die Atmosphäre? Was sagt der Spot über die Zukunft der Welt aus?

30 **C. Sehen Sie sich** nun den zweiten Teil des Spots **an**. Glauben Sie, dass Maschinen in der Zukunft Gefühle entwickeln können?

D. Was denken Sie: Zeigt dieser Werbespot eine positive oder eine negative Zukunftsvision? **Tauschen Sie sich aus.**

E. Sehen Sie sich den Cartoon **an** und **lesen Sie** den Text. Warum haben viele Deutsche Angst vor dem Fortschritt?

↑ *Neulich in der Fabrikhalle*, Trumix, 2018

Die Angst vor dem Jobkiller Fortschritt

Viele Deutsche haben Angst, dass die Digitalisierung sie und ihren Job überflüssig macht. Dabei schafft der technische Fortschritt von jeher mehr Jobs, als er vernichtet.

„Hilfe, ein Roboter klaut[1] meinen analogen Job!" Gut jeder dritte deutsche Arbeitnehmer befürchtet, dass Digitalisierung und Industrie 4.0 seinen Job mittelfristig überflüssig machen. Ein weiteres knappes Fünftel traut sich noch nicht zu, die Auswirkungen der anstehenden Umbrüche auf den eigenen Arbeitsplatz einzuschätzen. Angst und Unsicherheit sind unter den Arbeitnehmern also weit verbreitet. Wasser auf die ängstlichen Mühlen goss kürzlich noch die Deutsche Bank, die vor dem Verschwinden analoger Jobs gewarnt hat.

Die Angst vor dem Jobkiller Fortschritt ist so alt wie der Fortschritt selbst: Während zu Beginn der Industrialisierung in Großbritannien noch die Weber[2] Angst vor der Konkurrenz durch den automatischen Webstuhl hatten, fürchten heute die Taxi- und Busfahrer das selbstfahrende Auto [...].

↑ Kerstin Dämon, *Die Angst vor dem Jobkiller Fortschritt*, WirtschaftsWoche, 19.08.2015

1. **klauen** voler, piquer
2. **die Weber** les tisserands

F. Zu zweit: Ihr/e Partner/in teilt diese Angst vor den Robotern. Sie aber sind optimistisch. **Spielen Sie** den Dialog.

4 Fluch und Segen der Technik

A. Lesen Sie die Einleitung vom Technik Radar 2018. Welche Bedeutung hat Technik für Deutschland?

Technik ist ein entscheidender Motor von Innovation in Deutschland. Sie ist Garant für Fortschritt, Zukunftsfähigkeit und Wohlstand. Technik besitzt auch das Potenzial, zur Lösung globaler Herausforderungen[1] maßgeblich beizutragen[2].

Technik verändert aber auch auf grundlegende Weise, wie wir lernen, arbeiten, konsumieren und kommunizieren, kurz: wie wir leben.

1. **die Herausforderung** le défi
2. **maßgeblich beitragen zu** contribuer de manière significative

↑ acatech / Körber-Stiftung (Hrsg.): *TechnikRadar 2018. Was die Deutschen über Technik denken* (Kurzfassung), München/Hamburg 2018 →

B. Sehen Sie sich nun die Infografik **an**. Wie steht man in Deutschland wohl zur Weiterentwicklung der technischen Möglichkeiten? Was wird als problematisch angesehen?

54 % halten sich für sehr oder eher an Technik interessiert.

33 % sind der Ansicht, dass die technische Entwicklung uns helfen wird, zentrale Probleme der Menschheit wie Hunger, Armut oder Klimawandel zu lösen.

89 % sind der Meinung, dass man den technischen Fortschritt nicht aufhalten kann.

38 % finden, dass man dem technischen Fortschritt Grenzen setzen sollte.

74 % sind nur dann für technische Neuerungen, wenn sie im Einklang mit sozialen Werten wie Umweltschutz oder Gerechtigkeit stehen.

25 % finden technische Neuerungen nur dann gut, wenn sich daraus persönliche Vorteile ergeben.

Wenn es um die Lebensmittelversorgung geht, halten **69 %** der Deutschen die gezielte genetische Veränderung von Nutzpflanzen für sehr oder eher riskant.

Als sehr nützlich oder eher nützlich bewerten **83 %** den zunehmenden Einsatz erneuerbarer Energien zur Bekämpfung der Klimaerwärmung.

C. Welche Vor- und Nachteile hat Ihrer Meinung nach der technische Fortschritt? Zu zweit: **Tauschen Sie sich** schriftlich **aus**.

Grammatik

Le futur avec werden
→ p. 135 / ex. p. 159
Dank der Technik **werden** wir besser leben.

Atomausstieg
- die Atomenergie
- das Atomkraftwerk (-e) = AKW = der Meiler (-)
- der Atomausstieg = die Stilllegung der Atomkraftwerke
- ein AKW abschalten / stilllegen
- der Atommüll = der radioaktive Abfall (¨-e)
- die radioaktive Strahlung
- gefährlich für die Menschen und die Umwelt sein
- radioaktiv verseucht = verstrahlt
- Menschen erkranken / sterben an radioaktiver Verstrahlung
- der Reaktor (-en)
- die Explosion des Reaktors
- die Atomkatastrophe (-n) = die Reaktorkatastrophe (-n)
- die erneuerbare Energie

Digitalisierung
- der Roboter (-)
- die künstliche Intelligenz = KI
- selbstfahrende Autos
- die Arbeitswelt (negativ) verändern
- Jobs vernichten ≠ Jobs schaffen
- der Jobkiller Fortschritt
- Menschen überflüssig machen
- Menschen ersetzen
- den Menschen Konkurrenz machen
- die Arbeit verlieren = arbeitslos werden

Axe : Innovations scientifiques et responsabilité

fiche ENTR. LEXICAL

fiche PHONIE-GRAPHIE

Inwieweit ist man in Deutschland dem technischen Fortschritt gegenüber skeptisch eingestellt?

Fortschrittsoptimismus
- der technische Fortschritt
- gegenüber dem Fortschritt optimistisch eingestellt sein
- optimistisch ≠ pessimistisch
- an etwas glauben
- den Alltag verbessern
- die Arbeit erleichtern
- Wohlstand garantieren
- zentrale Probleme lösen

Skepsis
- die Technik
- sich (zu) schnell entwickeln
- nicht (mehr) kontrollierbar sein
- (zu) riskant
- skeptisch / kritisch gegenüber etwas eingestellt sein
- an etwas zweifeln = etwas in Frage stellen
- vor etwas Angst haben

fiche AIDE À LA TÂCHE

fiche ÉVAL. TÂCHE

Technischer Fortschritt

Wir erklären in einem Text für die Schülerzeitung, inwieweit man in Deutschland gegenüber dem technischen Fortschritt skeptisch eingestellt ist.

Sprachmittlung

1. Wir bilden Paare.
2. Wir gehen noch einmal die Lektion durch und notieren die Schlüsselwörter, die für uns von Bedeutung sind.
3. Wir machen uns zu den folgenden Fragen Notizen.

   Welche Beispiele für den Fortschrittsoptimismus haben wir in der Lektion entdeckt?

   Wie äußert sich die Fortschrittsskepsis der Deutschen?

4. Wir verfassen einen Artikel und illustrieren unsere Antwort mit Beispielen und Zitaten aus der Lektion.

Digitale Alternative

Sie können Ihren Text auch mit *Canva* gestalten und auf *Calameo* veröffentlichen.

Fit fürs Bac

Préparation aux épreuves communes de contrôle continu

VERS LE NOUVEAU BAC

Innovations scientifiques et responsabilité

Épreuve 2

fiche MÉTHODO. BAC CE

fiche MÉTHODO. BAC EE

Période
- 3e trimestre de Première

Durée
- 1 heure 30

Note globale
- sur 20 :
  10 points → CE
  10 points → EE

Niveaux visés
- B1-B2 (LVA)
- A2-B1 (LVB)

Partie 1 → COMPRÉHENSION DE L'ÉCRIT

Intelligentes Wohnen: Vor- und Nachteile von Smart Homes

Fassen Sie den Text auf Deutsch zusammen.

Partie 2 → EXPRESSION ÉCRITE

Behandeln Sie Thema A oder Thema B (mindestens 100 Wörter).

A Stellen Sie sich vor, Ihr Zuhause ist in der Zukunft ein komplett automatisiertes Smart Home.

Beschreiben Sie, was alles einfacher für Sie ist und was in Ihrem Haus anders funktioniert. Erwähnen Sie auch eventuelle Nachteile dieser Automatisierung.

B Hat der technische Fortschritt Ihrer Meinung nach mehr Vorteile oder mehr Nachteile?

Begründen Sie Ihre Antwort.

Épreuve 3

Temps 1 + + | Temps 2 +

fiche MÉTHODO. BAC EO

Période
- 3e trimestre de Terminale

Durée du temps 2
- 5 minutes en continu (+ 5 min. en interaction)

Note globale
- sur 20 (même nombre de points pour la compréhension (CO + CE) et pour l'expression (EE + EO/IO)

Niveaux visés
- B2 (LVA)
- B1 (LVB)

Partie 1 → EXPRESSION ORALE

Welches der beiden Dokumente passt Ihrer Meinung nach besser zur Thematik „Innovations scientifiques et responsabilité"? Warum?

Begründen Sie Ihre Wahl mit dem, was Sie gelernt haben.

A

↑ *Eines Tages im Arbeitsamt* © Rovey / toonpool, 2010

B

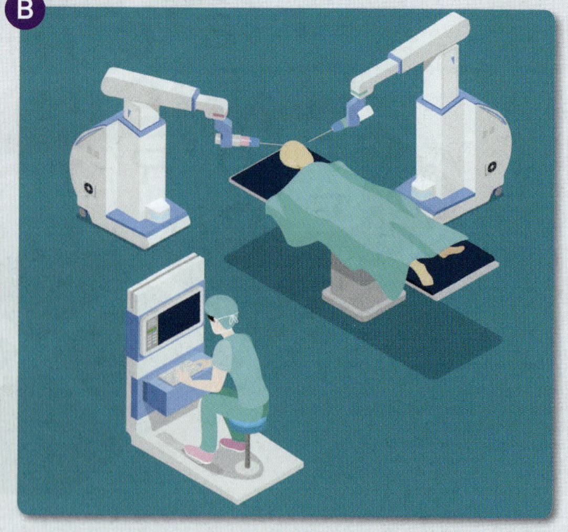

↑ Chirurgische Roboter in der Medizin (Symbolbild)

11 Alternativen

Inwiefern gelingt Inklusion in Deutschland?

• Diversité et inclusion

Abschlussaufgabe

Inklusion an unserer Schule
Wir überlegen uns ein Projekt, durch das sich das Miteinander an Schulen verbessert.

1 Anders und doch gleich sein

A. Sehen Sie sich das Video **an**. Was ist Inklusion? Welche Beispiele werden genannt?

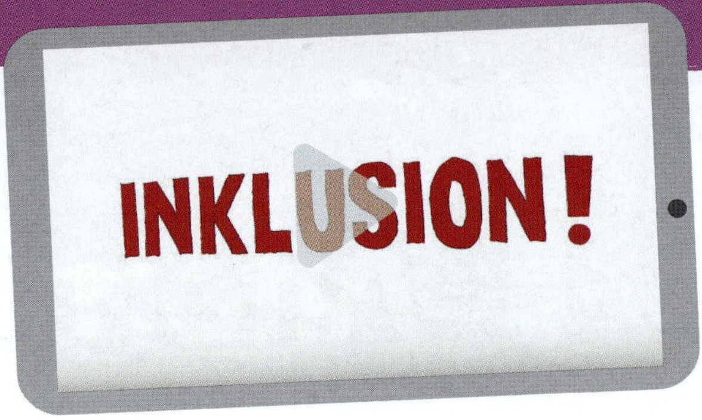

↑ *Was ist Inklusion?*, Aktion Mensch

B. Sehen Sie sich das Foto **an** und **lesen Sie** den Text. Wer sind die Leute auf dem Bild? Was ist wohl die Aktion „Sozialhelden"? Von wem wurde sie gegründet?

↑ Bild- und Textmaterial: Sozialhelden e.V. ↓

Berliner. Autor. Moderator. Medienmacher. Aktivist. Als Inklusions-Aktivist und Gründer der SOZIALHELDEN, studierter Kommunikationswirt und Design Thinker arbeitet Raul Krauthausen seit über 15 Jahren in der Internet- und Medienwelt. Seit 2011 ist er Ashoka Fellow und engagiert sich bei den SOZIALHELDEN. 2013 wurde Raul Krauthausen mit dem Bundesverdienstkreuz[1] ausgezeichnet und im Januar 2014 veröffentlichte er seine Biographie „Dachdecker wollte ich eh nicht werden – Das Leben aus der Rollstuhlperspektive". Seit 2015 moderiert er mit „KRAUTHAUSEN – face to face" seine eigene Talksendung zu den Themen Kultur und Inklusion auf Sport1.

1. **Bundesverdienstkreuz** Ordre du Mérite de la République fédérale d'Allemagne

C. Lesen Sie den Text. Welches Projekt hat Raul Krauthausen mit den Sozialhelden entwickelt? Wie funktioniert es?

wheelmap.org
Rollstuhlgerechte Orte finden.

Die Wheelmap ist eine Karte für rollstuhlgerechte Orte. Seit 2010 kann jeder rollstuhlgerechte Orte finden, eintragen und über ein Ampelsystem bewerten – leicht und übersichtlich. Weltweit nutzen Rollstuhlfahrer und Rollstuhlfahrerinnen Wheelmap.org als Werkzeug für ihre Tagesplanung. Aktuell sind über 850.000 Cafés, Bibliotheken, Schwimmbäder und viele weitere öffentlich zugängliche Orte erfasst. [...]
Die Wheelmap lebt von dem Engagement ihrer Community: [...] Täglich kommen [...] im Durchschnitt über 300 Markierungen hinzu und viele Nutzerinnen laden auch Fotos von Eingängen und weitere Informationen hoch. Die Wheelmap ist in 25 Sprachen verfügbar und als kostenlose App fürs iPhone und fürs Android-Phone erhältlich.
„Die Idee entwickelte sich aus einer echten Alltagssituation heraus", erinnert sich Raul Krauthausen. „Ein Freund hatte sich beschwert, dass wir uns immer in demselben Café treffen müssen. Wir beide wussten aber nicht, in welchem anderen Café ein Treffen überhaupt möglich wäre, ohne eine Stufe[1] am Eingang zu haben, die man mit einem Rollstuhl nicht überwinden kann. Ein klassisches Beispiel, wie physische Barrieren täglich das Leben der rund 1,6 Millionen Rollstuhlfahrer in Deutschland einschränken[2]. In dieser Situation dachte ich, dass doch eine Karte hilfreich wäre, auf der die Rollstuhltauglichkeit[3] von Orten in der Umgebung vermerkt ist."

1. **die Stufe** la marche
2. **einschränken** restreindre
3. **die Rollstuhltauglichkeit** l'accessibilité aux fauteuils roulants

D. Inwiefern ist Raul Krauthausen ein gelungenes Beispiel von jemandem, der „anders und doch gleich" ist? **Erklären Sie.**

E. Wie gelingt Inklusion an Ihrer Schule? Wie wird Schülern und Schülerinnen geholfen? **Nennen Sie** Beispiele.

2 Anders lernen

A. Sehen Sie sich das Filmplakat und den Titel **an**. Worum könnte es in dem Film gehen?

B. Lesen Sie den Text und **machen Sie sich** Notizen zu den folgenden Punkten.

a. die Schule SFE **b.** der Regisseur Alexander Kleider

Die Schule für Erwachsenenbildung, kurz: SFE, liegt etwas versteckt im Kreuzberger Mehringhof, einem linken Zentrum mit Kneipe, Theater, Buch- und Fahrradladen.

Die SFE hat keinen Direktor, und es gibt dort keine Noten. Die Schule ist basisdemokratisch organisiert und selbstverwaltet[1], auf wöchentlichen Vollversammlungen diskutieren Lehrer und Schüler über alles. Auf staatliche Förderung verzichtet die Schule, wer sie besucht, zahlt 160 Euro im Monat. Der Unterricht beginnt nicht vor halb zehn, wer will, darf seinen Hund mitbringen.

Seit 1973 gibt es diese radikal andere Einrichtung, seitdem haben dort Tausende junge Leute ihren Abschluss gemacht. „Die große Chance dieser Institution ist die vollkommene Eigenverantwortlichkeit[2]", sagt Alexander Kleider. „Niemand zwingt die Schüler, ihr Leben zu verändern, niemand setzt sie unter Druck[3] oder kontrolliert sie." Der Regisseur kennt sich aus. Auch er hat an der SFE Abitur gemacht. Alexander Kleider ist 19 Jahre alt, als er das erste Mal von dieser „verrückten Schule in Berlin" hört. Da will er hin. (...) Zwei Jahre später bekommt er sein Zeugnis, es ist kein Einser-Abitur, wichtig ist für ihn nur, dass er es geschafft hat. Und dass es Spaß gemacht hat.

↑ Stefan Strauß, *Berlin Rebel High School*, Berliner Zeitung, 10.05.2017

1. **selbstverwaltet** être autogéré/e
2. **die Eigenverantwortlichkeit** le fait d'être sous sa propre responsabilité
3. **jemanden unter Druck setzen** mettre qqn sous pression

Grammatik

La proposition relative avec wer / was / wo → p. 143 / ex. p. 160

- **Wer** will, darf seinen Hund mitbringen.
- Alles, **was** zählt, ist die Motivation.
- Das ist eine Schule, **wo** Schüler und Lehrer gemeinsam entscheiden.

↑ *Berlin Rebel High School*, Neue Visionen Filmverleih, 2017

32

C. Sehen Sie sich den Trailer des Films **an**. Für wen ist diese Schule gedacht?

D. Wie finden Sie das Konzept der „Rebel High School"? Inwiefern unterscheidet sie sich von einer traditionellen Schule? **Erklären Sie**.

E. Woran liegt es wohl, dass die Schüler an dieser Schule Erfolg haben? **Tauschen Sie sich aus**.

3 Mobbing? Nein, danke!

A. Lesen Sie den ersten Teil des Textes. Wie ist die Situation der Ich-Erzählerin? Wie hat sie sich den Wechsel an die neue Schule vorgestellt?

Wir wohnten noch nicht lange dort. Wir waren aus einer kleinen, süddeutschen Stadt in diese Großstadt in Norddeutschland gezogen. Mein Vater verdiente hier mehr Geld. Angst vor dem Umzug und vor der neuen Schule hatte ich eigentlich kaum gehabt. Natürlich sah ich voraus, dass meine Mitschüler sich über meinen Dialekt lustig machen würden, aber ich ging davon aus, dass sich das bald legen[1] würde. Wenn sie mich erst besser kennen gelernt hatten, würden sie mich akzeptieren und ich könnte viele neue Freundschaften schließen.

↑ Simone Weizenegger, *Besser als Mitleid*, Voll die Helden, 2005

1. **sich legen** se calmer

↑ Cover design by Herburg Weiland

B. Lesen Sie nun den zweiten Teil. Aus welchen Gründen wird die Ich-Erzählerin von den Mitschülern nicht akzeptiert?

So hatte ich mir das zumindest ausgemalt[1]. Aber dass mich jemand wegen meines Gehfehlers angreifen würde, damit hatte ich nicht gerechnet. Mein linkes Bein ist von Geburt an etwas kürzer als das rechte. Also hinke[2] ich, zwar nicht sehr stark, aber es fällt auf. Und beim Sport kann ich auch nicht glänzen. In meiner Heimatstadt, wo ich aufgewachsen bin, kannte man mich nicht anders und niemand hat jemals ein Wort darüber verloren. Es gehörte einfach zu mir, wie meine Sommersprossen[3] und meine roten Haare, und ich hatte mich dort nie dafür schämen müssen.
Irgendwie hatte ich geglaubt, dass das hier auch nicht anders sein würde. Oder genauer, ich war gar nicht auf die Idee gekommen, dass es überhaupt anders sein könnte. Aber in dieser neuen Stadt war alles anders. Bald wurde mir klar, dass mein Dialekt nicht das Einzige was, was mich angreifbar machte. Meine Kleidung zum Beispiel – zu Hause waren einfach andere Sachen angesagt gewesen als hier in der Großstadt. Oder auch meine zurückhaltende Art. Aber vor allem mein linkes Bein – für meine Mitschüler war das Grund genug, mich zu verachten.

↑ Simone Weizenegger, *Besser als Mitleid*, Voll die Helden, 2005

1. **sich etwas ausmalen** s'imaginer qqch.
2. **hinken** boiter
3. **die Sommersprossen** les taches de rousseur

Grammatik

Le plus-que-parfait / Les temps du récit
→ p. 136 / ex. p. 160
Zuhause **hatte** ich mich nicht **geschämt**, aber hier **war** alles anders.

C. Kennen Sie andere Formen von Mobbing? Was könnte man dagegen tun? **Tauschen Sie sich** schriftlich **aus**.

D. Sehen Sie sich die Plakate **an**. Was sind wohl die Ziele dieser Initiative?

← *YouNet - Theater gegen Mobbing*, sotano Theaterproduktionen, 2018 ↑

Grammatik

La voix passive
→ p. 139 / ex. p. 160

Das Theaterstück **wird** in der Schule **aufgeführt**.

E. Sehen Sie sich den Trailer **an**. Worum geht es in dem Theaterstück?

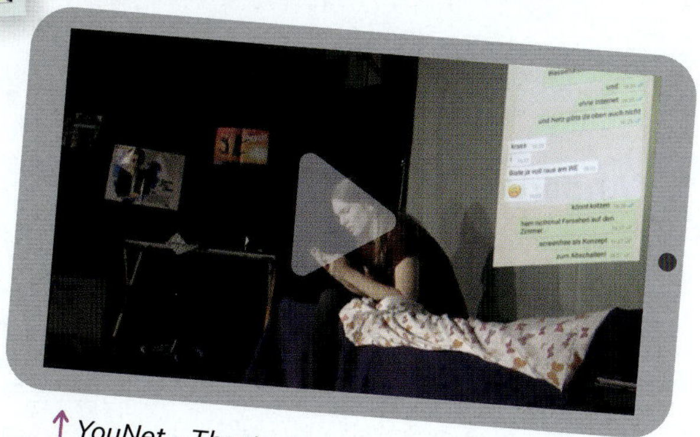

↑ *YouNet - Theater gegen Mobbing*, sotano Theaterproduktionen

F. Wie finden Sie die Idee, das Verhalten von Jugendlichen durch ein Theaterstück zu verändern? Gibt es ähnliche Aktionen an Ihrer Schule? **Erklären Sie**.

G. Was meinen Sie: Kann man durch solche Projekte das Zusammenleben unterschiedlicher Menschen erleichtern? **Tauschen Sie sich aus**.

Anders und doch gleich
- der Rollstuhlfahrer (-) / die Rollstuhlfahrerin (-nen)
- eine (körperliche / geistige) Behinderung haben
- Menschen mit Behinderung (-en)
- physische Barrieren
- etwas mit dem Rollstuhl überwinden müssen
- rollstuhltauglich = rollstuhlgerecht
- das Leben von Rollstuhlfahrern erleichtern
- ausgegrenzt sein / sich ausgegrenzt fühlen

Anders lernen
- eine radikal andere Einrichtung
- basisdemokratisch organisiert sein
- einen (Schul-)Abschluss / das Abitur machen
- eigenverantwortlich lernen
- ohne Zwang = ohne Druck
- nicht zu etwas gezwungen sein
- Spaß machen

Axe :
Diversité et inclusion

fiche ENTR. LEXICAL

fiche PHONIE-GRAPHIE

Inwiefern gelingt Inklusion in Deutschland?

Anderen helfen
- das Mobbing / das Cybermobbing
- etwas gegen Mobbing tun / unternehmen
- etwas für die Mitschüler tun / unternehmen
- aktiv werden
- ein Theaterstück gegen Mobbing aufführen
- jemanden unterstützen
- sich für etwas / jemanden engagieren
- andere akzeptieren, wie sie sind
- akzeptiert werden

fiche AIDE À LA TÂCHE

fiche ÉVAL. TÂCHE

Inklusion an unserer Schule

Wir überlegen uns ein Projekt, durch das sich das Miteinander an Schulen verbessert.

1. Wir gehen noch einmal die Lektion durch und notieren die verschiedenen Projekte, die in Deutschland existieren und die wir kennengelernt haben.
2. Wir überlegen, in welchen Bereichen es Probleme beim Zusammenleben in französischen Schulen gibt.
3. Wir suchen Ideen für ein mögliches Projekt.
4. Wir überlegen, welches Projekt durchführbar ist und welches nicht.
5. Wir einigen uns auf ein Projekt und notieren die Schritte für seine Durchführung.

Digitale Alternative

Sie können die Präsentation Ihres Projekts auch mit *Genial.ly* durchführen.

Fit fürs Bac
Préparation aux épreuves communes de contrôle continu

VERS LE NOUVEAU BAC

Diversité et inclusion

Épreuve 1

fiche MÉTHODO. BAC CO
fiche MÉTHODO. BAC EE

Période
› 2e trimestre de Première

Durée
› 1 heure

Note globale
› sur 20 :
10 points → CO
10 points → EE

Niveaux visés
› B1 (LVA)
› A2-B1 (LVB)

Partie 1 → COMPRÉHENSION DE L'ORAL

Inklusion leben ... gemeinsam Zeit verbringen!

Rendez compte en français du contenu de la vidéo. Vous aborderez les points suivants :
- l'intention de la vidéo ;
- les activités que les personnes entreprennent ensemble ;
- leur ressenti.

↑ *Inklusion leben ... gemeinsam Zeit verbringen!*, GEMEINSAM LEBEN LERNEN e. V., 2018

Partie 2 → EXPRESSION ÉCRITE

Behandeln Sie Thema A oder Thema B (mindestens 100 Wörter).

A „Inklusion leben ... gemeinsam leben": Wie kann das im Alltag funktionieren?

Nennen Sie Beispiele (in der Schule, im Sport, im Beruf, in der Familie ...).

B Sie möchten Ihre Mitschüler/innen dazu motivieren, am Aktionstag zur Inklusion teilzunehmen. Wie und mit welchen Argumenten motivieren Sie sie? Welche Aktion(en) schlagen Sie vor?

Épreuve 2

fiche MÉTHODO. BAC CE
fiche MÉTHODO. BAC EE

Période
› 3e trimestre de Première

Durée
› 1 heure 30

Note globale
› sur 20 :
10 points → CE
10 points → EE

Niveaux visés
› B1-B2 (LVA)
› A2-B1 (LVB)

Partie 1 → COMPRÉHENSION DE L'ÉCRIT

Behindert und stolz darauf

Fassen Sie den Text auf Deutsch zusammen. Beachten Sie dabei folgende Fragen:
- Wo und wann fand das Ereignis statt?
- Welche Ziele verfolgen die Demonstranten?
- Welche Meinungen vertreten die Teilnehmer?

Partie 2 → EXPRESSION ÉCRITE

Behandeln Sie Thema A oder Thema B (mindestens 100 Wörter).

A „So wie wir sind, so sind wir gut!" war die Botschaft der ersten Berliner Pride Parade gegen Benachteiligung, Barrieren und Ausgrenzung 2013.

Erklären Sie, was damit gemeint ist und wie Sie dazu stehen.

B Sehen Sie sich dieses Bild an.

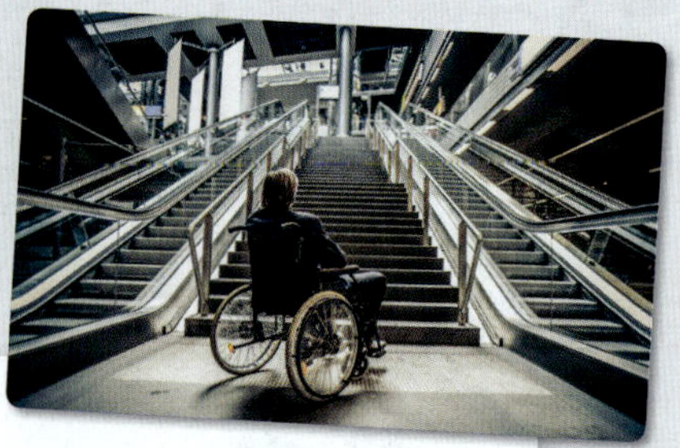

Inwiefern illustriert das Bild die Situation behinderter Menschen in der Gesellschaft? Was halten Sie davon?

12 Vielfalt auf Deutsch

Wie kann Integration in Deutschland gelingen?

Diversité et inclusion

Abschlussaufgabe

Ein neues Ende
Wir erfinden für die Szene aus dem Roman von Yadé Kara ein positives Ende.

1 Sprachbarrieren überwinden

A. Wie können Neuankömmlinge in einem Land die sprachlichen Barrieren überwinden? **Tauschen Sie sich aus.**

B. Sehen Sie sich das Video über das Projekt Triaphon **an** und **beantworten Sie** die Fragen.

a. Wer hat Triaphon gegründet? Und warum?
b. An wen richtet sich das Projekt? Wie funktioniert es genau?

Triaphon stellt sich vor, www.triaphon.org, 2018

C. Inwiefern dient dieses Projekt der Integration in Deutschland? Kennen Sie ähnliche Initiativen in Frankreich? **Tauschen Sie sich aus.**

2 Willkommen in Deutschland!

A. Die Bundesregierung bietet Integrationskurse für Menschen an, die in Deutschland leben möchten. **Lesen Sie** den Informationstext. Was erfahren Sie über diese Kurse?

Wenn Sie in Deutschland leben möchten, sollten Sie Deutsch lernen. Das ist wichtig, wenn Sie Arbeit suchen, Anträge ausfüllen[1] müssen, Ihre Kinder in der Schule unterstützen[2] oder neue Menschen kennenlernen möchten. Außerdem sollten Sie einige Dinge über Deutschland wissen, zum Beispiel über die Geschichte, die Kultur und die Rechtsordnung[3]. [...]

Jeder Integrationskurs besteht aus einem Sprachkurs und einem Orientierungskurs. [...]

Im Sprachkurs werden wichtige Themen aus dem alltäglichen Leben behandelt zum Beispiel: Arbeit und Beruf, [...], Einkaufen / Handel / Konsum, Freizeit und soziale Kontakte [...]. Außerdem lernen Sie, auf Deutsch Briefe und E-Mails zu schreiben, Formulare auszufüllen, zu telefonieren oder sich auf eine Arbeitsstelle zu bewerben[4]. Die Themen variieren, je nachdem, welche Kursart Sie besuchen. Der Sprachkurs schließt mit der Prüfung „Deutsch-Test für Zuwanderer" (DTZ) ab.

Im Anschluss an den Sprachkurs besuchen Sie den Orientierungskurs. [...] Im Orientierungskurs sprechen Sie zum Beispiel über:

- die deutsche Rechtsordnung, Geschichte und Kultur
- Rechte und Pflichten in Deutschland
- Formen des Zusammenlebens in der Gesellschaft
- Werte, die in Deutschland wichtig sind, zum Beispiel Religionsfreiheit, Toleranz und Gleichberechtigung von Frauen und Männern.

Den Orientierungskurs schließen Sie mit dem Abschlusstest „Leben in Deutschland" ab.

Bundesamt für Migranten und Flüchtlinge, www.bamf.de

1. **einen Antrag / ein Formular ausfüllen** remplir un formulaire
2. **jemanden unterstützen** soutenir qqn
3. **die Rechtsordnung** le système judiciaire
4. **sich auf eine Arbeitsstelle bewerben** postuler à un emploi

B. Was denken Sie: Sind diese Kurse eine Garantie für eine erfolgreiche Integration? **Tauschen Sie sich aus.**

Grammatik

La condition avec wenn → p. 143 / ex. p. 161

Wenn man in Deutschland leben möchte, sollte man Deutsch lernen.

3 Erfolgreich integriert?

A. **Hören Sie zu** und **lesen Sie** den Romanauszug von Yadé Kara **mit**. Wovon handelt der Text?

Prof. 41

Grammatik

Le prétérit et le plus-que-parfait / Les temps du récit → p. 136 / ex. p. 161

Er **wollte** das Zimmer; sie **hatten** am Morgen telefoniert.

Zimmer zu vermieten

Ich erschien pünktlich, obwohl es in Strömen goss. [...] Eine dicke Frau mit Lockenwicklern öffnete die Tür. [...] Sie schaute mich verdutzt an.

»Nix Teppich kaufen! Hausieren[1] verboten! Raus!« und sie zeigte mit ihrem fetten Arm Richtung Ausgang. Ich blieb ruhig und war nicht verwirrt[2], überhaupt nicht. Das war der übliche Berliner Ton Fremden gegenüber, und ich kannte jede Nuance dieses Tones [...]

»Entschuldigen Sie bitte« sagte ich gelassen[3]. Pause. Sie blickte zu mir hoch. »Ich komme wegen dem Zimmer, wir hatten telefoniert ...« Ich lächelte breit [...]

»Woher kommen sie?« Sie verschränkte die Arme[4].

»Aus Berlin!»

»Ick meen, woher stammen Se ...?«

»Aus Kreuzberg.«

Die Antwort reichte ihr nicht aus. Sie bohrte[5] weiter.

»Was sind Sie für een Landsmann?

»Berliner!» sagte ick stolz. Doch das kam bei ihr nicht an.

»Sie sind Araber, waa ...?! Türke, stimmt's?!« Bingo! Ich habe ihn erwischt, verriet ihr befriedigter Blick. Türke sind Sie, auch wenn Sie hier geboren sind oder deutschen Pass haben, strömte es aus ihr heraus.

»Is schon alles wech ...!« sagte sie kurz. [...]

»Aber wir hatten gerade erst telefoniert ...« stammelte[6] ich.

»Is schon alles wech. Janz schnell jeht det heutzutage – mit dem Fall der Mauer ist alles wech, wie heiße Bouletten ... Tja ...!«

Ich ließ nicht locker. »Aber wir hatten doch erst vor einer Stunde telefoniert!«

»Nun hören Se mal, ja! Junger Mann, verstehen Se keen Deutsch, oder wat?! Ick hab Ihn doch jesagt! Nix Zimmer! Wech, alles wech! Kapito?! Oder nix kapito? ...«

»Ich verstehe Sie sehr gut!« schrie ich. «Sie teutonischer Orang-Utan!« Ich war über mich selbst überrascht, und dann setzte ich noch eins drauf. »Sie fette Bratwurst, Sie ...!« Ich drehte mich um und ging. Die Bratwurst brüllte und schimpfte irgendwas von Polizei und knallte die Tür zu. [...]

Ich flüchtete nach Charlottenburg. Am Telefon dachten die Spießer[7], ich wäre ein blonder, blauäugiger Hans. Ich sprach schnell und klang gehetzt – halt wie ein Berliner.

1. **hausieren** colporter
2. **verwirrt** décontenancé/e
3. **gelassen** calmement
4. **die Arme verschränken** croiser les bras
5. **bohren** (ici) insister
6. **stammeln** balbutier
7. **der Spießer** le petit bourgeois

B. Wer sind die Protagonisten und wie verhalten sie sich? **Lesen Sie** den Text noch einmal und **machen Sie sich** Notizen.

C. Beide Personen sprechen Deutsch. Warum verstehen sie sich trotzdem nicht? **Tauschen Sie sich aus.**

Barrieren überwinden
- Sprachbarrieren überwinden
- Deutsch lernen
- vermitteln
- sich verständigen
- ein/e Sprachmittler/in sein
- neue Menschen kennenlernen
- gemeinsam / zusammen etwas machen
- Differenzen / Ängste überwinden
- Missverständnisse klären

Integration
- einen Integrationskurs besuchen
- die deutsche Sprache beherrschen
- Dinge über Deutschland wissen müssen
- Geschichte, Kultur und Werte kennen
- Rechte und Pflichten kennen
- sich an die Gesetze des Landes halten
- die Integration fördern
- bei der Integration helfen
- sich (gut / schlecht) integrieren

Axe :
Diversité et inclusion

fiche ENTR. LEXICAL

fiche PHONIE-GRAPHIE

Wie kann Integration in Deutschland gelingen?

Vorurteile
- Vorurteile haben
- Vorurteile abbauen
- anders aussehen
- jemanden ausgrenzen = jemanden ausschließen
- rassistisch ≠ tolerant
- der Rassismus
- gegen Rassismus kämpfen
- für Toleranz und Gleichberechtigung kämpfen

fiche AIDE À LA TÂCHE

fiche ÉVAL. TÂCHE

Ein neues Ende

Wir erfinden für die Szene aus dem Roman von Yadé Kara ein positives Ende.

1. Wir bilden Paare.
2. Wir lesen den Romanauszug von Yadé Kara noch einmal durch.
3. Wir überlegen uns, wo die Missverständnisse beginnen und wie die Szene positiv enden kann.
4. Wir entscheiden uns für die beste Idee.
5. Wir schreiben den Text.

Digitale Alternative

Sie können Ihren Text auch mit *Canva* gestalten und auf *Calameo* veröffentlichen.

Fit fürs Bac
Préparation aux épreuves communes de contrôle continu

VERS LE NOUVEAU BAC

Diversité et inclusion

Épreuve 1

fiche MÉTHODO. BAC CO

fiche MÉTHODO. BAC EE

Période
- 2e trimestre de Première

Durée
- 1 heure

Note globale
- sur 20 :
  10 points → CO
  10 points → EE

Niveaux visés
- B1 (LVA)
- A2-B1 (LVB)

Partie 1 → COMPRÉHENSION DE L'ORAL

Über den Tellerrand kochen

Rendez compte en français du contenu de la vidéo.
Vous aborderez les points suivants :
- en quoi consiste ce projet ;
- quelles en sont les finalités ;
- les avis des différents participants.

↑ *Über den Tellerrand kochen*, www.ueberdentellerrand.org, 2019

Partie 2 → EXPRESSION ÉCRITE

Behandeln Sie Thema A oder Thema B (mindestens 100 Wörter).

A

Drei Jugendliche haben auf die Frage „Wie kann man persönlich zur Integration von Migranten beitragen?" geantwortet.

Wie finden Sie ihre Ideen? Und was würden Sie vorschlagen? Begründen Sie.

Behandle jeden so, wie du behandelt werden möchtest, wenn du in ein fremdes Land ziehst. Gib ihnen nützliche Ratschläge und Tipps.
Thadeo

Lade sie für einen Monat zum Wohnen in deine Wohnung ein, natürlich gratis!
Simone

Lerne sie erst kennen und hilf ihnen, die Sprachbarrieren zu überwinden. Das ist das Wichtigste.
Fabian

B

Meinen Sie, man kann sich in einem fremden Land leicht integrieren? Wie kann diese Integration gelingen? Was kann man von Menschen mit Migrationshintergrund lernen? Erklären Sie.

Épreuve 2

fiche MÉTHODO. BAC CE

fiche MÉTHODO. BAC EE

Période
- 3e trimestre de Première

Durée
- 1 heure 30

Note globale
- sur 20 :
  10 points → CE
  10 points → EE

Niveaux visés
- B1-B2 (LVA)
- A2-B1 (LVB)

Partie 1 → COMPRÉHENSION DE L'ÉCRIT

Grünkohl und Curry

Fassen Sie den Text auf Deutsch zusammen.

Partie 2 → EXPRESSION ÉCRITE

Behandeln Sie Thema A oder Thema B (mindestens 100 Wörter).

A

Hasnain muss in der Schule einen Bericht über sein Leben und seine Familie schreiben. Er beschreibt das Zusammenleben mit „Omi" und „Opi" und was er durch sie über die deutsche Gesellschaft gelernt hat. Verfassen Sie diesen Bericht.

Meine Familie und ich ...

B

Glauben Sie, Sie würden sich in einem fremden Land leicht integrieren? In welchem Land am leichtesten? Warum?

13 Kulturerbe?

Orte der Vergangenheit lebendig erhalten? Welche? Wozu?

Territoire et mémoire

1 Damals

2 Heute

3 Damals

Weltkulturerbe Völklinger Hütte
Europäisches Zentrum für Kunst und Industriekultur

4 Heute

Abschlussaufgabe

Vergangenheit und Gegenwart
Wir organisieren eine Debatte über das Thema „Ein zweites Leben für einen historischen Ort“.

13 Denkmal mit Perspektiven

1 Ein altes Eisenwerk …

A. Sehen Sie sich das Video und das Logo **an**. Worum handelt es sich wohl hier?

Franz Mörscher - Retrospektive, Weltkulturerbe Völklinger Hütte, 2018

B. Lesen Sie den Text. Was erfahren Sie über die Völklinger Hütte?

Lage? | Funktion? | Früher? | Heute?

Industriekultur, die verbindet

Der „Tag des offenen Denkmals“ steht 2018 unter dem Motto „Entdecken, was uns verbindet“. Das Motto bezieht sich auf das Europäische Kulturerbejahr 2018, in dem die Geschichten des gemeinsamen kulturellen Erbes in den Blick genommen werden. Die Industriekultur ist gerade in der Großregion Saarland, Lothringen, Luxemburg ein wichtiger Punkt der europäischen Kultur.

Das Weltkulturerbe Völklinger Hütte steht im Spannungsfeld zwischen Deutschland und Frankreich und erzählt die Geschichte einer Industrieregion, die immer wieder durch nationale Grenzen getrennt und durchbrochen war. Das Erz[1] in Lothringen, die Kohle an der Saar – das war die Ausgangssituation bei der Gründung der Völklinger Hütte. Sie war Anlass für kriegerische Auseinandersetzungen[2] zwischen Deutschland und Frankreich. Kohle, Eisen und Stahl sind aber auch die Basis der Montanunion und des modernen Europas. [...]

Das Weltkulturerbe Völklinger Hütte ist das erste Industriedenkmal aus der Blütezeit der Industrialisierung, das in die Welterbeliste der UNESCO aufgenommen wurde. Es ist das einzige Eisenwerk aus der Blütezeit der Industrialisierung, das vollständig erhalten ist. Nach der Stilllegung der Roheisenproduktion im Jahr 1986 wurde die Völklinger Hütte 1994 zum UNESCO-Weltkulturerbe erklärt. Die Anfänge der Völklinger Hütte reichen bis zum Jahr 1873 zurück. Der erste Hochofen[3] wurde 1883 angeblasen. Das Weltkulturerbe Völklinger Hütte zeigt international herausragende Ausstellungen und ist Ort für außergewöhnliche Konzerte und Festivals.

Weltkulturerbe Völklinger Hütte, 2018

1. **das Erz** le minerai
2. **die kriegerische Auseinandersetzung** l'affrontement militaire
3. **der Hochofen** le haut fourneau

C. Warum wurde die Völklinger Hütte Ihrer Meinung nach in die UNESCO-Liste des Weltkulturerbes aufgenommen? **Erklären Sie.**

Grammatik

La voix passive → p. 139 / ex. p. 162

Das Eisenwerk **wurde** in die Welterbeliste aufgenommen.

D. Zu dritt: **Suchen Sie** im Internet drei weitere Orte oder Gebäude in Deutschland oder auf der Welt, die auf der Liste des Welterbes stehen und **präsentieren Sie** diese in der Klasse.

E. Was macht einen Ort oder ein Gebäude Ihrer Meinung nach zum Welterbe? **Tauschen Sie sich aus.**

2 … als Kunst- und Kulturzentrum

A. Gehen Sie auf die Webseite der Völklinger Hütte www.voelklinger-huette.org/willkommen und **sehen Sie sich** die verschiedenen Ausstellungen und Ausstellungsplakate **an**. Welche Ausstellung würden Sie gerne besuchen? Warum?

B. Sehen Sie sich das Making-of-Video der Ausstellung „Urban Art!" **an**. Was ist das Besondere an dieser Ausstellung?

38

↑ *Urban Art Biennale 2017 - Making Of*, Weltkulturerbe Völklinger Hütte

C. Lesen Sie den Pressetext. Was erfahren Sie über das Festival?

Klänge, die Massen magnetisch anziehen

Elektronische Musik, Licht-Projektionen und die einzigartige Industriekultur der Völklinger Hütte möchte „Electro Magnetic" zu einem Gesamtkunstwerk verbinden. […] Seit dem Start im Jahre 2012 waren alle Ausgaben dieses erfolgreichen Festivals restlos ausverkauft. Regelmäßig zieht „Electro Magnetics" die Massen an. Zudem wurde die Premiere des Open-Airs als „Bestes Newcomer Festival Europas" ausgezeichnet.

2018 sind wieder knapp 50 DJs und Live-Acts aus allen Sparten der elektronischen Musik von House über Techno bis zu Trance mit von der Partie. […] Die Acts wollen das Weltkulturerbe für eine Nacht in den „größten und außergewöhnlichsten Elektro-Club Deutschlands verwandeln". Dafür werden in dem ehemaligen Eisenwerk mehrere Bereiche eigens[1] für das Festival gestaltet. Für „Electro Magnetic" sollen so Räume geöffnet werden, die sonst für Besucher geschlossen sind", so die Veranstalter weiter.

In Verbindung mit Sound-, Licht- und Video-Installationen sowie der einmaligen Location werde zwischen Hochöfen, Sinteranlage und Erzhalle die Dynamik, die die Maschinen einst antrieb, durch Rhythmus, Bass, Dampf, Feuer und die Energie tausender feiernder Fans an diesem Abend wieder spürbar.

↑ Marko Völke, *„Electro Magnetic"-Festival*, Saarbrücker Zeitung, 13.07.2018

1. **eigens** spécialement

D. Die Völklinger Hütte will ein offenes Denkmal sein, das Menschen verbindet. Was meinen Sie, hat sie ihr Ziel erreicht? **Argumentieren Sie**.

Weltkulturerbe Völklinger Hütte
Europäisches Zentrum für Kunst und Industriekultur

3 Die Fuggerei in Augsburg …

39 **A. Sehen Sie sich** die Reportage **an**. Was erfahren Sie über diese Einrichtung?

↑ *Volle Kanne - Die Fuggerei in Augsburg, ZDF*

B. Lesen Sie den Pressetext. Welche zusätzlichen Informationen erhalten Sie? Welche finden Sie besonders interessant? Warum?

Älteste Sozialsiedlung der Welt

Bezahlbarer Wohnraum ist seit jeher ein brisantes Thema. Das wusste schon der Augsburger Kaufherr Jakob Fugger im 16. Jahrhundert. 1521 gründete Fugger, genannt „der Reiche", in seiner Heimatstadt deshalb die erste Sozialsiedlung der Welt. Die Fuggerei bot von Armut bedrohten Handwerkern und Tagelöhnern[1] eine Heimat. [...]

Neben dem Rathaus ist die Fuggerei heute das beliebteste Ziel für Touristen in Augsburg. Toller Nebeneffekt: Die 140 Wohnungen werden von den Eintrittsgeldern mitfinanziert. Im 16. Jahrhundert lebten vor allem Handwerker in der Fuggerei, die wegen Krankheit oder einer schlechten Auftragslage[2] in ihrer Existenz bedroht waren. Heute sind es viele alleinerziehende Mütter oder Rentner. Sie leben im Schnitt auf 60 Quadratmetern – wie in einer eigenen, kleinen Welt. [...]

Um in der Fuggerei aufgenommen zu werden, müssen die Bewohner Bedingungen erfüllen. Wer wieder zu Geld kommt, muss seine Wohnung wieder verlassen. Schon Jakob Fugger legte vor 500 Jahren Wert darauf, dass die Bewohner seiner Sozialsiedlung ihrer Arbeit weiter nachgingen, um möglichst bald wieder auf eigenen Beinen zu stehen.

Heute wie damals zahlen Bewohner im Jahr 88 Cent Kaltmiete - das entspricht dem ursprünglichen Preis von einem Gulden[3]. Einer der berühmtesten Bewohner der Siedlung war Franz Mozart, Vater von Komponist Wolfgang Amadeus. Eine Gedenktafel erinnert im Innenhof an den Fuggerei-Bewohner und seinen genialen Sohn.

↑ *Älteste Sozialsiedlung der Welt: In Augsburg zahlen Bedürftige 88 Cent Miete*, www.rtl.de

1. **der Tagelöhner** le, la journalier/-ière
2. **die Auftragslage** la situation des commandes
3. **der Gulden** monnaie courante entre le XVIe et XIXe siècle en Allemagne

↑ Küche von damals im Fuggerei-Museum

↑ Heutiges Wohnzimmer in der Fuggerei

Grammatik

La conséquence avec darum / deshalb / deswegen
→ p. 143 / ex. p. 162

Die Fuggerei ist etwa ganz Besonderes, **deshalb** ist sie weltberühmt.

La concession avec obwohl / auch wenn
→ p. 143 / ex. p. 162

Die Fuggerei ist noch heute bewohnt, **obwohl** sie mittlerweile ein Museum ist.

← Sonderbriefmarke zum 500. Geburtstag von Jakob Fugger

→ Jakob Fugger Statue in Augsburg

4 … und ihre Bewohner

A. Bilden Sie drei Gruppen (A, B und C). **Lesen Sie** Ihren Text (A, B oder C). Was erfahren Sie über die Einwohner der Siedlung und ihr Leben miteinander?

B. Informieren Sie die anderen Gruppen über den Inhalt Ihres Textes.

A Petra Dirbach, 48 Jahre alt: die erste Bewohnerin, die hier mit Kindern einzog.

Als Petra Dirbach das dritte Mal Nachwuchs erwartete, war die Beziehung mit dem Vater ihrer Kinder gerade in die Brüche gegangen[1]. Die von da an alleinerziehende Frau brauchte eine neue Wohnung. Sie wusste nicht, wie sie das alles zahlen soll. Petra Dirbach fiel in ihrer Verzweiflung die Fuggerei ein. Schließlich wohnten ihre Eltern bereits in der im Jahr 1521 von Jakob Fugger gestifteten Sozialsiedlung. Sie bewarb sich[2]. Ein Jahr wartete sie, bis sie die Zusage erhielt. „Meine Erleichterung war groß. Ich war die Erste, die mit Kindern in die Fuggerei einzog." Neun Jahre sind seither vergangen. Dirbach, die beiden Söhne und ihre Tochter wohnen in einer der größten Wohnungen mit rund 90 Quadratmetern im ersten Stock. Das Dachgeschoss ist zum Teil ausgebaut. „Meine Kinder haben hier ein schönes Leben. Es ist friedlich hier und sie können auch mal im Schlafanzug schnell zu Oma und Opa rüberlaufen."

B Noel Guobadia, 23 Jahre alt: der jüngste Alleinlebende.

„Ohne die Fuggerei hätte ich meine Weiterbildung nie durchgezogen", sagt Noel Guobadia. Der junge Mann macht nächstes Jahr den Abschluss zum Wirtschaftsfachwirt. Von der Industrie- und Handelskammer (IHK) hat er dafür ein Stipendium[3] bekommen. Nebenbei verdient er etwas Geld in einem Elektrofachmarkt. Er ist stolz auf das, was er bislang erreicht hat. Denn es sah nicht immer rosig aus[4] im Leben des 23-Jährigen, der früher mit seiner Familie in Lechhausen wohnte. Die Eltern ließen sich scheiden, er geriet auf die schiefe Bahn, wie er es nennt. „Wir ziehen in die Fuggerei", habe seine Mutter eines Tages ihm und dem Bruder verkündet. Guobadia war überrascht: „Ich meinte zu ihr: Aber das ist doch ein Museum. Da geht man doch nur mit der Schule hin." Seit drei Jahren hat er im „Museum" seine eigene Wohnung. Eine Küche, ein Zimmer, ein Bad auf insgesamt 36,5 Quadratmetern. Die Fuggerei habe etwas Märchenhaftes. „Die Menschen sind alle nett zueinander."

C Christine Thoma, 66 Jahre alt: die gute Seele, die im Fuggerei-Treff das Frühstück macht.

Die Fuggerei sei für sie früher immer eine Siedlung für arme, alte Leute gewesen. Mehr nicht. Eines Tages lernte die Augsburgerin drei Frauen kennen, die in der Fuggerei lebten. Diese zeigten Thoma dort ihre Wohnungen. „Ich wusste, was für eine Rente ich nach 42 Jahren Arbeit zu erwarten hatte. Das sah nicht rosig aus", erzählt Thoma. Sicherheitshalber stellte sie sich in der Sozialsiedlung vor. Zwei Jahre dauerte es, dann kam der Anruf. „Ich war wie gelähmt vor lauter Glück. Ich hätte die Welt umarmen können." Seit sechs Jahren nun hat sie die Wohnung im ersten Stock, direkt neben dem Biergarten. Wenn Thoma mitkriegt, dass es dort eng wird, hilft sie auch mal mit. Die „gute Seele" aus der Fuggerei kümmert sich außerdem um das Frühstück, zu dem immer dienstags die Bewohner im Fuggerei-Treff zusammenkommen. Was Thoma gut gefällt, ist, dass man sich umeinander kümmert.

Ina Marks, *Das sind die Schicksale der Fuggerei-Bewohner*, Augsburger Allgemeine Zeitung, 10.11.2017

1. **in die Brüche gehen** prendre fin
2. **sich bewerben** poser sa candidature
3. **das Stipendium** la bourse d'études
4. **nicht rosig aussehen** n'avoir pas l'air tout rose

C. Wie finden Sie dieses Konzept eines „bewohnten Museums"? Würden Sie dort gern leben? **Tauschen Sie sich aus**.

Wohnen im Museum

- die Sozialsiedlung
- damals / früher ≠ heute
- bedürftig = arm = in Not
- das Eintrittsgeld (-er)
- eine geringere Miete bezahlen
- der Handwerker (-) / die Handwerkerin (-nen)
- alleinerziehend / geschieden
- der Rentner (-) / die Rentnerin (-nen)
- einer Gemeinschaft angehören
- sich umeinander kümmern
- nett zueinander sein
- sich wohl fühlen

Gefühle

- stolz
- der Stolz
- verzweifelt ≠ erleichtert
- die Verzweiflung
- die Erleichterung
- glücklich
- das Glück
- überrascht

Axe : Territoire et mémoire

fiche ENTR. LEXICAL

fiche PHONIE-GRAPHIE

Orte der Vergangenheit lebendig erhalten? Welche? Wozu?

Industriekultur

- das Eisenwerk / die Fabrik
- stillgelegt werden
- das Industriedenkmal
- vollständig / gut / schlecht erhalten sein
- (wichtige / herausragende) Ausstellungen zeigen
- Konzerte und Festivals anbieten

Spuren hinterlassen

WELTERBE · PATRIMOINE MONDIAL · WORLD HERITAGE

- das Denkmal (¨-er)
- unter Denkmalschutz stehen
- in die Welterbeliste aufgenommen werden
- Spuren vergangener Kulturen zeigen
- das Erbe der Menschheit schützen / erhalten / bewahren / wiederbeleben
- Geschichte erzählen
- Zeitzeuge sein

fiche AIDE À LA TÂCHE

fiche ÉVAL. TÂCHE

Vergangenheit und Gegenwart

Wir organisieren eine Debatte über das Thema „Ein zweites Leben für einen historischen Ort“. Sind Sie eher für ein soziales Projekt (wie die Fuggerei) oder für ein kulturelles Projekt (wie die Völklinger Hütte)?

1. Vor der Debatte

- Wir bestimmen eine Moderatorin oder einen Moderator, die / der neutral ist und darauf achtet, dass die Regeln einer Debatte eingehalten werden.
- Wir teilen die Klasse in zwei Gruppen auf, eine Gruppe für das soziale Projekt und eine Gruppe für das kulturelle Projekt.
- Jede Gruppe notiert Argumente und relevante Beispiele aus der Lektion für ihr Statement.
- Jede Gruppe bestimmt eine Sprecherin oder einen Sprecher, die / der die Argumente seiner Gruppe präsentiert.

2. Die Debatte

- Die Sprecher/innen präsentieren die Argumente ihrer Gruppe. Sie versuchen so gut wie möglich, die Argumente zu begründen und mit Beispielen zu belegen.
- Nach der Erläuterung der Argumente erfolgt eine kurze Diskussion, in der jede Gruppe ihren Standpunkt verteidigt.

3. Nach der Debatte

- Wir stimmen in der Klasse darüber ab, welche Gruppe am überzeugendsten war.

Fit fürs Bac
Préparation aux épreuves communes de contrôle continu

VERS LE NOUVEAU BAC

Territoire et mémoire

Épreuve 1

fiche MÉTHODO. BAC CO

fiche MÉTHODO. BAC EE

Période
- 2e trimestre de Première

Durée
- 1 heure

Note globale
- sur 20 : 10 points → CO 10 points → EE

Niveaux visés
- B1 (LVA)
- A2-B1 (LVB)

Partie 1 → COMPRÉHENSION DE L'ORAL

Frauenkirche Dresden – Wahrzeichen des Wandels

Rendez compte en français du contenu de la vidéo.
Vous aborderez les points suivants :
- les moments importants de l'histoire de la « Frauenkirche » ;
- les sentiments des personnes interviewées.

↑ *Frauenkirche Dresden – Wahrzeichen des Wandels*, Deutsche Welle, 2014

Partie 2 → EXPRESSION ÉCRITE

Behandeln Sie Thema A oder Thema B (mindestens 100 Wörter).

A In einem Internetforum gibt es eine Diskussion zum Thema „Ein zweites Leben für deutsches Erbe". Sie haben die nebenstehenden Aussagen gelesen. Welche entspricht am ehesten Ihrer Meinung? Begründen Sie Ihre Antwort.

„Es ist wichtig, das Kulturerbe zu erhalten. Auf diese Weise können sich zukünftige Generationen ein Bild von ihrer Vergangenheit machen." **(Christine)**

„So viel Geld für die Erhaltung des Kulturerbes auszugeben, ist wirklich unnötig. Der Staat sollte doch lieber neue Autobahnen bauen anstatt immer aus alten Industriewerken Kulturorte zu schaffen." **(Lisa)**

„Alte Gebäude sollte man schon erhalten, aber nur für einen guten Zweck: Wohnungen oder Kindergärten daraus zu machen, damit bin ich einverstanden, aber nicht, um ständig Museen oder Einkaufszentren zu eröffnen!" **(Mario)**

B Würden Sie auch an einer Spendenaktion teilnehmen, um ein Kulturerbe lebendig zu halten?
Argumentieren Sie mit konkreten Beispielen.

Épreuve 3

Temps 1 + + | Temps 2 +

fiche MÉTHODO. BAC EO

Période
- 3e trimestre de Terminale

Durée du temps 2
- 5 minutes en continu (+ 5 min. en interaction)

Note globale
- sur 20 (même nombre de points pour la compréhension (CO + CE) et pour l'expression (EE + EO/IO)

Niveaux visés
- B2 (LVA)
- B1 (LVB)

Partie 1 → EXPRESSION ORALE

Welches der beiden Dokumente passt Ihrer Meinung nach besser zur Thematik „Territoire et mémoire"? Warum?
Begründen Sie Ihre Wahl mit dem, was Sie gelernt haben.

A

↑ Die ehemalige Martinikirche in Bielefeld, heute Restaurant und Event-Location

B

↑ Die Kaiser-Wilhelm-Gedächtniskirche in Berlin

14 Es lebe die Geschichte!

Wie gedenkt man in Deutschland der eigenen Geschichte?

• Territoire et mémoire

1

↑ Sächsische Staatskanzlei

Seit 1990 ist der 3. Oktober gesetzlicher Nationalfeiertag zur Erinnerung an die deutsche Wiedervereinigung.

Zur Feier finden überall im Land Feste und Veranstaltungen aller Art statt. Es gibt eine zentrale Feier, die jedes Jahr von einem anderen Bundesland organisiert wird. Dieses Bürgerfest dauert mehrere Tage und dort stellen sich auf der sogenannten „Ländermeile" alle Bundesländer vor.

2

↑ Staatskanzlei Rheinland-Pfalz

Abschlussaufgabe

Lebendige Geschichte
Wir organisieren eine kleine Ausstellung über die Art und Weise, wie in Deutschland an die Geschichte erinnert wird.

1 Ein Sommermärchen für die Ewigkeit

A. Sehen Sie sich die Fotos **an** und **lesen Sie** die Schilder. Worum handelt es sich? Wie interpretieren Sie die Slogans?

B. Bilden Sie drei Gruppen (A, B und C). Jede Gruppe liest eine Aussage (A, B oder C). Warum sind die Deutschen so stolz auf ihre WM, obwohl sie nicht Weltmeister geworden sind? Inwiefern hat sich das Image Deutschlands weltweit geändert?

C. Informieren Sie die anderen Gruppen über Ihren Text.

PÉDAGOGIE DIFFÉRENCIÉE

Jan Schneider A

Ich erinnere mich sehr gut an den Sommer 2006. Es hat nur geregnet. Aber plötzlich, am Tag der Eröffnung der Fußballweltmeisterschaft, schien die Sonne, und das bis zum letzten Tag! Menschen aus der ganzen Welt kamen nach Deutschland. Die Fußball-Euphorie war ansteckend. „Die Welt zu Gast bei Freunden" lautete das offizielle Motto der WM 2006. Überall im Land herrschte eine tolle, herzliche Stimmung. Das Image des Landes hatte sich kolossal geändert. Es war für mich die schönste und emotionalste Weltmeisterschaft, die ich miterleben durfte.

Lena Stein B

Aufgrund seiner Geschichte hatte unser Land immer Probleme damit, die deutsche Flagge zu zeigen. Aber als Deutschland Gastgeber der WM 2006 wurde, änderte sich etwas: Plötzlich waren alle stolz darauf, so viele Menschen aus aller Welt willkommen zu heißen und die deutsche Fahne zu zeigen. Das Sommermärchen war der Beweis dafür, dass auch die Deutschen fröhlich und entspannt feiern konnten. Überall in der Welt überraschte das neue Image, das Deutschland nun hatte.

Mike Hansen C

Für mich kommt die Fußballweltmeisterschaft 2006 direkt hinter dem Mauerfall in der Rangliste der schönsten Ereignisse des 20. und 21. Jahrhunderts. Ich war zur WM in München und meine Freunde und ich feierten auf der Fanmeile mit Menschen aus der ganzen Welt. Wir trugen ein Deutschland-Trikot und hatten Schwarz-Rot-Gold im Gesicht. Deutschland hat sich damals neu entdeckt. Auch wenn unsere Nationalmannschaft nicht gewonnen hatte, fühlten wir uns wie Weltmeister: Deutschland hatte die beste WM aller Zeiten organisiert und alle Bürger waren stolz darauf.

D. Warum spricht man noch heute vom „Sommermärchen 2006"? **Argumentieren Sie**.

Grammatik

Le génitif → p. 132 / ex. p. 163

Am Tag **der** Eröffnung schien die Sonne.

2 Geschichte lebendig machen

A. Sehen Sie sich den Trickfilm **an** und **machen Sie sich** Notizen. Von wem ist hier die Rede? Was geschah am 31. Oktober 1517?

B. Bilden Sie zwei Gruppen (A und B) und **bearbeiten Sie** jeweils ein Dokument (A oder B). Was sagen der Text und das Bildmaterial über die dargestellte Persönlichkeit aus?

C. Informieren Sie die andere Gruppe über Ihr Dokument.

↑ *Martin Luther im Schnelldurchlauf*, MDR, 2015

A Dienstag 31. Oktober

20.15 ZDF **Das Luther-Tribunal. Zehn Tage im April**

Dokudrama: Was im April 1521 in Worms geschehen ist, zählt zu den großen Momenten der deutschen Geschichte: Der Mönch und Theologe Martin Luther steht vor dem Kaiser, weil er die Kirche durch seine Thesen kritisiert hat. Das 90-minütige Dokudrama lädt die Zuschauer ein, den historischen Moment nachzuerleben und zu verstehen. Gleichzeitig ist es auch eine moderne Geschichte, denn Luther ist ein Mann, der für seine Ideen kämpft und so eine Revolution in der Kirche auslöst. Nach seinem Prozess übersetzt der große Reformator 1522 die Bibel aus dem Lateinischen in die deutsche Sprache und legt somit das Fundament für das moderne Deutsch.

B

PÉDAGOGIE DIFFÉRENCIÉE

→ Die erfolgreichste Playmobil®-Figur aller Zeiten

↓ Briefmarke: Sonderausgabe zum Reformationsjahr

Grammatik

La subordonnée de temps avec als
→ p. 143 / ex. p. 163
Als Luther vor dem Papst steht, ist das eine schwierige Situation für ihn.

D. Sie haben viele Informationen über eine deutsche Persönlichkeit gesammelt. Warum war der 31. Oktober im Jahr 2017 ein bundesweiter Feiertag? **Erklären Sie**.

E. Sehen Sie sich das Promovideo **an** und **machen Sie** sich Notizen zu den folgenden Aspekten.

Teilnehmer | Stimmung | Ziel des Projektes

F. Welche der vorgestellten Möglichkeiten, Martin Luther zu gedenken, gefällt Ihnen am besten? Warum? **Tauschen Sie sich** schriftlich **aus**.

↑ www.luther-oratorium.de
Stiftung Creative Kirche, 2017

14 Wortschatz

Stimmung und Events

- die Atmosphäre = die Stimmung
- beeindruckend = eindrucksvoll
- aufregend = spannend
- emotional
- irre = spitze
- grandios = gigantisch
- das Event (-s) = das Ereignis (-se)
- an etwas teilnehmen
- sich für etwas interessieren
- sich etwas ansehen
- etwas miterleben / live erleben

Gefühle

- auf etwas / jemanden stolz sein
- froh / glücklich sein
- begeistert = enthusiastisch
- sich über etwas freuen
- einen großen Eindruck auf jemanden machen
- etwas Besonderes für jemanden sein

Axe : Territoire et mémoire

fiche ENTR. LEXICAL

fiche PHONIE-GRAPHIE

Wie gedenkt man in Deutschland der eigenen Geschichte?

Erinnerung

- sich an etwas / jemanden erinnern
- die Erinnerung (-en)
- etwas in Erinnerung behalten
- die Geschichte lebendig erhalten
- die Geschichte wiederbeleben

Ein Ereignis feiern

- ein Ereignis / den Tag der Deutschen Einheit feiern
- eine Feier organisieren / veranstalten
- ein Jubiläum feiern
- sich amüsieren
- gemeinsam feiern
- von Bedeutung sein
- (sehr) wichtig sein
- etwas für (sehr) wichtig halten

fiche AIDE À LA TÂCHE

fiche ÉVAL. TÂCHE

Lebendige Geschichte

Wir organisieren eine kleine Ausstellung über die Art und Weise, wie in Deutschland an die Geschichte erinnert wird.

Sprachmittlung

1. Wir bilden Gruppen. Jeder sucht sich ein Ereignis aus der Lektion aus, das zur deutschen Geschichte gehört.
2. Wir sammeln Informationen und Fotos zu diesem Ereignis.
3. Wir ordnen die Fotos chronologisch.
4. Zu jedem Foto erstellen wir einen Kommentar, in dem wir das Ereignis beschreiben und erklären, wie die Menschen es heute in Erinnerung behalten.

Digitale Alternative

Sie können für Ihre Ausstellung auch *Genial.ly* oder *Thinglink* benutzen.

← Aktion zum 500. Reformationsjubiläum: Menschen halten eine 500 vor der Schlosskirche in Wittenberg

Fit fürs Bac
Préparation aux épreuves communes de contrôle continu

VERS LE NOUVEAU BAC

• Territoire et mémoire

Épreuve 2

fiche MÉTHODO. BAC CE

fiche MÉTHODO. BAC EE

Période
- 3ᵉ trimestre de Première

Durée
- 1 heure 30

Note globale
- sur 20 : 10 points → CE 10 points → EE

Niveaux visés
- B1-B2 (LVA)
- A2-B1 (LVB)

Partie 1 → COMPRÉHENSION DE L'ÉCRIT

Stolpersteine in Wiesbaden

Fassen Sie den Text auf Deutsch zusammen.

Partie 2 → EXPRESSION ÉCRITE

Behandeln Sie Thema A oder Thema B (mindestens 100 Wörter).

A Bei einer Umfrage zum Thema „Jugendliche und Geschichte" haben Thea, David und Alina die nebenstehenden Äußerungen gemacht. Welche entspricht am ehesten Ihrer Meinung? Begründen Sie Ihre Antwort.

B Sie haben bestimmt während einer Klassenfahrt oder auf Ausflügen mit Ihrer Familie oder Ihren Freunden Museen oder historische Orte besucht (Denkmäler, Geburtsorte ...). Erzählen Sie, was Sie bei diesen Besuchen entdeckt haben.

Geschichte ist ziemlich wichtig, aber wir sollten in der Schule aktuellere Dinge lernen. Wen interessieren schon Bismarck und Luther?
Thea

Ohne Geschichtsunterricht würden wir nicht wissen, wie unsinnig der Nationalsozialismus war. Die Jugend sollte sich viel mehr für Geschichte interessieren.
David

Geschichte kann echt langweilig sein. Aber manchmal ist sie auch richtig lehrreich. Wir müssen aus den Fehlern der Vergangenheit lernen, um sie in der Zukunft nicht zu wiederholen.
Alina

Épreuve 3

Temps 1 | Temps 2

fiche MÉTHODO. BAC EO

Période
- 3ᵉ trimestre de Terminale

Durée du temps 2
- 5 minutes en continu (+ 5 min. en interaction)

Note globale
- sur 20 (même nombre de points pour la compréhension (CO + CE) et pour l'expression (EE + EO/IO)

Niveaux visés
- B2 (LVA)
- B1 (LVB)

Partie 1 → EXPRESSION ORALE

Welches der beiden Dokumente passt Ihrer Meinung nach besser zur Thematik „Territoire et mémoire"? Warum?

Begründen Sie Ihre Wahl mit dem, was Sie gelernt haben.

A

↑ Briefmarke zum 25. Jubiläum der Deutschen Einheit, 2015

B

↑ Konzert und Lichtprojektion am Deutschen Reichstag zur Feier des 25. Jubiläums der Deutschen Einheit, 2015

Méthodologie : Organiser et gérer ses cours

1

Réussir est en grande partie une question de méthode et d'organisation, et cela commence déjà par la gestion de vos cours : où les ranger ? Comment les organiser pour en tirer le meilleur profit ? Voilà quelques idées.

1 Non aux feuilles volantes !

Proscrivez les feuilles volantes et demandez-vous quoi choisir : un cahier ? Un classeur ? Des pochettes cartonnées ? Chaque option présente des avantages et des inconvénients.

★ le cahier : il vous permettra d'éviter à coup sûr les feuilles volantes, vite égarées, et d'avoir tout aussitôt sous la main pour réviser, car vous y retrouverez les séances dans l'ordre, chapitre après chapitre. Utilisez-le recto et verso (par exemple cours d'un côté, évaluations de l'autre). Choisissez-le au format 24-32 pour pouvoir y coller aisément des documents au format A4.

★ le classeur : ce sera peut-être la solution la plus pratique si vous récupérez des photocopies recto verso et que vous souhaitez constituer des rubriques (par exemple : documents accompagnés des commentaires, du lexique et des entraînements qui s'y rapportent / fiches méthodologiques / grilles d'évaluation / grammaire / évaluations). Remettez régulièrement de l'ordre dans votre classeur.

★ des pochettes cartonnées, sur lesquelles vous inscrirez les noms des chapitres : cela vous dispensera d'apporter l'intégralité de vos cours à chaque séance. Glissez-y les documents, protégés dans des pochettes transparentes.

2 Rangez tous les documents

★ Rangez ou collez les documents au fur et à mesure que vous les recevez, pour être certain/e de ne pas les perdre. Si vous utilisez un classeur, il est essentiel de les classer dans la bonne rubrique pour pouvoir les retrouver facilement.

★ N'oubliez pas de conserver toutes vos évaluations, afin de pouvoir y revenir et vous améliorer en tenant compte des remarques de votre professeur/e.

3 Soignez les détails

★ Apportez le plus grand soin à la présentation de vos cours : notez systématiquement la date de la séance, encadrez les titres, surlignez ce qui est important, utilisez des couleurs différentes selon le code de votre choix ou celui préconisé par votre professeur/e.

★ Soyez vigilant/e en recopiant la trace écrite au tableau, pour ne pas commettre des erreurs que vous risqueriez ensuite de mémoriser.

★ Soignez votre écriture afin de pouvoir aisément vous relire.

★ Soignez la présentation. Un classeur négligé ne donne pas envie de s'y plonger. Et pourquoi ne pas le personnaliser comme bon vous semble ?

Méthodologie : Enrichir ses productions orales et écrites

2

Il vous est souvent demandé de vous exprimer en un nombre minimum de mots à l'écrit ou en un temps imposé à l'oral. Il ne s'agit pas de remplir des lignes ou de meubler le temps imparti, mais de raconter, d'expliquer, ou d'argumenter de manière détaillée. Vous y parviendrez aisément en suivant ces quelques conseils.

1 Trouvez des idées

★ Une carte mentale vous y aidera, une idée en amenant une autre.

★ Consultez votre livre ainsi que votre cahier, si vous avez la possibilité de le faire, et relisez les documents du chapitre travaillé, qui vous offrent la matière nécessaire. Sinon, rappelez-vous de ce que vous avez appris en cours.

★ Exploitez aussi ce que vous avez découvert dans les autres chapitres, étudiés cette année ou les années précédentes.

★ Peut-être y a-t-il des liens à établir avec ce que vous avez abordé dans d'autres disciplines, notamment dans les cours des autres langues ? Réinvestissez les connaissances et les références culturelles acquises.

2 Développez vos idées

★ Précisez votre propos, en l'explicitant (*das heißt, das bedeutet*) ou en l'étayant de quelques exemples (*zum Beispiel, beispielsweise*).

★ Faites part de votre expérience et/ou de votre point de vue personnel.

★ N'oubliez pas : il vous faut une introduction et une conclusion.

3 Variez le lexique et la syntaxe

★ Évitez les adjectifs et verbes « passe-partout » tels que *gut*, *schön*, *interessant* ou encore *machen*, *sein*. Trouvez des synonymes.

★ Rappelez-vous : il y a toujours plusieurs manières de dire une même chose. La cause, par exemple, peut s'exprimer avec *weil*, *denn*, *nämlich*, ou simplement par deux points suivis de l'explication. Évitez les répétitions.

★ Variez les tournures pour rendre votre discours plus vivant. N'hésitez pas à opter parfois pour la voix passive, si utilisée en allemand.

★ N'oubliez pas les connecteurs logiques ou chronologiques entre les phrases.

★ Enrichissez les groupes nominaux ou verbaux : utilisez des adjectifs épithètes, des subordonnées relatives ou des appositions pour apporter des précisions, et des compléments de temps, de lieu ou de manière pour indiquer les circonstances d'un événement. Privilégiez toutefois les phrases simples à l'oral !

★ Mémorisez des tournures toutes faites, pour introduire ou enchaîner vos idées, vous adresser explicitement à votre public ou vos lecteurs (*Meine Damen und Herren, liebe Mitschüler, liebe Leser…*) ou encore remercier votre auditoire pour son écoute (*Ich danke Ihnen / euch für Ihre / eure Aufmerksamkeit*).

4 Soignez la forme

★ Intégrez à vos présentations orales des supports de votre choix (schémas, photos, voire objets témoins).

Méthodologie : Faire un brouillon

3

Il est toujours vivement conseillé de réaliser un brouillon avant de se lancer dans la rédaction d'un texte, qu'il s'agisse d'un travail en classe ou à la maison. Mais c'est là une étape dont certains croient pouvoir faire l'économie, pensant ainsi gagner du temps. Ne serait-ce pas plutôt le contraire ?

1 Rédiger un brouillon : pour quoi faire ?

★ Pour rassembler et ordonner ses idées : la rédaction du texte s'en trouve ensuite facilitée.

★ Pour travailler le texte, le rectifier ou l'améliorer, afin de rendre une copie de qualité, lisible et propre car dépourvue de ratures.

2 Gérez bien votre temps !

★ Attention, la rédaction d'un brouillon peut s'avérer très chronophage. Calculez bien le temps dont vous disposez selon qu'il s'agit d'un travail à la maison ou en classe.

★ À la maison : vous aurez tout loisir de rédiger votre texte et de le peaufiner avant de le recopier. Revenez-y à votre guise, pour le compléter, rectifier les erreurs, améliorer la cohérence ou encore supprimer les répétitions.

★ En classe, un brouillon trop élaboré vous mettra en difficulté car le temps vous manquera pour le recopier. Ne rédigez pas l'intégralité de votre texte mais seulement les quelques phrases qu'il vous faut travailler. Une carte mentale pourra vous aider à organiser vos idées en amont.

3 Gagnez en efficacité

★ Notez certains mots sous une forme abrégée.

★ Écrivez seulement d'un côté de votre feuille, pour avoir une vision d'ensemble. Si vous utilisez plusieurs feuilles, numérotez-les pour ne pas les mélanger.

★ Aérez votre brouillon de manière à pouvoir effectuer aisément les modifications nécessaires (ajouts, corrections, ...).

4 Suivez cette démarche

★ Lisez d'abord les indications avec soin, pour éviter le hors sujet et ne rien oublier.

★ Notez ensuite vos idées comme elles vous viennent, en allemand ou en français.

★ Classez-les dans l'ordre où vous souhaitez les exposer : numérotez-les – éventuellement dans des couleurs différentes –, en attribuant le même numéro aux éléments à regrouper. Votre texte doit être logique, cohérent et construit selon un plan.

★ Ne rédigez surtout pas un texte en français pour le traduire après mot à mot en allemand : le résultat sera certainement incorrect, voire incompréhensible pour un Allemand.

★ En classe, prenez la peine de travailler les phrases les plus complexes au brouillon.

★ Préparez vos transitions. Pour faire ressortir la cohérence de vos idées ou la chronologie des faits que vous décrivez, utilisez les connecteurs adéquats.

★ Souvenez-vous qu'un brouillon sans rature est un mauvais brouillon et qu'un bon brouillon vous fera gagner des points.

Méthodologie : Réussir l'interaction écrite

4

L'interaction orale est un exercice qui n'a plus beaucoup de secrets pour vous : prendre part à une conversation, débattre ou réaliser une interview sont des activités auxquelles vous êtes habitués depuis le collège. Avec le développement des réseaux sociaux et des outils nomades de communication, une nouvelle forme de communication a surgi, qui prend de plus en plus de place dans votre quotidien : l'interaction écrite.

1 Que faut-il pour bien interagir à l'écrit ?

★ Qu'il s'agisse de communiquer par texto ou via une application de messagerie, d'échanger des mails, de répondre à un message sur un forum, ou de collaborer à la rédaction d'un texte avec des camarades, l'interaction écrite nécessite de développer à l'écrit des stratégies que vous avez déjà rencontrées à l'oral (coopération, reprise, relance...).

★ Dans la plupart des cas, vous allez devoir faire preuve d'une certaine rapidité de réponse. L'interaction écrite vous offre toutefois un temps de latence qui permet de prendre en compte les productions précédentes.
Mais les réponses d'un chat peuvent s'entremêler, vous allez devoir communiquer le maximum d'informations en un minium de mots, et vos réponses doivent être adaptées au contexte et au niveau de langue rencontré. Tout ceci se travaille !

2 Entraînez-vous !

★ Saisissez toutes les opportunités d'échanger par écrit en allemand ! Vous pouvez communiquer avec vos camarades pour réfléchir ensemble à une problématique ou une activité donnée, mais aussi échanger par mail avec vos correspondants ou mener des projets en collaboration avec des élèves allemands grâce à la plateforme **eTwinning**.

★ Pour réagir à des commentaires écrits ou rédiger un texte à plusieurs, vous pouvez utiliser un outil d'écriture collaborative comme **Framapad**. Les contributions de chacun/e sont signalées par un code couleur. Elles apparaissent à l'écran en temps réel et sont enregistrées à mesure qu'elles sont tapées.

★ Pour réagir à des commentaires de blog ou pour simuler une conversation par chat, vous pouvez utiliser le site **Padlet** sous la responsabilité de votre professeur/e.

★ Pour converser sur des forums, des chats ou des applications telles que **WhatsApp**, exercez-vous à écrire des phrases courtes. Vous pourrez ainsi réagir rapidement et avec précision.

3 Adaptez-vous au contexte !

★ Sur un chat ou un forum, le registre de langue employé est plus familier que dans des productions écrites plus classiques. Vous pouvez donc utiliser ces abréviations fréquentes: *WG (Wie geht's?), WMD (Was machst du?), HDL (Hab dich lieb), LY (love you), LG (Liebe Grüße)* ou *GN (Gute Nacht).*

★ Dans un courriel, comme dans une lettre classique, il y a quelques codes à respecter en fonction du destinataire à qui l'on s'adresse :

- Une formule d'appel :
  - *Sehr geehrte Frau ... / Sehr geehrter Herr ..., ...*
  - *Sehr geehrte Damen und Herren, ...*
  - *Guten Tag, Herr ... / Frau ...*
- Une formule de conclusion :
  - *Bei Fragen können Sie mich jederzeit telefonisch oder per E-Mail erreichen.*
  - *Ich würde mich sehr freuen, bald wieder von Ihnen zu hören.*
- Une formule de politesse :
  - *Mit freundlichen Grüßen*
  - *Viele / Herzliche Grüße*

4 Lancez-vous !

★ Vous l'avez compris, on ne progresse qu'en pratiquant. Alors... à vos claviers !

Méthodologie : Comprendre un message oral ou écrit

5

Comprendre, c'est facile, à condition d'utiliser les bonnes stratégies. En voici quelques-unes, pour l'écoute comme pour la lecture, qui vous permettront de surmonter tous les obstacles.

1 Jouez les détectives !

★ Anticipez le contenu de ce que vous allez découvrir : vous pouvez émettre des hypothèses à partir du titre, des illustrations éventuelles et de votre connaissance du contexte.

★ Posez-vous les questions suivantes : qui ? quoi ? quand ? où ? pourquoi ?

★ Recherchez des indices, ouvrez l'œil, tendez l'oreille ! Repérez tout ce qui peut vous éclairer : les mots connus ou transparents, les bruits, les voix, les intonations, la musique, les illustrations, la date…

★ Servez-vous de votre bon sens : vous pouvez déduire bon nombre d'informations en mettant en lien les éléments identifiés.

2 Sachez écouter !

★ Lors de la première écoute, ne prenez pas de notes pour ne pas perdre le fil. Vous pouvez néanmoins relever quelques mots-clés.

★ Ne vous laissez pas impressionner par la quantité d'informations ni déstabiliser par la rapidité du débit, mais tentez de comprendre l'essentiel.

★ Complétez les informations au fil des différentes écoutes, en les mettant en réseau.

★ Concentrez-vous, quitte à fermer les yeux pour ne pas vous laisser distraire. Car pour comprendre, il faut mémoriser et trier les informations au fur et à mesure qu'elles vous parviennent.

3 Sachez lire !

★ Identifiez la nature du document : s'agit-il d'un article de presse, d'un témoignage sur un blog ou un forum, d'un texte littéraire, d'un e-mail… ?

★ Procédez d'abord à une lecture globale avant de vous lancer dans la compréhension détaillée. Relisez le document aussi souvent que nécessaire.

★ Repérez les informations temporelles pour mieux appréhender le déroulement des faits, ainsi que les connecteurs logiques (*und, oder, aber, doch, denn, weil*…) pour comprendre l'articulation des idées.

★ Prêtez attention aux mots récurrents : ils renvoient à des informations importantes.

★ Ne vous laissez pas impressionner par les mots longs : souvent, il suffit de bien les observer et de les décomposer pour en percer le sens.

★ Faites-vous confiance ! Le document qui vous est proposé est forcément à votre portée. Il ne s'agit pas de tout comprendre, mais plutôt de dégager l'essentiel. Tout est une question de technique et d'expérience.

Méthodologie : Apprendre à se relire

6

Vous le savez, il faut toujours se relire avant de rendre son travail, car on n'est jamais à l'abri de quelques erreurs, faciles à rectifier, et il est toujours possible d'améliorer une première production. Voici comment s'y prendre pour une relecture efficace.

1 Faites le point !

★ Vérifiez que vous avez bien traité la tâche demandée. N'êtes-vous pas hors-sujet ? Avez-vous tout dit ? Vous pouvez encore procéder à des ajouts.

★ Mettez-vous dans la peau du lecteur et relisez votre production comme si vous n'en étiez pas l'auteur/e. Soyez objectif/objective : quelle est votre impression d'ensemble ? Votre texte est-il lisible et bien présenté ?

2 Soignez la présentation

★ Relisez votre texte avec un effaceur. Effacez les mots erronés ou illisibles et réécrivez-les clairement. Si vous barrez un élément, faites-le d'un trait franc.

★ Peaufinez la présentation, en vous référant aux consignes données : soulignez ce qui doit l'être, et n'oubliez pas d'inscrire votre nom, votre classe ainsi que la date sur la copie ou au dos de votre production.

3 Partez à la « chasse aux erreurs »

★ Utilisez la grille de relecture qui vous est proposée sur la page ci-contre. Elle est également disponible au format pdf à l'adresse suivante : www.espacelangues.emdl.fr/fantastischlycee

★ Passez tout votre texte en revue, sans oublier l'orthographe et la ponctuation.

★ Traquez les répétitions et supprimez-les. Soyez impitoyable !

4 Faites une dernière relecture

★ Concentrez-vous bien pendant la relecture et prenez le temps qu'il faut.

★ Relisez votre texte à voix haute, si vous le pouvez.

★ Relisez-vous si possible en plusieurs étapes : avec du recul, vous apercevrez des erreurs qui vous auront échappé au premier abord.

5 Et si vous n'aimez pas vous relire...

★ Demandez-vous s'il ne vaut pas la peine d'y consacrer un peu de temps, afin de proposer à la fin un texte clair, propre et bien écrit plutôt qu'une production réalisée « à la va-vite », avec des erreurs que vous auriez pu éviter.

★ On dit en allemand « *Doppelt genäht hält besser.* » et en français « *Deux précautions valent mieux qu'une !* ». Pensez-y pour marquer des points !

Méthodologie : Apprendre à se relire

Check-list de relecture d'une production écrite

Avant de rendre ma production, je passe en revue les éléments suivants pour être sûr/e de n'avoir rien oublié :

- ☑ J'ai respecté la nature du texte à écrire : lettre, article de journal, contribution à un blog, etc.
- ☑ J'ai traité tous les aspects du sujet.
- ☑ J'ai organisé mon texte de manière logique, en consacrant un paragraphe à chaque partie / idée développée.
- ☑ J'ai pensé à rédiger une introduction.
- ☑ Je n'ai pas oublié ma conclusion.
- ☑ J'ai tenu compte des « impératifs » signalés dans la grille d'évaluation.
  - → Par exemple : utiliser le parfait, au moins cinq adjectifs qualificatifs, etc.
- ☑ Je n'ai pas oublié de mots (sujets, verbes, déterminants, préverbes séparables…).
- ☑ Les verbes sont conjugués à la personne et au temps appropriés.
- ☑ J'ai rédigé quelques phrases complexes, comportant des subordonnées.
- ☑ Mon texte compte le nombre de lignes ou de mots exigés.

Zoom sur les groupes verbaux :

- ☑ Les verbes conjugués des phrases déclaratives sont en 2ᵉ position.
- ☑ Les infinitifs et les participes II sont à la fin de la phrase.
- ☑ Dans les subordonnées, le verbe conjugué est en dernière position.
- ☑ Une virgule sépare les propositions principales des propositions subordonnées.
- ☑ Les verbes forts sont correctement conjugués (attention au radical des verbes forts en **-a** et en **-e**, irréguliers).
- ☑ Les préverbes séparables sont bien en fin de phrase si les verbes sont conjugués.

Zoom sur les groupes nominaux :

- ☑ Tous les noms, communs et propres, portent une majuscule.
- ☑ Le genre des noms est correct.
- ☑ Dans les groupes nominaux avec adjectif/s épithète/s, les marques sont conformes aux règles de déclinaison. Les adjectifs précèdent bien les noms.

Zoom sur les connecteurs :

- ☑ Je vérifie les articulations entre les phrases ainsi qu'entre les paragraphes : ai-je utilisé des connecteurs ?
  - → *Zunächst, als Erstes, zuerst* pour commencer mon texte.
  - → *Dann, anschließend, außerdem* pour poursuivre le développement ou ajouter une idée.
  - → *Schließlich, zum Schluss* pour conclure.

Zoom sur mes erreurs récurrentes :

- ☑ Je relis les remarques de mon / ma professeur/e, inscrites sur mes dernières évaluations. Je tiens compte des points que je devais améliorer.

Zoom sur l'orthographe et la ponctuation :

- ☑ Les mots sont-ils correctement orthographiés ? Si j'ai un doute, je vérifie dans le dictionnaire ou je prononce le mot dans ma tête : en allemand, presque toutes les lettres se prononcent. Je m'assure de ne pas avoir oublié les *Umlaut*. Je vérifie aussi la ponctuation.

Zoom sur la présentation :

- ☑ J'ai respecté les consignes données par mon / ma professeur/e.
- ☑ Tout est clairement lisible.

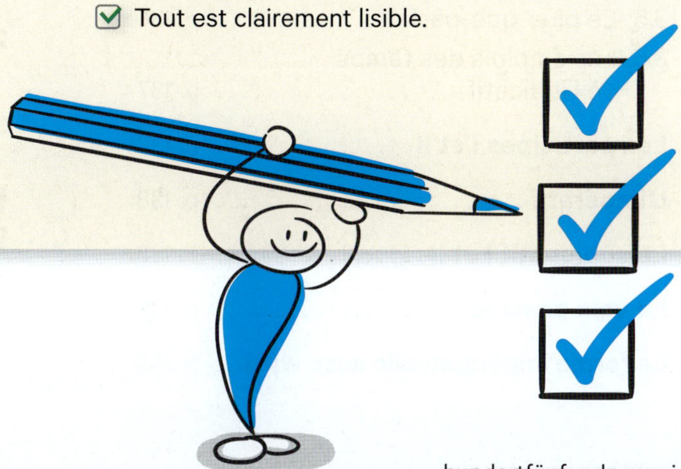

Sommaire

I. Le groupe nominal

1. La structure du groupe nominal

Pour accompagner un **nom**, on peut avoir un **déterminant**, mais aussi un **adjectif**, ou encore un autre **nom**, placé devant, tel un déterminant.

Welcher Roboter? Was für ein Roboter?

der Roboter
ein Roboter
ein toller Roboter
mein Roboter
Lenas Roboter
der Spielzeugroboter

Le groupe nominal peut aussi avoir des **extensions à droite**.

der Roboter von Lena
der Roboter meines Freundes Leo

2. Les genres des noms

Les trois genres

masculin : DER

- Tous les membres de la famille de sexe masculin : **der Vater**, **der Opa**, ...
- Tous les noms se terminant par le suffixe **-er** : **der Lehrer**, **der Computer**, ...
- Tous les noms se terminant par un **-e** qui désignent des personnes de sexe masculin, qu'on appelle aussi « masculins faibles » : **der Junge**, **der Kollege**, ...
- Tous les noms se terminant par **-ling** (**der Lehrling**, **der Frühling**, ...), **-ismus** (**der Kapitalismus**, ...), **-or** (**der Motor**, **der Reaktor**, ...) et **-ist** (**der Kapitalist**, **der Pazifist**, ...).
- Tous les noms de voitures : **der VW**, **der BMW**, **der Renault**, ...

neutre : DAS

- Tous les noms se terminant par le suffixe **-chen** et **-lein** : **das Mädchen**, **das Hündlein**, ...
- Tous les noms se terminant par le suffixe **-nis** (**das Ereignis**, **das Erlebnis**, ...), **-um** (**das Studium**, **das Universum**, ...) et **-o** (**das Auto**, **das Kino**, ...).
- Les noms de pays : **Deutschland**, **Frankreich**, **Spanien**, ...
  Exceptions : **die Schweiz**, **die Ukraine**, **die USA**, **die Türkei**.

féminin : DIE

- Tous les membres de la famille de sexe féminin : **die Mutter**, **die Oma**, ...
- Tous les noms se terminant par un **-e** hormis ceux qui désignent des êtres de sexe masculin : **die Garage**, **die Banane**, **die Tasche**, ...
- Tous les noms se terminant par les suffixes **-in** (**die Freundin**, ...), **-ung** (**die Übung**, ...), **-heit** (**die Freiheit**, ...), **-keit** (**die Persönlichkeit**, ...) et **-schaft** (**die Freundschaft**, ...).
- Tous les noms se terminant par les suffixes **-ion** (**die Integration**, ...), **-ik** (**die Physik**, ...) et **-tät** (**die Diversität**, ...).
- De nombreux noms de fleuves : **die Donau**, **die Elbe**, **die Mosel**, ...
  Exceptions : **der Rhein**, **der Main**, ...

3. Les déterminants et les quantificateurs

Les déterminants

der, das, die

article défini : *le, la, les*
- **der** Mann
- **das** Kind
- **die** Frau
- **die** Leute

dies-

adjectif démonstratif : *ce / cet, cette, ces*
- **dieser** Mann
- **dieses** Kind
- **diese** Frau
- **diese** Leute

jed-

adjectif indéfini : *chaque*
- **jeder**
- **jedes**
- **jede**

ein/e

article indéfini : *un, une, des*
- **ein** Mann
- **ein** Kind
- **eine** Frau
- **-** Leute

mein/e

adjectif possessif : *mon, ma, mes*
- **mein** Mann
- **mein** Kind
- **meine** Frau
- **meine** Leute

kein/e

article indéfini négatif
- **kein** Mann
- **kein** Kind
- **keine** Frau
- **keine** Leute

Les quantificateurs

ein wenig, etwas (un peu)
ein wenig Glück, etwas Glück

wenig/e (peu)
wenig Geld, wenige Leute

einige (quelques)
einige Leute

ein paar (quelques)
ein paar Leute

manche (plusieurs)
manche Leute

viel/e (beaucoup ; plusieurs)
viel Glück; viele Leute

mehrere (plusieurs)
mehrere Stunden

alle (tous)
alle Leute

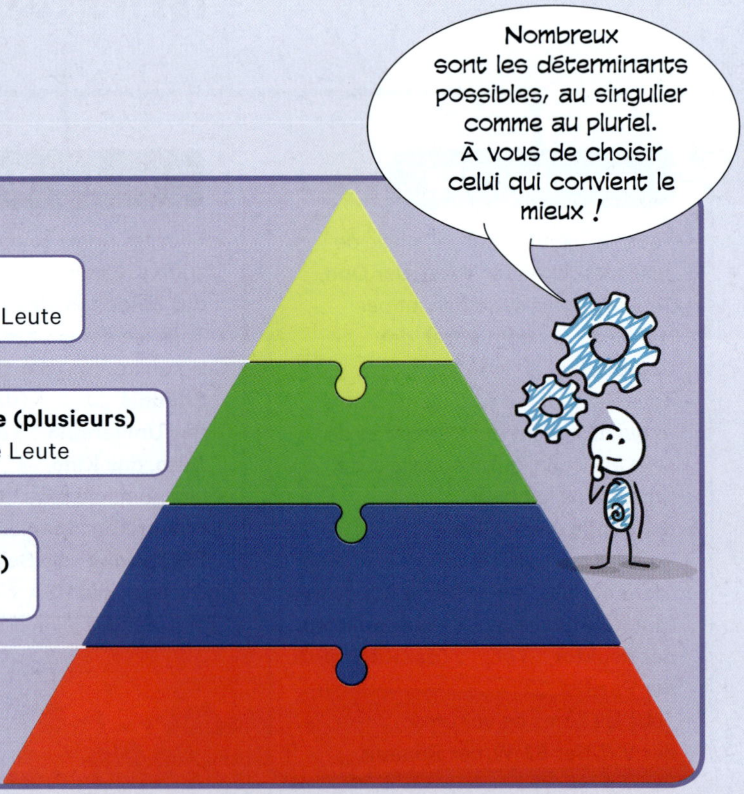

4. Les déterminants possessifs

les trois personnes du singulier		
ich	mein-	mein Vater / Kind meine Mutter meine Eltern
du	dein-	dein Vater / Kind deine Mutter deine Eltern
er / es	sein-	sein Vater / Kind seine Mutter seine Eltern
sie	ihr-	ihr Vater / Kind ihre Mutter ihre Eltern

les trois personnes du pluriel		
wir	unser-	unser Vater / Kind unsere Mutter unsere Eltern
ihr	euer / eu(e)re	euer Vater / Kind eu(e)re Mutter eu(e)re Eltern
sie / Sie	ihr- / Ihr-	ihr / Ihr Vater / Kind ihre / Ihre Mutter ihre / Ihre Eltern

Regardez les adjectifs possessifs de la 3e personne du singulier : en allemand comme en anglais, on fait la distinction entre un **possesseur masculin** et un **possesseur féminin**.
sein Vater >> **his** father
ihr Vater >> **her** father

5. Le pluriel des noms

Les marques du pluriel

- **-n / -en / -nen**
  - die Frage, die Fragen
  - die Frau, die Frauen
  - die Freundin, die Freundinnen
- **-e**
  - der Hund, die Hunde
- **-er**
  - das Kind, die Kinder
- **¨-**
  - der Bruder, die Brüder
- **¨-e**
  - die Maus, die Mäuse
- **¨-er**
  - der Mann, die Männer
- **-**
  - der Lehrer, die Lehrer
  - das Mädchen, die Mädchen
- **-s**
  - das Auto, die Autos
  - der Opa, die Opas

Pluriel en -n ou -en :

- tous les noms se terminant par un -e (**der Affe/-n, die Tomate/-n**) ;
- tous les masculins faibles (**der Löwe/-n, der Student/-en**) ;
- tous les noms féminins se terminant par -e (**die Tasche/-n**), -ion (**die Tradition/-en**), -heit (**die Freiheit/-en**), -keit (**die Süßigkeit/-en**), -schaft (**die Freundschaft/-en**), -tät (**die Aktivität/-en**), -ung (**die Übung/-en**) ;
- les noms se terminant par le suffixe -in, qui forment leur pluriel en -nen (**die Freundin/-nen**).

Pluriel en -s :

- les noms d'origine étrangère (**das Auto/-s, das Interview/-s**) ;
- les noms désignant des familles entières (**die Webers, die Müllers**) ;
- les noms se terminant par -a (**der Opa/-s**), -o (**das Foto/-s**), -i (**die Mutti/-s**), -y (**das Hobby/-s**).

Invariables :

- la plupart des noms masculins se terminant par -er (**der Lehrer**), -el (**der Löffel**), -en (**der Schinken**) ;
- les noms neutres se terminant par les suffixes -chen ou -lein (**das Mädchen, das Männlein**).

Utilisés seulement au singulier : der Hunger, der Durst, die Milch, das Glück, ...

Utilisés seulement au pluriel : die Leute, die Eltern, die Ferien, ...

6. La déclinaison du groupe nominal avec adjectif

Les groupes nominaux précédés du démonstratif dieser / diese / dieses se déclinent sur le même modèle.

- **La déclinaison du groupe nominal avec l'article défini le, la, les**

	singulier			pluriel
	masculin	neutre	féminin	
nominatif : Das ist / sind ...	der nette Mann	das nette Kind	die nette Frau	die netten Leute
accusatif : Ich kenne ...	den netten Mann	das nette Kind	die nette Frau	die netten Leute
datif : Ich treffe mich mit ...	dem netten Mann	dem netten Kind	der netten Frau	den netten Leuten
génitif : Der Name ...	des netten Mannes	des netten Kindes	der netten Frau	der netten Leute

- **La déclinaison du groupe nominal sans déterminant**

	singulier			pluriel
	masculin	neutre	féminin	
nominatif : Das ist / sind ...	guter Wein	frisches Brot	frische Milch	leckere Äpfel
accusatif : Ich habe ...	guten Wein	frisches Brot	frische Milch	leckere Äpfel
datif : Ein Essen mit ...	gutem Wein	frischem Brot	frischer Milch	leckeren Äpfeln
génitif : Der Verkauf ...	guten Weines	frischen Brotes	frischer Milch	leckerer Äpfel

- **La déclinaison du groupe nominal avec l'article indéfini un, une, des**

	singulier			pluriel
	masculin	neutre	féminin	
nominatif : Das ist / sind ...	ein netter Mann	ein nettes Kind	eine nette Frau	nette Kinder (meine / keine netten Kinder)
accusatif : Ich habe ...	einen netten Mann	ein nettes Kind	eine nette Frau	nette Kinder (meine / keine netten Kinder)
datif : Ich treffe mich mit ...	einem netten Mann	einem netten Kind	einer netten Frau	netten Kindern (meinen / keinen netten Kindern)
génitif : Der Name ...	eines netten Mannes	eines netten Kindes	einer netten Frau	netten Kinder (meiner / keiner netten Kinder)

L'adjectif qualificatif épithète

Il fait partie du groupe nominal et se place toujours **directement devant le nom** qu'il qualifie.

Sa terminaison varie non seulement selon **le genre**, **le nombre** et **la fonction du nom** qu'il qualifie, mais aussi selon **le déterminant** qui introduit le groupe nominal :
die erfolgreiche Bürgerinitiative
eine erfolgreiche Bürgerinitiative
die erfolgreichen Bürgerinitiativen

Dans un groupe nominal au nominatif ou à l'accusatif introduit par l'article indéfini **ein**, la terminaison de l'adjectif permet d'**identifier le genre** du nom :
ein toller Job (→ der Job)
ein schickes Hotel (→ das Hotel)

Rappelez-vous !
Certains adjectifs dérivés de noms de villes ou de pays prennent la terminaison **-er** ; ces adjectifs sont **toujours invariables** et prennent **toujours une majuscule** :
ein Berliner Kiez, das Brandenburger Tor, Schweizer Käse

7. Le génitif

- Pour exprimer l'**appartenance**, on utilise un complément au génitif :
  das Haus meines Brieffreundes

- Si le complément est un **nom propre**, on utilise la forme appelée « génitif saxon » :
  Maries Haus, Deutschlands Hauptstadt

Le complément au génitif est alors placé directement devant le nom qu'il complète. Il joue le rôle de déterminant.

Le nom propre prend un **-s.** S'il se termine déjà par un **-s**, ou encore par **-ß**, **-x** ou **-z**, on lui ajoute simplement une **apostrophe** :
Jonas' Haus (das Haus von Jonas)

La même forme existe aussi en anglais, mais le nom propre est toujours suivi d'une apostrophe :
Betty's house

II. Les pronoms personnels

	singulier					pluriel			forme de politesse
nominatif	ich	du	er	es	sie	wir	ihr	sie	Sie
accusatif	mich	dich	ihn	es	sie	uns	euch	sie	Sie
datif	mir	dir	ihm	ihm	ihr	uns	euch	ihnen	Ihnen

Les pronoms personnels se déclinent aussi en anglais et en français.
Ich sehe dich. Siehst du mich?
Sag mir etwas!
>> I see you. Do you see me?
Tell me something!
>> Je te vois. Tu me vois ?
Dis-moi quelque chose !

Le pronom personnel peut être « réfléchi ». Il se décline alors au cas correspondant à **sa fonction par rapport au verbe**.

pronom personnel	verbe conjugué	pronom réfléchi
ich	engagiere	mich
du	engagierst	dich
er / es / sie	engagiert	sich
----	----	----
wir	engagieren	uns
ihr	engagiert	euch
sie	engagieren	sich
Sie	engagieren	sich

III. Le groupe verbal

1. Les types de verbes

verbes auxiliaires	**utilisés pour former le futur, certains temps du passé et la voix passive :** • sein, haben, werden	
verbes simples	• gehen, kaufen, kommen, ...	
verbes composés	**à préverbe séparable :** **an-, auf-, ein-, aus-, mit-** • ausgehen, einkaufen, ankommen, ... **Le préverbe séparable est toujours en fin de proposition :** Er geht aus. **Formation du participe II :** **-ge- s'intercale entre le préverbe et le radical** (ausgegangen)	**à préverbe inséparable :** **be-, emp-, ent-, er-, ge-, miß-, ver-, zer-** • bekommen, erzählen, verkaufen, ... **Le préverbe est indissociable du radical :** Verstehst du? **Formation du participe II :** **sans -ge-** (verstanden)
verbes pronominaux	• sich freuen, sich erinnern, ...	
verbes de modalité	**= auxiliaires de mode :** • sollen, müssen, können, dürfen, mögen, wollen	
verbes faibles	**= verbes réguliers (les plus nombreux) :** • machen, machte, gemacht • spielen, spielte, gespielt • ...	
verbes forts	**irréguliers aux temps du passé :** • sehen, sah, gesehen • kommen, kam, gekommen • schlafen, schlief, geschlafen • schreiben, schrieb, geschrieben • ...	**irréguliers au présent : verbes forts en -a et en -e aux 2e et 3e personnes du singulier :** • schlafen, du schläfst • sehen, sie sieht • ...
verbes mixtes	**présentent, aux temps du passé, les caractéristiques à la fois des verbes faibles (suffixe -te au préterit, terminaison -t au participe II) et des verbes forts (radical modifié) :** • denken, dachte, gedacht • kennen, kannte, gekannt • nennen, nannte, genannt • ...	

2. L'infinitif

Les verbes à l'infinitif se terminent tous par **-en** (**machen, singen, wollen, kaufen**, etc.) sauf **sein** et **tun**.

Ils sont placés **à la fin de la proposition** : **Ich möchte ins Kino gehen.**

3. L'indicatif

3.1. Le présent

- **Les auxiliaires haben, sein et werden**

Les verbes **haben** (avoir), **sein** (être) et **werden** (devenir) peuvent être aussi utilisés comme auxiliaires pour former les temps composés ou la voix passive.

Rappelez-vous !
Tous les auxiliaires sont irréguliers.

haben

ich **habe**
du **hast**
er / es / sie **hat**
-----
wir **haben**
ihr **habt**
sie / **S**ie **haben**

auxiliaire du parfait :
Er hat nichts gesagt.

sein

ich **bin**
du **bist**
er / es / sie **ist**
-----
wir **sind**
ihr **seid**
sie / **S**ie **sind**

auxiliaire du parfait :
Sie ist spät gekommen.

werden

ich **werde**
du **wirst**
er / es / sie **wird**
-----
wir **werden**
ihr **werdet**
sie / **S**ie **werden**

auxiliaire du futur :
Sie wird bald kommen.

auxiliaire du passif :
Die Mauer wird 1961 erbaut.

- **Les verbes faibles (réguliers) et les verbes forts en -a et en -e**

	verbes faibles	verbes forts en -a	verbes forts en -e
	machen	**schlafen**	**sprechen**
ich	mach**e**	schlaf**e**	sprech**e**
du	mach**st**	schl**ä**f**st**	spr**i**ch**st**
er / es / sie	mach**t**	schl**ä**f**t**	spr**i**ch**t**
wir	mach**en**	schlaf**en**	sprech**en**
ihr	mach**t**	schlaf**t**	sprech**t**
sie	mach**en**	schlaf**en**	sprech**en**
Sie	mach**en**	schlaf**en**	sprech**en**

• **Les verbes de modalité et le verbe wissen**

	wollen	mögen	können	dürfen	müssen	sollen	wissen
ich	will	mag	kann	darf	muss	soll	weiß
du	willst	magst	kannst	darfst	musst	sollst	weißt
er / es / sie	will	mag	kann	darf	muss	soll	weiß
wir	wollen	mögen	können	dürfen	müssen	sollen	wissen
ihr	wollt	mögt	könnt	dürft	müsst	sollt	wisst
sie	wollen	mögen	können	dürfen	müssen	sollen	wissen
Sie	wollen	mögen	können	dürfen	müssen	sollen	wissen

Souvenez-vous !
Les verbes de modalité et le verbe **wissen** sont **irréguliers aux trois personnes du singulier** (seulement).

Comment utiliser les verbes de modalité ?

«vouloir»

wollen
= **vouloir**
Ich will Fußball spielen.

mögen
= **vouloir, aimer**
Mögen s'utilise plutôt sans verbe à l'infinitif :
Ich mag Pizza.

«pouvoir»

können
= **être capable de**
Ich kann gut schwimmen.

dürfen
= **avoir le droit de**
Ich darf heute nicht ins Kino gehen.

«devoir»

müssen
= **être obligé/e**
Ich muss die Hausaufgaben machen.

sollen
= **devoir (avec différentes nuances)**
- **obligation morale :** Man soll sich engagieren! (= Il faut s'engager !)
- **conseil :** Du sollst aufpassen! (= Tu dois faire attention !)
- **injonction :** Sie soll einen Salat mitbringen. (= Elle doit apporter une salade. / Il lui a été demandé d'apporter une salade.)

3.2. Le futur

	singulier	
	werden	**+ infinitif**
ich	werde	... sehen
du	**wirst**	
er / es / sie	**wird**	

	pluriel	
	werden	**+ infinitif**
wir	werden	... sehen
ihr	werdet	
sie	werden	
Sie	werden	

3.3. Le prétérit

	verbes faibles	verbes forts	verbes mixtes
	machen	sehen	denken
ich	mach**te**	sah	d**ach**te
du	mach**test**	sahst	d**achtest**
er / es / sie	mach**te**	sah	d**achte**
wir	mach**ten**	sahen	d**achten**
ihr	mach**tet**	saht	d**achtet**
sie	mach**ten**	sahen	d**achten**
Sie	mach**ten**	sahen	d**achten**

Attention !

Verbes faibles :
wollen / sollen → ich wollte / sollte

Verbes forts :
sein → ich war
werden → ich wurde

Verbes mixtes :
haben → ich hatte
müssen / dürfen / mögen / können
→ ich musste / durfte / mochte / konnte

3.4. Le parfait

sein

= auxiliaire *être*, utilisé pour
- **les verbes d'état :**
  bleiben → ich **bin** ... geblieben
- **les verbes de déplacement :**
  gehen → ich **bin** ... gegangen

haben

= auxiliaire *avoir*, utilisé pour tous les autres verbes :
machen → ich **habe** ... gemacht

...

participe II

+ participe passé, toujours placé en fin de proposition :
Sie haben am Wochenende eine Party **gefeiert**.

Formation : voir p. 159.

3.5. Le plus-que-parfait

sein

= auxiliaire *être* au prétérit, utilisé pour
- **les verbes d'état :**
  bleiben → ich **war** ... geblieben
- **les verbes de déplacement :**
  gehen → ich **war** ... gegangen

haben

= auxiliaire *avoir* au prétérit, utilisé pour tous les autres verbes :
machen → ich **hatte** ... gemacht

...

participe II

+ participe passé, toujours placé en fin de proposition :
Sie hatten am Wochenende eine Party **gefeiert**.

Formation : voir p. 159.

3.6. Les emplois des temps de l'indicatif

le passé → **le présent** → **le futur**

prétérit

Le prétérit est un temps du passé. Il est utilisé **plutôt à l'écrit** mais pas exclusivement.

parfait

Le parfait correspond au **passé composé** en français. C'est le temps du récit ou du compte rendu.

plus-que-parfait

L'emploi est le même en français et en allemand.

présent

On utilise le présent :

- comme en français, **pour parler du présent** ;
- plus souvent encore qu'en français **pour parler de l'avenir** quand il est accompagné d'un adverbe pour éviter l'ambiguïté : **Ich komme morgen.**

futur

On emploie le futur pour parler de l'avenir, mais on l'utilise **moins souvent** qu'en français. Il exprime aussi souvent une **intention** ou une **prédiction** : **Ich werde dir (sicher) schreiben.**

4. Les participes I et II

- **Formation du participe I**

radical + **-end** : funktionieren → **funktionierend**

- **Formation du participe II – verbes faibles**

ge- + **radical** + **-t** : machen → **gemacht**

- **Formation du participe II – verbes forts**

ge- + **radical (souvent) modifié** + **-en** : gehen → **gegangen**

- **Formation du participe II – verbes mixtes**

ge- + **radical modifié** + **-t** : denken → **gedacht**

Comme en français, on peut former un adjectif à partir d'un participe :
eine diskriminier**ende** Gesellschaft / ein gut bezahl**ter** Job

Attention !
Pour les verbes à préverbe séparable, **on intercale le préfixe -ge- entre le préverbe et la base verbale** :
mitmachen → **mitge**macht ; **weg**gehen → **wegge**gangen

Ne prennent pas le préfixe -ge- :

- **les verbes à préverbe inséparable :**
  verstehen → **ver**standen ; **be**zahlen → **be**zahlt
- **les verbes en -ieren et ceux empruntés à l'anglais :**
  präsentieren → präsentier**t** ; interviewen → interview**t**

Le **participe I** correspond au **participe présent** et le **participe II** correspond au **participe passé** en français.

Précis de grammaire visuel

5. L'impératif

verbes réguliers	verbes forts en -e
Komm!	Lies!
Kommt!	Lest!
Kommen Sie!	Lesen Sie!

Rappelez-vous !
L'impératif est le mode de l'injonction. Il sert à donner **un ordre** ou **un conseil**, à adresser **une demande** à quelqu'un ou à faire **une suggestion**. Il est souvent accompagné du mot de politesse **bitte** (« s'il te plaît / s'il vous plaît »), qui rend le discours moins autoritaire.

6. Le subjonctif I et II

• Le subjonctif I

	hören	sein	haben
ich	höre	sei	habe
du	hörest	seist	habest
er / es / sie	höre	sei	habe
wir	hören	seien	haben
ihr	höret	seiet	habet
sie	hören	seien	haben
Sie	hören	seien	haben

Formation du subjonctif I :

radical + terminaisons du subjonctif :
-e, **-est**, **-e**, **-en**, **-et**, **-en**

ex. : **kommen → ich komme** ; **können → ich könne** ; **mögen → ich möge**

Emploi :

Le subjonctif I est utilisé au **discours indirect**, pour rapporter les propos de quelqu'un, par exemple dans un article de presse. Il permet de **créer une distance entre le discours et la personne qui le rapporte**.

• Le subjonctif II

Formation du subjonctif II :

- **formes de prétérit** + **Umlaut** + les terminaisons **-e**, **-st**, **-e**, **-en**, **-t**, **-en**.
  ex. : **dürfen, ich durfte → ich dürfte** ; **kommen, ich kam → ich käme**.
- les auxiliaires **haben**, **sein** et **werden** et les **verbes de modalité** : formes simples.
- les verbes faibles : la plupart forment leur subjonctif II avec **würde** + **infinitif**.
  ex. : **ich würde sagen, dass ...**
- les autres verbes : si les formes simples existent (**ich käme**, **ich ginge**, **ich fände**, **ich sähe, ...**), on leur préfère souvent les formes composées, plus usuelles.
  ex. : **ich würde kommen, ich würde gehen, ich würde finden, ich würde sehen, ...**

Quelques formes sont utilisées surtout dans un registre de langue soutenu ou littéraire :
ich bräuchte (brauchen), ich wüsste (wissen), ich käme (kommen), es ginge (gehen), ...

Emploi :

Le subjonctif II **correspond au conditionnel** en français :
Wenn ich Geld hätte, würde ich mir ein Auto kaufen.

- On l'utilise aussi pour exprimer **un souhait** : **Ich würde gern in einer WG leben.**
- On l'emploi également pour donner **un conseil** ou faire **une suggestion** :
  Du könntest nächsten Sommer nach Berlin fahren.

• **Subjonctif II : Les auxiliaires**

	haben	sein	werden
ich	hätte	wäre	würde
du	hättest	wärst	würdest
er / es / sie	hätte	wäre	würde
wir	hätten	wären	würden
ihr	hättet	wäret	würdet
sie	hätten	wären	würden
Sie	hätten	wären	würden

Ich würde gern ...
>> I would like to...

• **Subjonctif II : Les verbes de modalité et le verbe wissen**

	mögen	können	dürfen	müssen	sollen	wollen	wissen
ich	möchte	könnte	dürfte	müsste	sollte	wollte	wüsste
du	möchtest	könntest	dürftest	müsstest	solltest	wolltest	wüsstest
er / es / sie	möchte	könnte	dürfte	müsste	sollte	wollte	wüsste
wir	möchten	könnten	dürften	müssten	sollten	wollten	wüssten
ihr	möchtet	könntet	dürftet	müsstet	solltet	wolltet	wüsstet
sie	möchten	könnten	dürften	müssten	sollten	wollten	wüssten
Sie	möchten	könnten	dürften	müssten	sollten	wollten	wüssten

7. La voix passive

formation	en français (*être* + participe)	en allemand (werden + participe II)	
présent	je suis invité/e par... tu es invité/e il / elle est invité/e	ich werde du wirst er / es / sie wird	von ... eingeladen
	nous sommes invité/e/s vous êtes invité/e/s ils / elles sont invité/e/s vous êtes invité/e/s	wir werden ihr werdet sie werden Sie werden	
passé	j'ai été invité/e par... tu as été invité/e il / elle a été invité/e	ich wurde du wurdest er / es / sie wurde	von ... eingeladen
	nous avons été invité/e/s vous avez été invité/e/s ils / elles ont été invité/e/s vous avez été invité/e/s	wir wurden ihr wurdet sie wurden Sie wurden	

8. La forme impersonnelle avec wird

On l'appelle également « **passif impersonnel** » car elle se forme, comme le passif, avec l'auxiliaire **werden** et le participe II.

Il s'agit d'une forme particulière, **souvent utilisée sans sujet**, qui n'existe qu'en allemand : **Heute wird gefeiert!** On la traduit par « on » : « Aujourd'hui, on fête ! »

Le verbe conjugué étant toujours placé en seconde position, on a recours, éventuellement, au pronom impersonnel **es** pour occuper la première place dans la phrase : **Es wird (heute) gefeiert!**

IV. La phrase

1. La phrase indépendante

1.1. La déclarative

- **La place du verbe conjugué dans la phrase déclarative**

sujet ou complément ou proposition subordonnée	verbe conjugué	sujet	complément ou proposition subordonnée
Er	**kommt**		vielleicht morgen.
Vielleicht	**kommt**	er	morgen, wenn er Zeit hat.
Wenn er Zeit hat,	**kommt**	er	vielleicht morgen.

- **L'ordre des compléments dans la phrase**

Ich habe	meiner Schwester (COI substantif)	das Buch (COD substantif)	gezeigt.
Ich habe	es (COD pronom)	meiner Schwester (COI substantif)	gezeigt.
Ich habe	ihr (COI pronom)	das Buch (COD substantif)	gezeigt.
Ich habe	es (COD pronom)	ihr (COI pronom)	gezeigt.

- Si le **COD** et le **COI** sont tous les deux des **substantifs**, alors le **COI** se place devant le **COD**.
- Si le **COD** et le **COI** sont tous les deux des **pronoms**, alors le **COD** se place devant le **COI**.
- Si l'un est un **substantif** et l'autre un **pronom**, alors il faut toujours placer **le pronom devant le substantif**.

1.2. Les interrogatives globale et partielle

• La place du verbe conjugué dans la phrase interrogative

pronom interrogatif	verbe conjugué	sujet	complément(s)
	Kommt	sie	morgen?
Warum	**kommt**	sie	morgen?

• Les interrogatifs

Les interrogatifs :

Wer? Qui ?
Wie? Comment ?
Was? Quoi ?
Wo? Où ?
Wohin? Où (vas-tu) ?
Woher? D'où (viens-tu) ?
Wann? Quand ?
Wie viel? Combien ?
Warum? Pourquoi ?
Weshalb? Pourquoi ?
Wozu? Dans quel but ?
Welch-?
Quel ? / Quelle ?
Was für (ein-)?
Quelle sorte de (club) ?

Les combinaisons avec wie :

Wie lange? Combien de temps ?
Wie alt? Quel âge ?
Wie groß? Quelle taille ?
Wie weit? À quelle distance ?
Wie schnell? À quelle vitesse ?
Wie oft? À quelle fréquence ?
Wie viel Uhr? Quelle heure ?
Inwiefern? Dans quelle mesure ?

Les pronoms interrogatifs composés avec wo- :

Woran denkst du?
Wofür engagierst du dich?
Wogegen demonstrieren die Leute?
Womit schreibst du?
Wovon sprichst du?
Worüber berichtest du?

2. La phrase complexe

2.1. La structure de la phrase

La phrase complexe est composée d'au moins deux propositions : **une principale** et **une subordonnée**.
La proposition principale et la proposition subordonnée sont séparées par **une virgule**.
Dans une proposition subordonnée, **le verbe conjugué** est toujours **en dernière position**.

- **Ich weiß, dass er sehr engagiert ist.** (principale + subordonnée complétive)
- **Ich frage mich, ob / warum er da ist.** (principale + subordonnée interrogative indirecte)
- **Er ist nicht da, weil er krank ist.** (principale + subordonnée conjonctive)
- **Die Leute, die hier wohnen, sind sehr nett.** (principale + subordonnée relative)
- **Der Ort, wo ich wohne, ist ziemlich klein.** (principale + subordonnée relative)

Une phrase complexe peut aussi comporter **un infinitif complément** :

- **Er arbeitet, um etwas Geld zu verdienen.**

L'infinitif complément est également **précédé d'une virgule**.

2.2. Les différents types de subordonnées

La subordonnée

avec conjonction de subordination

- ..., dass
- ..., weil
- ..., ob
- ..., obwohl
- ..., während
- ..., damit
- ..., wenn
- ..., als
- ..., indem
- ..., bevor
- ..., nachdem
- ..., solange
- ..., seit
- ..., falls

avec pronom relatif

- ..., der
- ..., die
- ..., das
- ..., wer
- ..., wo
- ..., was

avec pronom interrogatif

- ..., wann
- ..., warum
- ..., wer
- ..., wie
- ..., wo
- ...

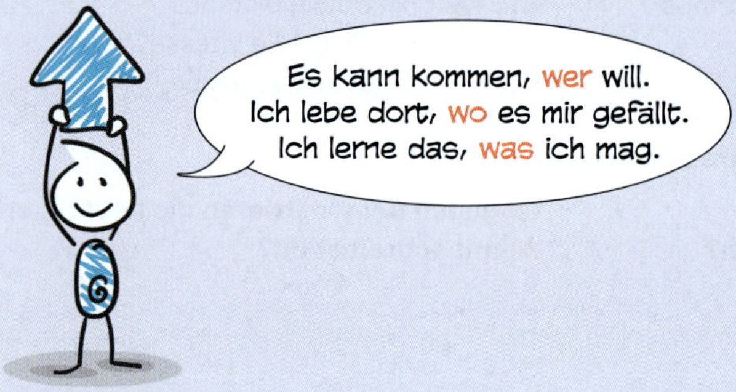

2.3. L'infinitif complément

L'infinitif se place **à la fin du groupe infinitif**. En allemand comme en français, il peut être précédé d'une préposition :

- **zu** : de, à
  Er hat keine Lust, Mathe zu lernen. (Il n'a pas envie de...)
- **um ... zu** : pour
  Er bleibt zu Hause, um Mathe zu lernen. (Il reste à la maison pour...)
- **anstatt ... zu** : au lieu de
  Er spielt am PC, anstatt Mathe zu lernen. (Il joue à l'ordinateur au lieu de...)

Le groupe infinitif peut être introduit par **um** et **anstatt**.

Zu est toujours placé **directement devant le verbe à l'infinitif**.

Dans un verbe à préverbe séparable, **zu** s'intercale **entre le préverbe et la base du verbe** :

Ich habe keine Lust, mir das Video anzusehen.

zu = to en anglais !

- Es ist wichtig, Freunde zu treffen.
  >> It is important to meet friends.
- I play football in order to meet friends.
  >> Ich spiele Fußball, um Freunde zu treffen.

3. Les connecteurs

3.1. Les conjonctions de coordination

- **und** : et
- **oder** : ou
- **aber** (précédé d'une virgule) : mais
- **denn / nämlich** : en effet
- **doch** : cependant, pourtant
- **entweder ... oder** : soit ... soit
- **weder ... noch** : ni ... ni
- **nicht nur ..., sondern auch** : pas seulement ... mais aussi
- **zwar ..., aber** : certes ... mais

3.2. Les adverbes / locutions adverbiales logiques et chronologiques

connecteurs logiques	connecteurs chronologiques
• **trotzdem / dennoch** : malgré tout • **dagegen** : par contre • **daher / darum / deshalb / deswegen** : c'est pourquoi • **aus diesem Grund** : pour cette raison • **also** : donc • **allerdings** : toutefois • **ähnlich wie** : de la même façon que • **im Vergleich zu** : en comparaison de / à • **anders als / im Gegensatz zu** : au contraire de	• **zuerst / erstens** : d'abord • **dann** : ensuite • **schließlich / zum Schluss** : finalement • **seither** : depuis • **vorher** : auparavant • **nachher** : après • **bisher** : jusqu'ici, jusqu'à présent • **inzwischen** : entre-temps, maintenant • **seitdem** : depuis (ce moment-là) • **früher / damals** : autrefois, à cette époque-là • **heute / heutzutage** : aujourd'hui, de nos jours

3.3. Les conjonctions de subordination

- **dass** : que (complétif)
- **ob** : si (interrogation indirecte)
- **weil / da** : parce que
- **obwohl** : bien que
- **(auch) wenn** : si (condition)
- **wenn** : quand (toutes les fois que)
- **als** : quand (au moment où, à l'époque où, la fois où...)
- **während** : (conjonction) tandis que (opposition)
- **bevor** : avant que
- **nachdem** : après que
- **solange** : tant que
- **bis** : jusqu'à ce que
- **damit** : afin que
- **indem** : en (+ participe présent)
- **sodass / so ..., dass** : si bien que (conséquence)

3.4. Les pronoms relatifs

Les pronoms relatifs introduisent des propositions subordonnéees relatives.

Ils adoptent le **même genre** et le **même nombre** que leur antécédent.
Ils se déclinent **au cas qui correspond à leur fonction** dans la proposition subordonnée relative.

Ich liebe dieses Kaffeehaus, das so gemütlich ist. (= Das Kaffeehaus ist so gemütlich.)

Der Job, den ich gern haben möchte, ist nicht einfach. (= Ich möchte den Job gern haben.)

Was, **wer** et **wo** peuvent aussi être des pronoms relatifs :

Heimat ist der Ort, wo man aufgewachsen ist.
Sport ist das, was die Menschen verbindet.
Wer will, der kann.

4. La ponctuation

En allemand, les propositions principales et subordonnées sont séparées **par une virgule** :

Die Menschen ziehen in die Peripherie, weil die Mieten in der Innnenstadt steigen.

En allemand comme en français, les différents éléments d'une **énumération** sont séparés **par une virgule** :

Wir haben in Berlin den Reichstag, das Brandenburger Tor, die Siegessäule und den Alexanderplatz besucht.

À la **différence du français**, les compléments circonstantiels placés en début de phrase ne sont **jamais suivis d'une virgule** :

Gestern Abend haben wir gemeinsam Videos angesehen.

V. La négation

La negation avec nicht et kein-

- **Devant un nom**, on utilise le déterminant négatif **kein-** :
  Er hat keinen Wagen, keine Zeit und kein Geld.
  Celui-ci se décline comme **ein-**.
- **Dans tous les autres cas**, on utilise l'adverbe **nicht** :
  Er kommt nicht. Er will nicht kommen.
  Er ist nicht alt.

Les mots de la négation

- **kein-** (déterminant négatif portant sur le nom devant lequel il est placé) : pas de
- **nicht** (adverbe portant sur un verbe, un adverbe ou un adjectif) : ne … pas
- **nichts** (adverbe) : ne … rien **(Ich habe nichts gekauft.)**
- **nie(mals)** (adverbe) : ne … jamais **(Ich würde das niemals tun.)**
- **nirgendwo** (adverbe) : ne … nulle part **(Man lebt nirgendwo besser, als in Wien.)**
- **niemand** (pronom) : ne … personne **(Es war niemand da.)**

VI. Les degrés de comparaison

- **Le comparatif**

égalité		**so** (adjectif) **wie** **genauso** (adjectif) **wie**	Er ist **so** groß **wie** sie. Sie ist **genauso** groß **wie** ihr Bruder.
supériorité		(adjectif) + **-er als**	Er ist größ**er als** sie.
infériorité		**nicht so** (adjectif) **wie**	Er ist **nicht so** groß **wie** sie.

Rappelez-vous !
Sauf exceptions, **les adjectifs d'une seule syllabe** prennent un **Umlaut** au comparatif de supériorité et au superlatif :
alt • **älter** • **älteste/r/s**
groß • **größer** • **größte/r/s**
kurz • **kürzer** • **kürzeste/r/s**

Mais attention : seuls le **a**, le **o** et le **u** peuvent être infléchis.

Plus… plus… avec un adjectif = **je** + comparatif **…, desto** + comparatif :

Je größer die Zahl der Teilnehmer an der Kampagne, desto besser sind ihre Erfolgschancen.

- **Le superlatif**

adjectif	**der / das / die schnellste**	(adjectif) + **-st** (+ terminaison)	Er ist der schnell**st**e Schüler der Klasse.
adverbe	**am schnellsten**	**am** (adjectif) + **-sten**	Er läuft **am** schnell**sten**.

- Les adjectifs se terminant par **-t** , **-d** , **-s** ou **-z** intercalent un **-e-** devant le suffixe **-st** : **ält*e*ste**.
- Les adverbes aussi s'utilisent au comparatif et au superlatif :

Jonas läuft schnell. → Urs und Markus laufen noch schneller. → Wer läuft am schnellsten?
Lena tanzt gut. → Ihre Freundinnen tanzen noch besser. → Wer tanzt am besten?

Comme en anglais et en français, certaines formes de comparatif et de superlatif sont irrégulières.
gut >> good >> bien, bon
besser >> better >> mieux, meilleur
der beste / am besten >> the best >> le mieux, le meilleur
viel >> many >> beaucoup
mehr >> more >> plus
am meisten >> the most >> le plus

VII. Les groupes prépositionnels

1. Les prépositions

Prépositions toujours suivies de l'accusatif
- **durch** : à travers, par
- **für** : pour
- **gegen** : contre
- **ohne** : sans
- **um** : autour de

Prépositions toujours suivies du datif
- **aus** : de, hors de
- **bei** : chez
- **mit** : avec
- **nach** : vers, après
- **seit** : depuis
- **von** : de
- **zu** : à, vers, chez

Prépositions suivies tantôt de l'accusatif, tantôt du datif
- **an** : près de
- **auf** : sur
- **in** : en
- **neben** : à côté de
- **hinter** : derrière
- **über** : au-dessus de, au sujet de
- **unter** : sous, parmi
- **vor** : devant, avant
- **zwischen** : entre

Prépositions suivies du génitif
- **dank** : grâce à
- **innerhalb / außerhalb** : dans, en / en dehors de
- **trotz** : malgré
- **während** : pendant
- **wegen / aufgrund** : à cause de

2. Les compléments circonstanciels

• Les compléments de lieu

Introduits par une préposition suivie de l'accusatif (directif) ou du datif (locatif)

Rappelez-vous !
Selon que le complément indique **le lieu où l'on est (locatif)** ou **le lieu on l'on va (directif)**, ces prépositions seront suivies du datif ou de l'accusatif.

Introduits par une préposition à cas fixe

- **aus** (+ datif) : **Er kommt aus meiner Stadt.**
- **bei** (+ datif) : **Sie wohnt noch bei ihren Eltern.**
- **um** (+ accusatif) : **Wir gehen um das Rathaus.**
- **von** (+ datif) : **Er kommt vom Skaten.**
- **zu** (+ datif) : **Kommst du zu mir?**

Wohin? Paul geht **in die** Ecke.
Wo? Jetzt sitzt er **in der** Ecke.

Paul fliegt **hinter den** Schrank.
Jetzt ist er **hinter dem** Schrank.

Wohin? Paul geht **an die** Wand.
Wo? Jetzt sitzt er **an der** Wand.

Paul fliegt **vor die** Tür.
Jetzt fliegt er **vor der** Tür herum.

Wohin? Paul setzt sich **auf den** Tisch.
Wo? Jetzt sitzt er **auf dem** Tisch.

Paul fliegt **über das** Regal.
Jetzt fliegt er **über dem** Regal herum.

Wohin? Paul geht **unter das** Bett.
Wo? Jetzt ist er **unter dem** Bett.

Er setzt sich **neben das** Regal.
Jetzt sitzt er **neben dem** Regal.

Wohin? Er setzt sich **zwischen die** Lampe und **den** Tisch.
Wo? Jetzt sitzt er **zwischen der** Lampe und **dem** Tisch.

- **Les compléments de temps**

Introduits par une préposition
- **in / im** + une époque, une saison, une année, un mois, une semaine... :
  in den letzten Wochen, im kommenden Jahr
- **am** + un moment de la journée, un jour, une date :
  am Morgen, am Montag, am 3. Oktober
- **um** (+ heure) : **um 11 (Uhr)**
- **vor** (+ datif) pour marquer l'antériorité :
  vor dem Essen
- **nach** (+ datif) pour indiquer la postériorité :
  nach dem Essen
- **von ... bis ...** pour indiquer une durée :
  von 1961 bis 1989
- **zwischen** (+ datif) : **zwischen heute und morgen**
- **seit** (+ datif) : **seit 1989, seit Montag**
- **während** (+ génitif) pour indiquer la simultanéité :
  während des Kriegs
- **als Kind** (= **als ich ein Kind / klein war**) :
  « quand jétais enfant »
- **zu** + jour de fête : **zu Weihnachten, zum Geburtstag**

À l'accusatif sans préposition
- **nächstes Jahr: Nächstes Jahr feiern wir in Berlin Silvester.**
- **eine Stunde: Wir haben eine Stunde gechattet.**
- **Monate: Die Vorbereitungen haben Monate gedauert.**

3. Les verbes à objet prépositionnel

Les verbes à objet prépositionnel

+ accusatif

auf
- **auf ... achten** (faire attention à)
- **auf ... ankommen** (dépendre de)
- **sich auf ... freuen** (se réjouir d'une chose à venir)
- **auf ... warten** (attendre)
- **auf ... antworten** (répondre à)

an
- **an ... denken** (penser à)
- **sich an ... erinnern** (se souvenir de)
- **sich an ... gewöhnen** (s'habituer à)
- **an ... glauben** (croire en / à)

für
- **sich für ... entscheiden** (opter pour)
- **sich für ... interessieren** (s'intéresser à)

über
- **über ... berichten** (informer de / sur)
- **über ... diskutieren** (discuter de)
- **sich über ... freuen** (se réjouir d'une chose présente)
- **über ... sprechen** (parler de)

um
- **um ... gehen** (s'agir de)
- **sich um ... handeln** (traiter de)
- **sich um ... kümmern** (s'occuper de)

+ datif

aus
- **aus ... bestehen** (consister en / à)

an
- **sich an ... beteiligen** (participer à)
- **an ... teilnehmen** (participer à)
- **an ... zweifeln** (douter de)

mit
- **mit ... anfangen** (commencer par)
- **mit ... beginnen** (commencer par)

nach
- **nach ... fragen** (s'enquérir de)

von
- **von ... abhängen** (dépendre de)
- **von ... handeln** (traiter de)
- **von ... halten** (penser de)
- **sich von ... unterscheiden** (se distinguer de)
- **von ... träumen** (rêver de)

vor
- **sich vor ... fürchten** (craindre, avoir peur de)

zu
- **zu ... einladen** (inviter à)
- **zu ... gehören** (appartenir à)

Les principaux verbes irréguliers allemands

infinitif	prétérit	parfait	traduction	présent
haben	hatte	hat gehabt	avoir	hat
sein	war	ist gewesen	être	ist
werden	wurde	ist geworden	devenir	wird
a	**i(e)**	**a**		
fallen	fiel	ist gefallen	tomber	fällt
fangen	fing	hat gefangen	attraper	fängt
halten	hielt	hat gehalten	tenir	hält
lassen	ließ	hat gelassen	laisser, laisser faire	lässt
laufen	lief	ist gelaufen	courir	läuft
raten	riet	hat geraten	conseiller / deviner	rät
schlafen	schlief	hat geschlafen	dormir	schläft
a	**u**	**a**		
fahren	fuhr	ist / hat gefahren	aller (en roulant), conduire	fährt
laden	lud	hat geladen	charger	lädt
schlagen	schlug	hat geschlagen	frapper	schlägt
tragen	trug	hat getragen	porter	trägt
wachsen	wuchs	ist gewachsen	grandir, pousser	wächst
waschen	wusch	hat gewaschen	laver	wäscht
e	**a**	**a**		
denken	dachte	hat gedacht	penser	denkt
kennen	kannte	hat gekannt	connaître	kennt
nennen	nannte	hat genannt	nommer	nennt
stehen	stand	hat gestanden	être debout, être posé/e (verticalement)	steht
verstehen	verstand	hat verstanden	comprendre	versteht
e	**a**	**e**		
essen	aß	hat gegessen	manger	isst
fressen	fraß	hat gefressen	manger (pour un animal)	frisst
geben	gab	hat gegeben	donner	gibt
geschehen	geschah	ist geschehen	survenir, se passer	geschieht
sehen	sah	hat gesehen	voir	sieht
vergessen	vergaß	hat vergessen	oublier	vergisst
e	**a**	**o**		
befehlen	befahl	hat befohlen	ordonner	befiehlt
brechen	brach	hat gebrochen	casser	bricht
helfen	half	hat geholfen	aider	hilft
nehmen	nahm	hat genommen	prendre	nimmt
sprechen	sprach	hat gesprochen	parler	spricht
stehlen	stahl	hat gestohlen	voler, dérober	stiehlt
sterben	starb	ist gestorben	mourir	stirbt
treffen	traf	hat getroffen	rencontrer	trifft
werfen	warf	hat geworfen	jeter	wirft
e	**i**	**a**		
gehen	ging	ist gegangen	aller	geht
ei	**ie**	**ei**		
heißen	hieß	hat geheißen	s'appeler	heißt
ei	**i(e)**	**i(e)**		
beißen	biss	hat gebissen	mordre	beißt
bleiben	blieb	ist geblieben	rester	bleibt
greifen	griff	hat gegriffen	attraper	greift
leihen	lieh	hat geliehen	prêter	leiht

Les principaux verbes irréguliers allemands

infinitif	prétérit	parfait	traduction	présent
scheinen	schien	hat geschienen	sembler / briller	scheint
schreiben	schrieb	hat geschrieben	écrire	schreibt
schreien	schrie	hat geschrien	crier	schreit
schweigen	schwieg	hat geschwiegen	se taire	schweigt
steigen	stieg	ist gestiegen	monter	steigt
streiten (sich)	stritt (sich)	hat (sich) gestritten	(se) disputer	streitet (sich)

i	**a**	**a**		
bringen	brachte	hat gebracht	apporter	bringt

i	**a**	**e**		
bitten	bat	hat gebeten	prier, demander	bittet
liegen	lag	hat gelegen	être couché/e, être posé/e (horizontalement)	liegt
sitzen	saß	hat gesessen	être assis/e	sitzt

i	**a**	**o**		
beginnen	begann	hat begonnen	commencer	beginnt
gewinnen	gewann	hat gewonnen	gagner	gewinnt
schwimmen	schwamm	ist geschwommen	nager	schwimmt

i	**a**	**u**		
binden	band	hat gebunden	attacher	bindet
finden	fand	hat gefunden	trouver	findet
gelingen	gelang	ist gelungen	réussir	gelingt
singen	sang	hat gesungen	chanter	singt
springen	sprang	ist gesprungen	sauter	springt
trinken	trank	hat getrunken	boire	trinkt
verschwinden	verschwand	ist verschwunden	disparaître	verschwindet
zwingen	zwang	hat gezwungen	obliger, contraindre	zwingt

ie	**o**	**o**		
biegen	bog	hat gebogen	courber, plier	biegt
bieten	bot	hat geboten	offrir	bietet
fliegen	flog	ist geflogen	voler (avion, oiseau)	fliegt
fliehen	floh	ist geflohen	s'enfuir	flieht
fließen	floss	ist geflossen	couler (eau)	fließt
frieren	fror	hat gefroren	avoir froid, geler	friert
riechen	roch	hat gerochen	sentir	riecht
schließen	schloss	hat geschlossen	fermer	schließt
verlieren	verlor	hat verloren	perdre	verliert
ziehen	zog	hat gezogen	tirer	zieht

i	**u**	**u**		
wissen	wusste	hat gewusst	savoir	weiß

o	**a**	**o**		
kommen	kam	ist gekommen	venir	kommt

u	**a**	**a**		
tun	tat	hat getan	faire	tut

u	**ie**	**u**		
rufen	rief	hat gerufen	appeler	ruft

ü	**o**	**o**		
betrügen	betrog	hat betrogen	tromper	betrügt
lügen	log	hat gelogen	mentir	lügt

U1 Heimat

Les pronoms relatifs au nominatif et à l'accusatif / Le pronom relatif wo

1 Das ist Heimat! Choisissez le pronom relatif qui convient.

1. Meine Heimat ist der Ort, ... ich mich zu Hause fühle.
2. Heimat ist ein Begriff, ... für mich viele Erinnerungen hervorruft.
3. Meine Definition von Heimat ist eine Stadt, ... ich meine Freunde habe.
4. Die Zusammengehörigkeit, ... ich empfinde, trägt zur Definition des Begriffs „Heimat" bei.
5. Heimat ist ein Gefühl, ... mich in meinem Alltag prägt.

2 Heimat ist vieles. Reliez les deux phrases par le pronom relatif qui convient.

1. Heimat ist ein Begriff. → Den Begriff kennen viele Menschen.
2. Heimat ist ein Gefühl. → Es ist mit Geborgenheit verbunden.
3. Heimat ist ein Ort. → Man fühlt sich wohl.
4. Heimat ist ein Gefühl der Gemütlichkeit. → Jeder empfindet diese Gemütlichkeit anders.
5. Heimat ist eine Gegend. → Man ist in dieser Gegend geboren.

La subordonnée de temps avec wenn

3 Wenn ... Reliez les deux phrases par la conjonction de subordination wenn.

1. Die Autorin denkt an ihre Heimat. → Sie isst ein Stück Pflaumenkuchen.
2. Die Leute denken an ihre Heimat. → Sie riechen einen Sonntagsbraten.
3. Man denkt oft an seine Heimat. → Man sieht eine bestimmte Landschaft.
4. Ich denke an meine Kindheit. → Ich nehme ein altes Buch in die Hand.

Situer dans le temps avec seitdem / früher / damals / heutzutage

4 Früher war vieles anders. Complétez les phrases avec les adverbes qui conviennent.

seitdem früher damals heutzutage

1. ... hat der Begriff „Heimat" eine wichtige Rolle gespielt.
2. ... wurden viele Heimatvereine oder Heimatmuseen gegründet.
3. Im Zweiten Weltkrieg wurde der Begriff „Heimat" durch die NS-Diktatur missbraucht. ... war es schwierig, mit diesem Begriff neutral umzugehen.
4. Die Wende kam im Jahre 2006, als Deutschland Weltmeister wurde. ... ist „Heimat" wieder in.

5 Damals und heutzutage. Introduisez les propositions par damals et heutzutage. Attention à la place des verbes.

1. es gab die industrielle Revolution • es gibt eine digitale Revolution
2. der Begriff „Heimat" wurde missbraucht • der Umgang mit dem Heimatbegriff ist wieder lockerer
3. es wurden Heimatvereine und Heimatmuseen gegründet • Landzeitschriften boomen
4. der Heimatbegriff war eine Reaktion auf die Industrialisierung • „Heimat" ist eine Abgrenzung zur Globalisierung

U2 Zweimal Deutschland

Le prétérit

1 Westpakete. Complétez le texte suivant avec les verbes entre parenthèses conjugués au prétérit.

1. Als es die DDR noch (**geben**), (**werden**) die Grundnahrungsmittel subventioniert, so dass ein Brötchen zum Beispiel wenig (**kosten**).
2. Andere Produkte wie Importwaren (**sein**) sehr teuer.
3. Zum Glück (**bekommen**) viele Leute im Osten Westpakte, die die ganze Familie glücklich (**machen**).
4. Diese Pakete (**beinhalten**) Produkte, die in der DDR (**fehlen**), wie zum Beispiel Kakao oder Kaffee.
5. Verwandte im Osten (**schicken**) Westpakete, um ihren Landsleuten im Osten zu zeigen, dass sie (**zusammenhalten**).

2 Klassenfahrt in die DDR. **Recopiez le texte en passant du présent de narration au prétérit.**

1. Die Siebzehnjährigen [...] des Privatgymnasiums von Marburg **fahren** im Dezember 1984 in einem roten Bus mit gelben „Atomkraft-Nein-Danke"-Aufklebern nach Erfurt, Weimar und Eisenach. [...] **2.** Die Schüler **besichtigen** das Konzentrationslager Buchenwald und Goethes Gartenhaus, sie **treffen** sich mit FDJlern in einem Jugendclub in Bad Berka zu „Gesprächen zur Jugendpolitik in der DDR". **3.** Das Treffen „**nervt** wegen der linken Phrasen", außerdem **ist** die Musik langweilig und die Cola schlecht. Die Marburger Schüler, alle aus betuchten, bürgerlichen Familien, **sind** Besseres gewöhnt. **4.** Irgendwann **wird** plötzlich die Musik abgestellt. **5.** Ein Junge aus Marburg, ein schwieriger Schüler, **zerschlägt** auf der Toilette mehrere Scheiben. [...] **6.** Die Lehrer **sind** entsetzt.

Les pronoms relatifs au nominatif, à l'accusatif et au datif / Le pronom relatif was

3 Luxus in der DDR. **Complétez les groupes nominaux soulignés en transformant les propositions entre parenthèses en relatives.**

1. Ein Brötchen war in der DDR ein Grundnahrungsmittel. (Dieses Grundnahrungsmittel kostete 40 Jahre lang nur 5 Pfennig)
2. Eine Dose Ananas war ein Luxusartikel. (Dieser Luxusartikel kostete 18 Mark)
3. In den Westpaketen waren oft Zeitschriften. (Diese konnte man in der DDR nicht bekommen).
4. Kakao, Kaffee und Bananen waren Importwaren. (Diese Importwaren waren teurer als Grundnahrungsmittel)
5. Ein Westpaket beinhaltete verschiedene Dinge. (Diese Dinge waren in der DDR sehr teuer)
6. Viele Leute erinnern sich an die Westpakete. (Sie bekamen diese Westpakete zu Weihnachten)

4 West und Ost. **Complétez les propositions relatives avec un pronom relatif au datif ou avec le pronom relatif was.**

1. Die DDR war ein Land, in ... Grundnahrungsmittel subventioniert wurden.
2. Ein sozialistischer Staat ist ein Staat, in ... die Wirtschaft nach sowjetischem Vorbild organisiert wird.
3. Für die DDR-Bürger war der Westen das, ... das Paradies für Christen ist.
4. Es gab aber auch bestimmte Läden, in ... Luxusartikel angeboten wurden.
5. Im Westen konnte man alles kaufen, ... man wollte.
6. Für die DDR-Bürger war der Westen ein Ort, an ... man viele Dinge problemlos kaufen konnte.
7. Nach der Wiedervereinigung lebten die DDR-Bürger in einer Gesellschaft, in ... sie sich als Verlierer fühlten.
8. In der DDR dachte man, dass man im Westen alles haben konnte, ... man wollte.

L'interrogative indirecte avec ob et les W-Fragen

5 Viele Fragen. **Reprenez les questions de manière indirecte en commençant par : Wir fragen uns, ob ...**

1. Haben die Leute im Westen nach dem Mauerfall noch Westpakete geschickt?
2. Haben viele Leute im Osten Westpakete bekommen?
3. Haben viele Leute im Osten Pakete in den Westen geschickt?
4. Haben die Deutschen die Teilung wirklich überwunden?
5. Wird es in zwanzig Jahren noch viele Unterschiede zwischen Ost und West geben?

6 Die Zukunft Deutschlands. **Vous vous posez des questions sur l'Allemagne. Transformez les interrogatives en les introduisant par : Ich frage mich, ...**

1. Wie lange wird es dauern, bis Ost und West zusammenwachsen?
2. Haben die Deutschen nach dem Mauerfall die Teilung überwunden?
3. Leben die Deutschen in einer Gesellschaft oder in zwei Gesellschaften?
4. Was ist bei der Wiedervereinigung schief gelaufen?
5. Was könnte man konkret tun, um die Situation zu verbessern?
6. Wie könnte man die Spaltung zwischen Ost und West überwinden?

U3 Vor 100 Jahren ...

Le comparatif de supériorité

1 Früher und heute. Faites le point sur la situation des femmes en conjuguant le verbe sein et en utilisant l'adjectif donné au comparatif de supériorité.

1. Früher waren die Frauen von ihrem Mann abhängig. Heute (emanzipiert sein).
2. Früher waren die Frauen oft unsicher. Heute (selbstsicher sein).
3. Früher machten die Frauen selten Karriere. Heute (erfolgreich sein).
4. Früher mussten die Frauen untergeordnet bleiben. Heute (ehrgeizig sein).
5. Früher durften die Frauen nicht über sich selbst bestimmen. Heute (frei sein).

2 Julika und ihre Mutter. Caractérisez-les en utilisant un comparatif de supériorité avec les adjectifs proposés.

1. erfolgreich 2. ehrgeizig 3. altmodisch
4. emanzipiert 5. unsicher 6. gefühlskalt

Ich denke, Julika ist erfolgreicher als ihre Mutter.

La comparaison avec im Vergleich zu / anders als / ähnlich wie

3 Im Vergleich zu ... Transformez les phrases en commençant par Im Vergleich zu pour mettre en avant la comparaison comme dans le modèle.

1. Frauen werden schlecht bezahlt, Männer ~~nicht~~.
   Im Vergleich zu Männern werden Frauen schlecht bezahlt.
2. Frauen kümmern sich viel um die Kinder, Männer ~~nicht~~.
3. Frauen sind oft unsicher im Job, Männer ~~nicht~~.
4. Männer machen oft Karriere, Frauen ~~nicht~~.

4 Frauen und Männer. Transformez les phrases en commençant soit par anders als, soit par ähnlich wie selon qu'il s'agit de marquer la similitude ou la différence.

1. Frauen mussten früher den Haushalt führen, Männer ~~nicht~~.
2. Frauen mussten sich früher unterordnen, Männer ~~nicht~~.
3. Männer wollen Karriere machen, Frauen ~~auch~~.
4. Frauen sind heute in wichtigen Positionen unterrepräsentiert, Männer ~~nicht~~.
5. Männer brauchen Anerkennung für ihre Arbeit, Frauen ~~auch~~.

La contradiction avec trotzdem / dennoch

5 Julika Jenkins. Réécrivez les phrases en remplaçant l'adversatif aber par trotzdem ou dennoch.

1. Julika war eine Spitzenmanagerin, aber sie wurde entlassen. *Julika war eine Spitzenmanagerin. Dennoch / Trotzdem wurde ...*
2. Julika ist arbeitslos, aber sie träumt von einem Büro in New-York.
3. Julika findet ihre Mutter nicht so toll, aber sie will sie beeindrucken.
4. Julika hatte Erfolg im Beruf, aber sie hat keine Anerkennung von ihrer Mutter bekommen.

6 100 Jahre später ... Mettez en évidence les contradictions en transformant les phrases selon le modèle.

1. Früher mussten auch Frauen hart arbeiten. → Sie bekamen keine Anerkennung dafür. *Früher mussten auch Frauen hart arbeiten. Dennoch / Trotzdem ...*
2. Um 1900 waren Frauen vom öffentlichen Bereich ausgeschlossen. → Sie entwickelten ein neues Selbstbewusstsein.
3. Ab 1918 durften Frauen wählen. → Sie waren von ihrem Ehemann abhängig.
4. Heute machen Frauen Karriere. → Sie sind in wichtigen Positionen unterrepräsentiert.
5. Heute ist es mit der traditionellen Rollenverteilung vorbei. → Viele Männer wollen sich nicht um Kinder und Haushalt kümmern.
6. Heute sind Frauen und Männer gleichberechtigt. → Die Frauen bleiben in vielen Bereichen benachteiligt.

U4 Die Gedanken sind frei ...

L'opposition avec während

1 Die Haltung der Künstler. Mettez en évidence au moyen de la conjonction während la différence de posture des différents artistes.

1. Leni Riefenstahl arbeitete für das NS-Regime. ≠ Marlene Dietrich verließ ihre Heimat.
   Während Leni Riefenstahl für ...
2. Erich Kästner wollte Missstände aufzeigen. ≠ Andere Schriftsteller passten sich an.
3. Käthe Kollwitz wollte kritische Gedanken äußern. ≠ Andere Künstler unterstützten das Regime.
4. Viele Künstler schwiegen über Politik. ≠ Andere machten Propaganda für das Regime.
5. Manche Künstler haben sich klar positioniert. ≠ Andere haben nicht öffentlich Stellung bezogen.
6. Käthe Kollwitz erschuf kritische Kunstwerke. ≠ Arno Breker erschuf eine Skulptur von Hitler.

L'opposition avec im Gegensatz zu / anders als

2 Diktatur und Demokratie. Comparez les régimes poltiques en transformant les phrases comme dans l'exemple.

1. Die Diktatur verbietet kritische Stimmen (~~nicht wie~~ die Demokratie, die Kritik braucht).
   Im Gegensatz zur Demokratie, die Kritik braucht, verbietet die Diktatur kritische Stimmen.
2. Eine Diktatur duldet Andersdenkende nicht (~~nicht wie~~ ein Rechtsstaat, der Meinungsfreiheit garantiert).
3. Eine Diktatur erteilt Berufsverbote (~~nicht wie~~ ein Rechtsstaat, der alle Künstler arbeiten lässt).
4. Das Dritte Reich hat kritische Künstler verfolgt (~~nicht wie~~ eine Demokratie, die Kritik duldet).
5. In einer Diktatur regiert nur ein kleiner Teil des Volkes (~~nicht wie~~ in einer Demokratie, in der das ganze Volk regiert).
6. In einer Diktatur gibt es keine Wahlmöglichkeit (~~nicht wie~~ in einer Demokratie, in der es freie Wahlen gibt).

Le moyen avec indem

3 Klare Positionen. Indiquez, au moyen de la conjonction indem, comment s'est traduite la position des artistes à l'égard du régime.

1. Marlene Dietrich hat eindeutig Stellung bezogen: Sie hat ihr Land verlassen. Marlene Dietrich hat eindeutig Stellung bezogen, indem sie ...
2. Marlene Dietrich hat gegen das NS-Regime gekämpft: Sie hat die amerikanischen Truppen unterstützt.
3. Leni Riefenstahl hat die NS-Ideologie unterstützt: Sie hat Filme für das Regime gedreht.
4. Erich Kästner hat das Berufsverbot ignoriert: Er hat seine Texte unter einem Pseudonym im Ausland veröffentlicht.
5. Arno Breker hat seinen Stil der NS-Ideologie angepasst: Er hat Statuen von athletischen jungen Männern erschaffen.
6. Leni Riefenstahl hat eindeutig Stellung bezogen: Sie hat Propaganda für das NS-Regime gemacht.

4 Kunst und Regime. Remplacez le groupe nominal introduit par la préposition durch par une subordonnée de moyen introduite par indem. Transformez le nom en verbe.

1. Die Nazis verfolgten kritische Künstler durch das Verbieten ihrer Kunstwerke.
   Die Nazis verfolgten kritische Künstler, indem sie ihre Kunstwerke verboten.
2. Das NS-Regime verfolgte kritische Künstler durch das Erteilen von Berufsverboten.
3. Das NS-Regime verfolgte kritische Künstler durch Festnahmen und Verhöre.
4. Die Diktatur machte die Kritik am Regime durch das Verbrennen der Bücher unmöglich.
5. Das NS-Regime unterstützte angepasste Künstler durch das Erteilen vieler Aufträge.

U5 Politische Kunst?

La subordonnée de temps avec als

1 Kunst in Berlin. Transformez les phrases en suivant le modèle.

1. Das Projekt war fertig. → Die Reaktionen waren sehr groß.
   Als das Projekt fertig war, waren die Reaktionen sehr groß.
2. Die Berliner sahen die Schwimmwesten. → Es hat die Leute zum Nachdenken gebracht.
3. Der Reichstag wurde verhüllt. → Das war ein großes Event in Berlin.
4. Christo führte sein Kunstprojekt durch. → Heftige Kontroversen entstanden.
5. Christo hatte diese Idee. → Er wollte ein Zeichen setzen.
6. Halbouni stellte die Busse vor das Brandenburger Tor. → Die Touristen waren sehr überrascht.

2 Als oder wenn? Complétez les phrases avec la conjonction qui convient.

1. ... Künstler sich engagieren, gibt es manchmal eine Protestwelle gegen das Projekt.
2. ... Ai Weiwei sich für die Flüchtlinge engagieren wollte, kam ihm die Idee mit den Schwimmwesten in Berlin.
3. ... Künstler wie Christo oder Ai Weiwei solche Aktionen durchführen, wollen sie die Bevölkerung zum Nachdenken anregen.
4. ... die Installation dem Publikum gezeigt wurde, war die Spannung sehr groß.
5. ... viele Künstler gegen ein Regime protestieren, kann das zu politischen Änderungen führen.
6. ... Dmitri Vrubel sein Bild an die Berliner Mauer malte, dachte er nicht, dass es so berühmt werden würde.

Le discours indirect

3 Was meinen die Künstler? Conjuguez au subjonctif I les verbes entre parenthèses.

1. Der Künstler denkt, es (**sein**) eine gute Idee, Kunst und Politik zu verbinden.
2. Die Künstler dachten, es (**können**) interessant sein, die Berliner Mauer mit Graffiti zu bemalen.
3. Die Künstler sagen, sie (**sein**) da, um sich für politische Projekte zu engagieren.
4. Ai Weiwei meint, mit der Schwimmwesten-Installation (**haben**) er genau das Richtige gemacht.
5. Christo sagte, seine Aktion (**werden**) eine große Resonanz haben.
6. Der Künstler Halbouni meint, dass er mit seiner Installation ein Mahnmal für Frieden und Solidarität erschaffen (**haben**).

4 Was sagt die Bevölkerung? Tournez les phrases suivantes au discours indirect.

1. Die Nachbarn sagen: „Es ist eine interessante und spannende Aktion."
   Die Nachbarn sagen, es ...
2. Die Bevölkerung denkt: „Kunst ist oft da, um eine politische Botschaft zu vermitteln."
3. Die Journalisten meinen: „Es ist die Aufgabe der Kunst, eine Reaktion bei den Leuten hervorzurufen."
4. Die Berliner sagten nach dem Mauerfall: „Die Berliner Mauer darf jetzt künstlerisch genutzt werden."
5. Die Touristen denken: „Die Berliner sind stolz auf die East Side Gallery."
6. Kunstinteressierte sagen: „Kunst soll zum Nachdenken anregen."
7. Die Zeitungen schreiben: „Die Verhüllung des Reichtages war eine spektakuläre Kunstaktion."

Les adjectifs invariables en -er

5 Berlin, Berlin. Complétez les groupes nominaux avec les adjectifs dérivés des noms des villes.

1. Das ... Tor ist das Wahrzeichen von Berlin. (**Brandenburg**)
2. Der ... Platz ist achteckig. (**Leipzig**)
3. Am ... Platz befindet sich das Hotel Adlon. (**Paris**)
4. Der ... Platz ist ein großer Verkehrsknotenpunkt in Berlin. (**Potsdam**)
5. Der ... Bahnhof ist heute ein Museum für Kunst. (**Hamburg**)
6. Die ... Mauer trennte viele Jahre lang West-Berlin vom Rest der DDR. (**Berlin**)

U6 Der Bürger ist König

La cause avec da / aufgrund / wegen

1 Klicktivismus. Transformez les phrases en utilisant la conjonction da pour exprimer la cause.

1. Die Organisatoren brauchen viele Unterschriften. → Es ist wichtig, die Öffentlichkeit zu sensibilisieren.
   Da die Organisatoren viele Unterschriften ...
2. Online-Petitionen haben eine enorme Reichweite. → Es ist leichter, die Bürger schnell zu mobilisieren.
3. Die Umweltprobleme werden immer akuter. → Es ist wichtig, gemeinsam zu handeln.
4. Viele haben wenig Zeit, um sich zu engagieren. → Das Internet ist eine interessante Alternative.

2 Engagement. Formez des phrases avec les énoncés ci-dessous en commençant par aufgrund ou wegen (+ génitif) pour exprimer la cause.

1. die vielen Plattformen im Internet • die Bürger können sich einfacher engagieren
   Aufgrund der vielen Plattformen im Internet können sich die Bürger ...
2. der geplante Bau einer Autobahn • die Bürger protestieren
3. die schlechte Klimapolitik • viele Menschen engagieren sich für den Klimaschutz
4. die vielen Demonstrationen überall im Land • die politische Situation ist angespannt

Le conditionnel avec le subjonctif II

3 Aktive Bürger! Choisissez le verbe adéquat.

1. Wie **wäre** • **möchte** • **könnte** Frankreich trotz seines zentralisierten Systems die Bürgerbeteiligung fördern?
2. Ich **wäre** • **würde** • **sollte** eine Online-Petition unterschreiben, wenn das Thema mich interessieren **hätte** • **wäre** • **würde**.
3. Es **wäre** • **würde** • **könnte** eine gute Lösung, Bürgerinitiativen in Frankreich zu starten.
4. Wenn wir alle gemeinsam handeln **wäre** • **würden** • **hätten**, **wären** • **möchten** • **könnten** wir die Welt verändern.

La comparaison avec je ..., desto ...

4 Je mehr, desto besser! Reliez les énoncés en utilisant je ..., desto ... Attention aux formes de comparatif.

1. viele Bürger sind online aktiv • der Protest wird groß
   Je mehr Bürger online aktiv sind, desto größer ...
2. die Bürger nehmen oft an öffentlichen Debatten teil • die Demokratie ist effizient
3. viele Unterschriften werden gesammelt • die Chancen sind hoch, die Politiker zu überzeugen
4. viele Bürger engagieren sich für den Umweltschutz • das Interesse für solche Fragen wird groß
5. die Beteiligung im Netz ist einfach • die Bürger können schnell reagieren

Les pronoms relatifs au nominatif, à l'accusatif et au datif

5 Bürgerbeteilung. Complétez les propositions relatives avec des pronoms relatifs au nominatif ou à l'accusatif.

1. Du kannst den Kommentar lesen, ... ich auf der Plattform geschrieben habe.
2. Eine Bürgerinitiative ist eine Aktion, ... von Bürgern organisiert wird.
3. Die Unterschriftensammlung ist der erste Schritt, ... zum Volksentscheid führt.
4. Im Internet kann man Menschen sensibilisieren, ... man sonst nie erreicht hätte.
5. Die lange Nacht der Demokratie ist ein Treffen, ... jedes Jahr im September stattfindet.
6. Es gibt viele Plattformen im Netz, ... die Leute ermutigen, aktiv zu werden.

6 Die Welt verändern. Complétez les phrases avec des pronoms relatifs au datif.

1. Die lange Nacht der Demokratie ist eine Veranstaltung, bei ... die Bürger sich treffen können.
2. Es gibt viele Debatten, an ... die Bürger sich beteiligen können.
3. Der Umweltschutz ist eine Kernfrage, mit ... sich jeder beschäftigen sollte.
4. Es gibt viele Aktionen, mit ... wir die Welt verändern können.
5. Der Klicktivismus ist ein Phänomen, mit ... man sein Gewissen beruhigen kann.

U7 Der digitale Bundesbürger

Le génitif

1 Gegen Überwachung! Choissisez le bon article.

1. die Bearbeitung **des** • **der** Daten
2. die Überwachung **des** • **der** Volkes
3. der Schutz **des** • **der** Privatsphäre
4. das Ziel **des** • **der** Piratenpartei
5. die Regeln **des** • **der** Netzsicherheit
6. die Politik **des** • **der** Staates

2 Datenschutz. Complétez selon le modèle.

1. Datenschutz ist der Schutz *der Daten*
2. Eine Freiheitsfrage ist eine Frage … … .
3. Internetnutzung ist die Nutzung … … .
4. Netzsicherheit ist die Sicherheit … … .
5. Nutzergewohnheiten sind die Gewohnheiten … … .

3 Datenschutz in Deutschland. Recopiez les phrases en remplaçant la tournure von + datif par le génitif.

1. Rund 86 Prozent von den deutschen Jugendlichen nutzen soziale Online-Dienste.
2. Die Mehrheit von den Nutzern findet es nicht gut, dass dabei ihre Daten gesammelt werden.
3. Trotzdem wollen viele Jugendliche für die Sicherheit von den persönlichen Daten nicht mehr Geld ausgeben.
4. Für einen großen Teil von den Deutschen ist Datenschutz ein wichtiger Begriff.
5. Sie denken, Datenschutz ist ein wichtiges Grundrecht von den Bürgern.
6. Deshalb nehmen viele Deutsche an der Demonstration für den Schutz von der Privatsphäre am Sonntag teil.

Le groupe infinitif complément avec zu

4 Es ist wichtig! Formulez à partir des éléments proposés des phrases comportant des infinitifs compléments. Attention à la ponctuation.

1. Ich finde es wichtig (meine Daten schützen).
   Ich finde es wichtig, meine Daten zu schützen.
2. Ich bin nicht bereit (meine persönlichen Daten preisgeben).
3. Viele Jugendliche nutzen das Internet (ohne an die Folgen denken).
4. Die Nutzer der Social-Media-Dienste sind es gewohnt (ihr Privatleben mit anderen teilen).
5. Ich habe Lust (an der Demonstration teilnehmen).
6. Der Staat hat kein Recht (private Daten nutzen).

5 Mit oder ohne? Complétez les phrases avec les infinitifs indiqués entre parenthèses en ajoutant zu si nécessaire.

1. Du solltest deine persönlichen Daten nicht (**preisgeben**).
2. Man muss seine persönlichen Daten (**schützen**).
3. Viele Jugendliche sind nicht bereit, für mehr Schutz (**zahlen**).
4. Es geht darum, die gespeicherten Daten an Dritte (**weitergeben**).
5. Die Piratenpartei will die Öffentlichkeit für den Datenschutz (**sensibilisieren**).

6 Gute Vorsätze. Transformez les phrases selon le modèle proposé.

1. Datenschutz ist mir wichtig. Deswegen versuche ich, beim Surfen im Internet (meine Nutzergewohnheiten ändern).
   Datenschutz ist mir wichtig. Deswegen versuche ich, beim Surfen im Internet meine Nutzergewohnheiten zu ändern.
2. Ich habe mir vorgenommen, in den sozialen Medien (mehr auf meine Privatsphäre achten).
3. Die Piratenpartei kämpft für mehr Datenschutz. Deshalb ist es wichtig, (sie bei der nächsten Wahl wählen).
4. Wir müssen alle zusammen für unsere Privatsphäre kämpfen. Deshalb ist es wichtig, (am Sonntag an der Demonstration gegen das neue Datenschutzgesetz teilnehmen).
5. Es ist eine Frage der Freiheit und Demokratie, zusammen für (den Schutz unserer Daten und unserer Privatsphäre kämpfen).

U8 Schöner, lieber Wald

Le but avec um ... zu et damit

1 Im Wald unterwegs. Reconstituez les phrases en plaçant dans le bon ordre les éléments des groupes infinitifs indiqués entre parenthèses.

1. Die Schüler gehen in den Wald, (sammeln • Pilze • um • zu).
2. Wir müssen den Wald schützen, (für unsere Kinder • bleibt • damit • erhalten • er).
3. Wir brauchen einen Tannenbaum, (zu • feiern • Weihnachten • um).
4. Der Maibaum wird geschmückt, (zu • feiern • den Frühling • um).
5. Prominente werden Baumpaten, (rodet • damit • nicht mehr • die Firma RWE).

2 Wozu? Reliez les propositions en utilisant um ... zu ou damit pour exprimer le but.

1. Die Deutschen gehen gern in den Wald. → Sie beobachten die wilden Tiere.
2. Die Deutschen schützen den Wald. → Er bleibt eine grüne Lunge.
3. Wir gehen im Wald spazieren. → Wir atmen frische und gute Luft.
4. Der Wald muss geschützt werden. → Wir können die friedliche Natur genießen.
5. Die Deutschen wollen den Wald retten. → Die natürliche Vielfalt wird geschützt.

L'adjectif attribut et l'adjectif épithète

3 Ein deutscher Mythos. Transformez les phrases suivantes selon le modèle. Si nécessaire, aidez-vous des tableaux de déclinaison p. 130-131.

1. Ich gehe in den Wald. Er ist schön.
   Ich gehe in den schönen Wald.
2. Willst du in diesem Wald spazieren gehen? Er ist wundervoll.
3. Die Märchen schildern einen Wald. Er ist gruselig.
4. Viele Sagen spielen in diesem Wald. Er ist schauderhaft.
5. Der Wald ist für die Künstler eine Inspirationsquelle. Er ist romantisch.
6. Die Deutschen haben ein Verhältnis zum Wald. Es ist speziell.

Le prétérit et le parfait

4 Im Hambacher Wald. Complétez les phrases suivantes en conjuguant les verbes entre parenthèses au prétérit.

1. Es (**geben**) Demonstrationen im Hambacher Wald.
2. Eine Firma (**wollen**) den Wald roden.
3. Dieser Konzern (**vernichten**) schon fast den ganzen Wald in der Region.
4. Die Firma (**abbauen**) Braunkohle.
5. Die deutschen Demonstranten (**schützen**) den Wald.

5 Alles im Partizip! Indiquez le participe II des verbes suivants.

1. denken
2. fällen
3. (sich) engagieren
4. (sich) einsetzen
5. demonstrieren
6. sammeln
7. verkörpern
8. (sich) verlaufen
9. angreifen
10. beobachten

6 Was ist passiert? Transposez les phrases suivantes au parfait.

1. Die deutsche Bevölkerung protestiert im Hambacher Wald.
2. Die Demonstranten gehen in den Wald und sie besetzen ihn.
3. Prominente übernehmen Patenschaften für Bäume.
4. Sie hängen Fotos an den Bäumen auf.
5. Sie kämpfen gegen eine Firma, die schon viel Wald rodet.
6. Die Demonstranten gewinnen etwas Zeit.
7. Das Mädchen geht in den Wald, um Kräuter zu sammeln.
8. Sie findet viele Heilkräuter, wie z.B. Baldrian und Angelika.
9. Mit Wermut versorgt sie dann die Verletzung ihrer Freundin.
10. Am Abend sind beide glücklich und zufrieden.

U9 $E=mc^2$

La structure du groupe nominal

1 Plug & Pray. Complétez ce portrait de Joseph Weizenbaum en y intégrant les adjectifs proposés. Si nécessaire, aidez-vous des tableaux de déclinaison p. 130-131 du manuel.

modern • wichtig • kompromisslos • deutsch-amerikanisch

1. Joseph Weizenbaum ist ein ... Mathematiker und Informatiker.
2. Er ist ein ... Pionier auf dem Gebiet der Computertechnik und der künstlichen Intelligenz.
3. 1966 entwickelt er das Computerprogramm ELIZA, ein Prototyp der ... Chatbots.
4. Seit 1970 ist er ein ... Kritiker der Informatik und der Forschung zur KI.

2 Die Göttinger 18. Donnez des précisions sur ce groupe de chercheurs en insérant les informations ci-dessous.

a. dem damaligen Bundeskanzler
b. der Entdecker der Kernspaltung und Nobelpreisträger
c. die auf die damalige Bundesregierung Druck ausübten
d. vom 12. April 1957

1. Die Göttinger Achtzehn waren eine Gruppe von 18 renommierten Forschern, ...
2. In der Göttinger Erklärung ... warnten die Wissenschaftler öffentlich vor einer atomaren Bewaffnung.
3. Das Manifest war eine politische Reaktion auf eine Äußerung von Konrad Adenauer, ... : Die Atomwaffe sei „fast eine normale Waffe".
4. Vor allem Otto Hahn, ..., machte sich sein Leben lang Vorwürfe wegen seiner indirekten Rolle beim Abwurf der Atombombe auf Hiroshima und Nagasaki.

Le genre des noms

3 Lauter Endungen. Ajoutez le bon article défini.

1. Atomforscherin
2. Bekenntnis
3. Verwendung
4. Vergangenheit
5. Wissenschaftler
6. Nobelpreisträger
7. Menschheit
8. Physiker
9. Gefährlichkeit
10. Ereignis

4 Entdeckungen. Complétez les substantifs par -ung ou -schaft. Puis traduisez-les.

1. die Überzeug...
2. die Lös...
3. die Gesell...
4. die Verantwort...
5. die Wissen...
6. die Freund...
7. die Gemein...
8. die Entdeck...
9. die Partner...
10. die Nutz...

La déclinaison du groupe nominal au datif et au génitif

5 Angst wovor? À l'aide des éléments proposés ci-dessous, répondez à la question : **Vor wem oder wovor sollten die Wissenschaftler Angst haben?**
Attention : la préposition vor régit le datif.

1. die Folgen ihrer Entdeckungen Sie sollten vor den Folgen ihrer Entdeckungen Angst haben
2. skrupellose Politiker (Pl.)
3. ihr eigener Ehrgeiz
4. unseriöse Forschungsinstitute
5. hoch ambitionierte Kollegen

6 Plug & Pray. Recopiez le texte en remplaçant la tournure von + datif par le génitif.

1. Im Film werden Beispiele für den rasanten Fortschritt <u>von den Computertechnologien</u> dokumentiert. **2.** Die Zuschauer werden in die Laboratorien <u>von den renommiertesten KI-Forschern</u> aus der ganzen Welt eingeführt. **3.** Zunächst wird das Projekt <u>von dem amerikanischen Robotiker</u> Ray Kurweil vorgestellt. **4.** Dann wird der Roboter <u>von dem Professor</u> Hiroshi Ishiguro gezeigt, der eine Kopie von ihm ist und menschliche Gestik, Mimik und Emotionen simulieren kann. **5.** Nur Joseph Weizenbaums aktuelle Arbeit wird nicht gezeigt, denn er spricht hier nur als Skeptiker und Kritiker <u>von der künstlichen Intelligenz</u>.

U10 Immer nur nach vorn?

Le but avec um ... zu / damit

1 Wozu schrieb Gudrun Pausewang „Die Wolke"? Complétez les phrases en utilisant um ... zu comme dans le modèle.

Gudrun Pausewang schrieb diesen Jugendroman ein Jahr nach Tschernobyl, ...

1. auch junge Leser für die Problematik der Atomenergie sensibilisieren
   ..., um auch junge Leser für die Problematik der Atomenergie zu sensibilisieren.
2. den Leuten die Augen öffnen
3. die Folgen der Reaktorkatastrophe für die Umwelt zeigen
4. politische Reaktionen in Deutschland hervorrufen
5. einen bleibenden Eindruck hinterlassen

2 Der Atomausstieg. Reliez les phrases en utilisant um ... zu ou damit.

1. Menschen protestieren gegen die AKW. → Sie wollen vor den Risiken der Atomenergie für Mensch und Umwelt warnen.
2. Viele Deutsche demonstrieren nach Fukushima. → Angela Merkel soll ihre Energiepolitik radikal verändern.
3. Sie gehen auf die Straßen. → Deutschland soll alle Atommeiler sofort abschalten.
4. Die deutsche Regierung arbeitet für einen schnellen Atomausstieg. → Alle AKW sollen bis 2022 abgeschaltet sein.
5. Angela Merkels Regierung plant den Atomausstieg. → Sie will weitere radioaktive Strahlungen und Abfälle verhindern.

Les adverbes de temps et zwar ..., aber

3 Deutsche Atompolitik. Complétez les phrases avec les adverbes adéquats.

bisher • schließlich • inzwischen • vorher

1. Im März 2011 gab es in Japan eine große Atomkatastrophe. Etwa 25 Jahre ... explodierte schon der Reaktor eines Atomkraftwerks in Tschernobyl. **2.** ... blieb Deutschlands Energiepolitik trotz massiver Proteste der Bürger unverändert. **3.** Einen Tag nach Fukushima beschloss Angela Merkels Regierung ... den Atomausstieg. **4.** ... stehen viele Atommeiler in Deutschland still.

4 Atomenergie. Associez les deux propositions en utilisant zwar ..., aber. Attention à la place des verbes.

1. Die Atomenergie ist eine saubere, moderne und günstige Energie. → Sie ist gefährlich für die Menschen und die Umwelt.
2. Jedes Land kennt die Risiken und Folgen eines nuklearen Unfalls. → Die wenigsten wollen den Atomausstieg aus Angst vor einer Energiekrise.
3. 2011 gab es auch in Fukushima eine Reaktorkatastrophe. → Die japanische Regierung plant neue Atommeiler.
4. Die erneuerbare Energie kann die Lösung des Energieproblems sein. → Sie kann momentan nicht genug Strom produzieren.

Le futur avec werden

5 Technischer Fortschritt. Optimisme ou pessimisme ? Complétez les mini-dialogues en conjuguant les verbes entre parenthèses au futur.

1. • Roboter bald überall in unserem Leben (**sein**). Das macht mir Angst.
   • Aber dafür uns die Roboter bei vielen schweren Arbeiten (**helfen**). Das ist doch toll!
2. • Der technische Fortschritt unsere Arbeitswelt (**verschlechtern**). Da bin ich mir ganz sicher.
   • Sei nicht immer so pessimistisch! Im Gegenteil! Neue technische Innovationen unsere Arbeit und den Alltag (**erleichtern**).
3. • Du es schon bald (**erleben**): Roboter viele unserer Jobs (**vernichten**).
   • Das ich ganz sicher niemals (**erleben**). In Zukunft die künstliche Intelligenz neue Jobs (**schaffen**).
4. • Ich glaube, dass der Fortschritt für die Menschen immer größere Probleme (**bringen**).
   • Das glaube ich nicht. Dank der Technik wir alle zentralen Probleme (**lösen**).
5. • Ihr Fortschrittsgläubige, ihr (**sehen**)! Die Technik unser Leben für immer (**verändern**).
   • Ach, ihr Fortschrittsskeptiker!

6 Die Wolke. **La grand-mère de Janna-Berta lui assure que la situation va s'améliorer les années à venir. Que lui dit-elle? Formulez ses prédictions à l'aide des éléments suivants.**

1. bald • deine Haare • wieder wachsen
2. in den nächsten Wochen oder Monaten • Menschen • wieder kommen
3. wir • unsere Region • wie damals nach dem Krieg • wieder aufbauen
4. nach dieser Katastrophe • Deutschland • alle AKW • abschalten
5. die Schule • bald • wieder anfangen
6. du • sicher • viele neue Freunde • finden

U11 Alternativen

La proposition relative avec wer / was / wo

1 Wer will, der kann! **Complétez avec les pronoms relatifs qui conviennent.**

1. Das ist der Ort, ... er geboren wurde.
2. Du kannst an dieser Schule alles lernen, ... du willst.
3. ... Lust hat, kann kommen.
4. Das ist eine Stadt, ... es viele behindertengerechte Gebäude gibt.
5. ... möchte, kann sich die App kostenlos herunterladen.
6. Alles, ... auf dieser Karte grün gekennzeichnet ist, ist für Behinderte zugänglich.
7. ... Lust hat, kann diese Schule besuchen.
8. Diese Schule ist ein Ort, ... man das Abitur nachholen kann.

Le prétérit et le plus-que-parfait / Les temps du récit

2 Die neue Schule. **Racontez l'histoire à partir des groupes infinitifs ci-dessous en utilisant le prétérit.**

Das Mädchen aus der Geschichte ...

1. in eine neue Stadt umziehen
   ... zog in eine neue Stadt um.
2. sich auf die neue Schule freuen
3. keine Angst vor der neuen Situation haben
4. schlecht aufgenommen werden
5. nicht wie die anderen sein
6. keine Lösung wissen
7. Hilfe von einer Mitschülerin bekommen
8. am Ende selbstbewusst werden

3 Das Mädchen erzählt nach Jahren seine Geschichte. **Formez des phrases au plus-que-parfait.**

1. Ich → mich auf meine neue Schule freuen
2. Ich → keine Angst vor den neuen Mitschülern haben.
3. Ich → hoffen, neue Freundschaften schließen zu können
4. Meine Mitschüler → sich über meinen Gehfehler lustig machen
5. Meine Mitschüler → sogar über meine Kleidung lachen
6. Ich → mir das so nicht vorstellen!
7. Eine Mitschülerin → mir eines Tages helfen
8. Danach → alles anders werden.

La voix passive

4 Zusammen gegen Mobbing. **Formez des phrases au passif avec les éléments proposés.**

1. Aktionen gegen Mobbing • in vielen Schulen • anbieten
2. Cybermobbing • besonders bekämpfen
3. an unserer Schule • Aktionen gegen Mobbing • durchführen
4. ein Theaterstück gegen Cybermobbing • aufführen
5. im Unterricht • über das Thema • sprechen
6. zum Thema Mobbing • für die Eltern • anbieten • einen Informationsabend

5 Ins Passiv! **Tournez les phrases suivantes à la voix passive.**

1. Die Schauspieler führen ein Stück auf.
   Das Stück wird (von den Schauspielern) aufgeführt.
2. Die Mitschüler mobben das Mädchen.
3. Die Lehrer bieten Theaterstücke an.
4. Der Schuldirektor spricht über Cybermobbing.
5. Die Klasse führt eine Diskussion durch.
6. Die Schüler suchen Lösungen.

U12 Vielfalt auf Deutsch

La condition avec wenn

1 Gelungene Integration! Énoncez les conditions nécessaires pour une intégration réussie avec wenn.

1. die Kultur des Landes akzeptieren
   Man kann sich integrieren, wenn man die Kultur des Landes akzeptiert.
2. die Sprache sprechen
3. die Werte des Landes achten
4. die Geschichte kennen
5. etwas über die Rechtsordnung wissen
6. wichtige Themen aus dem alltäglichen Leben beherrschen
7. die Rechte und Pflichten kennen

2 Was kann man tun? Associez les phrases en utilisant la conjonction wenn comme dans l'exemple.

1. in Deutschland sich integrieren wollen • Deutsch lernen
   Wenn man sich in Deutschland integrieren will, kann man Deutsch lernen.
2. Deutsch lernen wollen • einen Sprachkurs besuchen
3. sich in Deutschland wohl fühlen wollen • die Geschichte und Kultur kennenlernen
4. die Deutschen besser verstehen • etwas über das Land wissen
5. Freunde finden wollen • in einen Verein gehen
6. sich besser integrieren wollen • etwas über die regionalen Traditionen lernen

3 Integration! Proposez trois conditions nécessaires à une intégration réussie en Allemagne.

1. Wenn man in Deutschland leben möchte, ...
2. Wenn man sich in Deutschland integrieren möchte, ...
3. Wenn die Integration gelingen soll, ...

Le prétérit et le plus-que-parfait / Les temps du récit

4 Zimmer zu vermieten. Complétez le texte suivant en conjuguant les verbes entre parenthèses au prétérit.

1. Es (**regnen**), aber der Erzähler (**sich auf den Weg machen**), um eine Wohnung zu besichtigen, nachdem er vorher mit der Vermieterin telefoniert (**haben**). **2.** Der Erzähler (**klingeln**) und die Vermieterin (**die Tür öffnen**). **3.** Die Frau (**sehr unfreundlich sein**) und (**wollen**) den Erzähler sofort wieder wegschicken. **4.** Sie (**sehen**) in dem Erzähler nicht den Berliner sondern einen Türken. **5.** Die Situation (**eskalieren**), denn der Erzähler (**lassen**) sich nicht beleidigen und am Ende einfach (**weglaufen**).

5 Der türkischstämmige Erzähler. Reconstituez le déroulement de l'histoire à partir des éléments suivants en utilisant le prétérit.

Der Erzähler, der türkischstämmig ist, ...

1. eine Wohnung suchen
2. einen Termin telefonisch vereinbart haben
3. nicht willkommen sein
4. beschimpft werden
5. stammeln
6. nicht locker lassen
7. zu schreien anfangen
8. weglaufen

6 Was für eine Geschichte! Le narrateur raconte l'histoire à un/e ami/e. Mettez les verbes aux temps indiqués entre parenthèses. Comment justifiez-vous l'emploi du plus-que-parfait ?

Ich lese eine Anzeige und rufe die Vermieterin an (**plus-que-parfait**). Wir machen einen Termin aus (**plus-que-parfait**). Ich gehe zu der Adresse (**prétérit**) und ich klingle an der Wohnungstür. Da werde ich sofort von der Vermieterin beschimpft (**prétérit**). Sie ist von meinem Aussehen überrascht und will jetzt nicht mehr mit mir reden, auch als ich ihr sage, dass ich Berliner bin (**prétérit**). Ich bekomme einen Wutanfall und beschimpfe sie auch (**prétérit**). Ich drehe mich um und gehe (**prétérit**). Die Frau knallt die Tür zu (**prétérit**). Meine Zimmersuche geht also schief (**plus-que-parfait**). Ich flüchte nach Charlottenburg (**prétérit**).

U13 Kulturerbe?

La voix passive

1 Die festen Regeln der Fuggerei. Énoncez les règles en vigueur à la Fuggerei en utilisant le passif impersonnel.

In der Fuggerei …

1. nur bedürftige katholische Augsburger aufnehmen
   In der Fuggerei werden nur bedürftige katholische Augsburger aufgenommen.
2. für die Familie Fugger dreimal täglich beten
3. keinen reichen Bürger akzeptieren
4. ab 22 Uhr die Tore schließen
5. 88 Cent Miete im Jahr bezahlen

2 Die Geschichte der Völklinger Hütte. Transposez les phrases à la voix passive.

1. 1873 gründete der Ingenieur Julius Buch bei Völklingen ein Stahlwerk.
   1873 wurde bei Völklingen (vom Ingenieur Julius Buch) ein Stahlwerk gegründet.
2. Sechs Jahr später schloss der Ingenieur Julius Buch das Werk.
3. 1881 kaufte Carl Röchling das stillgelegte Stahlwerk.
4. Im 20. Jahrhundert produzierten hier Tausende ausländische und deutsche Arbeitskräfte Eisen.
5. 1986 legten die Geschäftsleiter die Produktion in der Völklinger Hütte still.
6. 1994 erklärte die UNESCO die Völklinger Hütte zum Weltkulturerbe.
7. Künstler aus der ganzen Welt stellen hier jedes Jahr ihre Werke aus.

La conséquence avec **darum / deshalb / deswegen**

3 Ein Kunst- und Kulturzentrum. Reliez les deux phrases en utilisant le connecteur proposé.

1. Eine komplett erhaltene Eisenhütte wie die Völklinger Hütte ist einmalig auf der ganzen Welt. 1994 wurde sie zum Weltkulturerbe ernannt. (**deswegen**)
2. Über 150.000 Besucher sahen „Inka – Gold.Macht. Gott". Die Ausstellung wurde bis zum 8. April verlängert. (**deshalb**)
3. Vom 12. bis zum 13. Juli verwandelt sich das Weltkulturerbe in einen außergewöhnlichen Electro-Club. Die Fans sollten am besten ab sofort ihre Tickets per Internet reservieren. (**deshalb**)
4. Die Völklinger Hütte möchte an die Zwangsarbeiter des Zweiten Weltkrieges erinnern. Die Besucher können eine große Installation von Christian Boltanski sehen. (**darum**)
5. Es ist wichtig, dass die Jugend sich für das Kulturerbe interessiert. Die Völklinger Hütte bietet für Kinder, Jugendliche, Schüler und Studenten freien Eintritt an. (**deswegen**)

4 Jakob Fugger und die Fuggerei. Reformulez les phrases en utilisant deshalb, darum ou deswegen. Attention à l'ordre des propositions.

1. Die Fuggerei in Augsburg ist einzigartig auf der Welt, weil die Bewohner nur 88 Cent Miete pro Jahr bezahlen.
   Die Bewohner bezahlen nur 88 Cent Miete pro Jahr, darum / deshalb / deswegen ist die Fuggerei einzigartig auf der Welt.
2. Die Stimmung in der Sozialsiedlung ist freundlich, weil alle Bewohner der Fuggerei hilfsbereit sind.
3. In der Fuggerei gibt es eine Gedenktafel, die an Familie Mozart erinnert, weil der Vater von Wolfgang Amadeus dort einmal lebte.
4. Viele Touristen kommen jedes Jahr nach Augsburg, weil die Fuggerei ein interessantes Ausflugziel ist.
5. 2021 wird die Stadt Augsburg viele Veranstaltungen organisieren, weil die Fuggerei ihr 500-jähriges Jubiläum feiert.

La concession avec **obwohl / auch wenn**

5 Die Fuggerei und ihre Bewohner. Reliez les propositions par obwohl pour exprimer la concession. Attention à l'ordre des propositions.

1. Die Fuggerei ist eine Sozialsiedlung ; die Fuggerei hat etwas Märchenhaftes.
2. Viele Deutsche leben am Existenzminimum ; viele Deutsche haben eine Vollzeitstelle.
3. Die Einwohner bezahlen immer noch 88 Cent Miete pro Jahr ; die Einwohner leben im 21. Jahrhundert.
4. Jakob Fugger ist seit langem tot ; Jakob Fugger ist in Augsburg sehr präsent.

6 **Die Völklinger Hütte und ihre Events.** **Formez des phrases en faisant de la deuxième proposition une subordonnée de concession introduite par auch wenn.**

1. Das Festival „Electro Magnetics“ ist europaweit bekannt. Das Festival findet in einer kleinen Stadt des Saarlands statt.
2. Das Weltkulturerbe Völklinger Hütte hat es geschafft ; das Ziel war nicht einfach zu erreichen.
3. Bei der Biennale „Urban Art“ können die Besucher viele Werke bewundern ; die Besucher verstehen nicht immer, was der Künstler sagen wollte.
4. Mit den Ausstellungen der Völklinger Hütte kann man auf Weltreise gehen ; man reist nur mit der Fantasie.

U14 Es lebe die Geschichte!

Le génitif

1 **Eine Mannschaft, vier Sterne.** **Recopiez les phrases en remplaçant von + datif par le génitif saxon.**

1. Der erste Sieg von Deutschland in einer Fußball-WM war 1954. Das war das Wunder von Bern.
2. Die Zeit von Franz Beckenbauer als Kapitän der deutschen Nationalelf war sehr erfolgreich: 1974 gewann die Bundesrepublik Deutschland das Turnier mit einem 2:1-Sieg über die Niederlande im Finale.
3. 1990 belegte die Mannschaft von Lothar Matthäus den ersten Platz und wurde zum dritten Mal Weltmeister.
4. 2014 hat das Team von Joachim Löw die deutsche Fußballnationalmannschaft zum Weltmeistertitel geführt.

2 **Der Playmobil-Luther.** **Recopiez les phrases en remplaçant von + datif par le génitif.**

1. Die Figuren von der Marke Playmobil werden in Zirndorf bei Nürnberg gefertigt.
2. Der Verkauf von der Martin Luther-Figur wurde 2017 zu einem Riesenerfolg.
3. Die Playmobil-Figur konnte man sogar über die Online-Shops von den Tourismuszentralen bestellen.
4. Playmobil hat über eine Million Exemplare vom Mini-Priester Luther weltweit verkauft.
5. Der Mini-Luther ist die erfolgreichste Playmobil-Einzelfigur in der Geschichte vom Unternehmen.

La subordonnée de temps avec als

3 **Als Luther ...** **Transformez les phrases selon le modèle.**

1. Martin Luther kam 1483 auf die Welt; seine Eltern waren sehr stolz.
   Als Martin Luther 1483 auf die Welt kam, waren seine Eltern sehr stolz.
2. Martin Luther ging auf die Universität; er studierte zunächst Jura.
3. 1505 wurde Martin Luther vom Blitz getroffen; er entschied, Mönch zu werden.
4. 1517 kritisierte Martin Luther die Kirche; er wurde von der Kirche ausgeschlossen.
5. 1534 übersetzte Luther die Bibel ins Deutsche; er legte damit den Grundstein für die deutsche Schriftsprache.

4 **Das Projekt der 1.000 Stimmen.** **Reformulez les commentaires des personnes qui ont assisté au spectacle des 1.000 voix en utilisant als ou wenn.**

1. Ich hörte vom Luther-Musical. → Ich war sofort begeistert.
2. Ich saß im Saal und hörte die Musik. → Ich fühlte mich ins Jahr 1521 transportiert!
3. Die CD des Musicals ist im Handel erhältlich. → Ich werde sie mir sicherlich kaufen.
4. Im kommenden Jahr geht das Pop-Oratorium Luther wieder auf Tour. → Ich bestelle die Tickets sofort online.

5 **Eine Fußballnation.** **Repérez dans chaque phrase, s’il est question d’un fait répété, habituel ou unique. Puis reliez les deux propositions à l’aide de la conjonction als ou wenn.**

1. Deutschland organisierte 2006 die Fußball-Weltmeisterschaft. → Man sprach vom „Sommermärchen“.
2. Die Mannschaft spielte. → Die deutschen Spieler schossen jedes Mal zwei Tore.
3. Die deutsche Mannschaft verlor 2006 das Halbfinale gegen Italien. → Tausende Fans weinten.
4. 2014 gewann die deutsche Mannschaft die Fußball-Weltmeisterschaft. → Deutschland wurde zum vierten Mal Weltmeister.

Lexique allemand-français

Ce lexique comprend les mots importants du manuel. Chaque mot a été traduit en fonction du sens qu'il revêt dans l'unité où il apparaît (le numéro de l'unité est indiqué en couleur).

Les préverbes séparables sont indiqués par une barre verticale et les changements de voyelles des verbes irréguliers sont signalés entre parenthèses.

Abréviations
Sg. : seulement au singulier
Pl. : seulement au pluriel
A : accusatif
D : datif
G : génitif

Lexique allemand-français

A

ab|bauen (Vorurteile abbauen) (Braunkohle abbauen) supprimer, éliminer ; exploiter | U8 / U12
ab|schalten (ein AKW abschalten) arrêter, couper | U10
ab|werfen (i-a-o) (eine Atombombe abwerfen) larguer, lâcher | U9
Abfall, der (¨-e) (der radioaktive Abfall) déchets | U10
Abgrenzung, die (-en) délimitation | U1
abhängig (von jemandem abhängig sein) dépendant/e | U3
Abi, das (-s) = Abitur, das (das Abitur machen) bac = baccalauréat | U11
Abitur, das = Abi, das (-s) baccalauréat = bac | U11
Ablehnung, die (-en) refus | U7
Abschluss, der (¨-e) (einen Abschluss machen) diplôme, examen final | U11
aktiv werden se mobiliser | U11
AKW, das (-s) = Atomkraftwerk, das centrale nucléaire | U10
akzeptieren accepter | U6 / U11
alleinerziehend qui élève seul/e son enfant | U13
Alltag, der (Sg.) quotidien | U10
amüsieren, sich s'amuser | U14
an|bieten (ie-o-o) proposer | U13
an|erkennen (e-a-a) reconnaître | U3
an|gehören (einer Gemeinschaft angehören) faire partie de | U13
an|greifen (ei-i-i) attaquer | U8
an|passen, sich s'adapter | U4
Ananas, die (-) ananas | U2
Andere, der / die (-n) autre | U11
ändern, sich changer | U2
anders autre, différent/e | U2 / U11
Andersdenkende, der / die (-n) dissident/e | U4
Anerkennung, die (Sg.) reconnaissance | U3
Angst, die (¨-e) (vor +D) peur (de) | U10 / U12
an|sehen (ie-a-e) regarder | U14
arbeitslos chômeur / chômeuse, au chômage | U10
Arbeitswelt, die (-en) monde du travail | U10
arm pauvre | U2 / U13
arrogant arrogant/e | U2
atmen (frische Luft atmen) respirer | U8
Atmosphäre, die (-n) atmosphère | U14
Atomausstieg, der (Sg.) sortie du nucléaire | U10
Atombombe, die (-n) bombe atomique | U9
Atomenergie, die (Sg.) énergie nucléaire | U9 / U10
Atomkatastrophe, die (-n) catastrophe nucléaire | U10
Atomkraftwerk, das (-e) = AKW centrale nucléaire | U10
Atommüll, der (Sg.) déchets nucléaires | U10
auf|fordern (zu +A) inviter (qqn à faire qqch.) | U6
auf|führen jouer, interpréter | U11
auf|hängen (Fotos aufhängen) accrocher | U8
auf|lehnen, sich (gegen +A) se rebeller | U3
auf|zeigen (Missstände aufzeigen) montrer, mettre en évidence | U4
Aufbruch, der (¨-e) renouveau | U5
aufgenommen → auf|nehmen (i-a-o) (in +A) (in die Welterbeliste aufgenommen werden) admis/e → admettre | U13
aufgewachsen → auf|wachsen (ä-u-a) grandi → grandir | U1
aufmerksam (auf etwas aufmerksam machen) attentif / attentive (faire remarquer qqch.) | U6
aufregend passionnant/e | U14
aus|drücken (seinen Unmut gegen etwas ausdrücken) exprimer | U5
aus|grenzen exclure | U12
aus|schließen (i-o-o) exclure | U12
aus|sehen (i-a-e) avoir l'air | U12
aus|üben (Druck auf jemanden ausüben) exercer (faire pression sur qqn) | U6 / U9

ausgegrenzt → aus|grenzen exclu/e → exclure | U11
ausgeprägt prononcé/e, très développé/e | U7
ausgeschlossen → aus|schließen (ie-o-o) (von etwas ausgeschlossen sein) exclu/e → exclure (être exclu/e de qqch.) | U3
Ausland, das (Sg.) étranger | U1
Ausländer, der (-) / Ausländerin, die (-en), étranger / étrangère | U1
äußern (seine Gedanken äußern) exprimer | U4
Ausstellung, die (-en) exposition | U5 / U13
ausverkauft épuisé/e | U2
Auto, das (-s) voiture | U3

B

Banane, die (-n) banane | U2
Barriere, die (-n) barrière | U11
basisdemokratisch (basisdemokratisch organisiert sein) sous forme de démocratie directe | U11
Baum, der (¨-e) arbre | U8
Baumpate, der (-n) / Baumpatin, die (-nen) parrain / marrain d'un arbre | U8
Baumstamm, der (¨-e) tronc d'arbre | U8
bedenken (e-a-a) (die Folgen bedenken) réfléchir (à) | U9
Bedeutung, die (-en) (von Bedeutung sein) importance (être important/e) | U14
bedürftig dans le besoin | U13
beeindruckend impressionnant/e | U14
Beere, die (-n) baie | U8
befreien, sich (von +D) se libérer (de) | U3
begeistert enthousiaste | U14
Begriff, der (-e) notion | U1
behalten (etwas in Erinnerung behalten) garder | U14
beherrschen (eine Sprache beherrschen) maîtriser | U12
behindert handicapé/e | U11
Behinderte, der / die (-n) handicapé/e | U11
bekannt célèbre | U8
bekommen (o-a-o) recevoir | U2
bemalen peindre | U5
benachteiligt → benachteiligen ((nicht mehr) benachteiligt sein) défavorisé/e → défavoriser | U3
benutzen utiliser | U8
Bereich, der (-e) domaine | U3
Berg, der (-e) montagne | U1
Berliner Mauer, die (Sg.) mur de Berlin | U5
berufstätig sein travailler | U3
Berufsverbot, das (-e) interdiction professionnelle | U4
berühmt célèbre | U8
beschlagnahmen (Kunstwerke beschlagnahmen) saisir | U4
Besondere, das (etwas Besonderes für jemanden sein) quelque chose de spécial | U14
besorgt (über +A**)** inquiet / inquiète | U6
bestimmen (über sich selbst bestimmen) décider | U3
besuchen (einen Integrationskurs besuchen) aller à | U12
beteiligen, sich (an +D**) (sich an einer Debatte beteiligen)** participer (à) | U6
Beteiligungsform, die (-en) forme de participation | U6
bevorzugen favoriser, préférer | U4
bewahren préserver | U13
Bewusstsein, das (für +A**)** conscience | U7
bezahlen (Miete bezahlen) payer | U2 / U13
beziehen (ie-o-o) (Stellung beziehen) prendre (position) | U4
bieten (Schutz bieten) offrir | U8
Bildhauer, der (-) / Bildhauerin, die (-nen) sculpteur / sculptrice | U4
billig bon marché | U2
billigen approuver | U4
bleiben (ei-ie-ie) (so bleiben) rester (stable) | U2
Blogeintrag, der (¨-e) (einen Blogeintrag schreiben) article publié sur un blog | U6
Blut, das (Sg.) sang | U1
Botschaft, die (-en) message | U5
Brandenburger Tor, das (Sg.) porte de Brandebourg | U5
Braunkohle, die (Sg.) **(Braunkohle abbauen)** lignite | U8
Brötchen, das (-) petit pain | U2
Bruderkuss, der (Sg.) accolade (fraternelle) | U5
Buch, das (¨-er) livre | U4
Bundesland, das (¨-er) Land | U1
bunt multicolore, très coloré/e | U2
Bürger, der (-) / Bürgerin, die (-nen) citoyen/ne | U6 / U7
Bürgerinitiative, die (-n) comité de défense | U6

C

Chance, die (-n) chance | U9
Cybermobbing, das (Sg.) cyber-harcèlement | U11

D

damals alors, à l'époque | U13
Daten, die (Pl.) données | U7
Datenschutz, der (Sg.) protection des données | U7
Datenverarbeitung, die (-en) traitement des données | U7
Debatte, die (-n) débat | U6
Demokratie, die (-n) démocratie | U5

Lexique allemand-français

Demonstration, die (-en) (an einer Demonstration teilnehmen) manifestation | U6
demonstrieren manifester | U6 / U7
denken (e-a-a) (an +A**)** penser (à) | U9
Denkmal, das (¨-er) monument | U13
Denkmalschutz, der (Sg.) protection des monuments historiques | U13
denunzieren dénoncer | U5
Deutsch l'allemand | U12
Differenz, die (-en) différence | U12
Diskussion, die (-en) discussion, débat | U9
Dorf, das (¨-er) village | U1
Dritte Reich, das (Sg.) IIIe Reich | U4
drüben de/à l'autre côté | U2
Druck, der (Sg.) pression, contrainte | U6 / U9 / U11
dulden tolérer | U4
dunkel sombre, obscur/e | U8
düster sombre, lugubre | U8

E

E-Partizipation, die (-en) participation en ligne | U6
ehrgeizig ambitieux / ambitieuse | U3
eigenverantwortlich en prenant la responsabilité sur soi | U11
ein|kaufen acheter | U2
ein|setzen, sich (für +A**) (sich für mehr Datenschutz einsetzen)** s'investir (pour) ; intervenir (pour) | U7 / U5
eindeutig clairement | U4
Eindruck, der (¨-e) (einen großen Eindruck auf jemanden machen) impression | U14
eindrucksvoll impressionnant/e | U14
eingestellt sein (gegenüber +D**)** être partisan/e (de) | U10
Einrichtung, die (-en) organisation | U11
Eintrittsgeld, das (-er) prix d'entrée | U13
Einwanderung, die (Sg.) immigration | U1
Eisenwerk, das (-e) usine sidérurgique | U13
eiserne Vorhang, der (Sg.) rideau de fer | U2
Elektrogerät, das (-e) appareil électrique | U2
emanzipiert émancipé/e | U3
emotional émotif / émotive | U3 / U14
Ende, das (-n) fin | U9
endlos infini/e | U9
Energie, die (-en) énergie | U10
Energiequelle, die (-n) source d'énergie | U9
engagieren, sich (für +A **/ gegen** +A**) (sich politisch engagieren)** s'engager (pour / contre) | U4 / U5 / U6 / U8 / U9 / U11
Entdeckung, die (-en) découverte | U9
enthusiastisch enthousiaste | U14
Entscheidungen treffen prendre des décisions | U9
entwickeln, sich (sich zu schnell entwickeln) se développer | U10
Erbe, das (Sg.) **(das Erbe der Menschheit)** héritage | U13
Ereignis, das (-se) événement | U14
erfolgreich sein réussir | U3
erhalten (ä-ie-a) (gut erhalten sein) ; (Geschichte lebendig erhalten) préserver ; maintenir | U13 / U14
Erholungsort, der (-e) lieu de repos | U8
erinnern, sich (an +A**)** se souvenir (de) | U1 / U2 / U14
Erinnerung, die (-en) mémoire, souvenir | U14
erkranken (an +D**)** être atteint/e (de) | U10
erleben (etwas live erleben) vivre | U14
erleichtern (das Leben von Behinderten erleichtern) faciliter | U11 / U10
erleichtert soulagé/e | U13
Erleichterung, die (Sg.) soulagement | U13
erneuerbar renouvelable | U10
erneuerbare Energie, die (-n) énergie renouvelable | U10
erreichen (viele Menschen erreichen) atteindre | U6
erschaffen (ein Kunstwerk erschaffen) créer | U4
ersetzen (Menschen ersetzen) remplacer | U10
erstellen (eine Petition erstellen) établir, dresser | U6
erteilen (Berufsverbot erteilen) infliger | U4
erzählen raconter | U13
Event, das (-s) événement | U14
explodieren exploser | U9
Explosion, die (-en) explosion | U10

F

Fabrik, die (-en) usine | U13
fahren (ä-u-a) (Auto fahren) conduire | U3
fällen (einen Baum fällen) abattre | U8
Fehler, der (-) faute | U9
Feier, die (-n) fête | U14
feiern (ein Ereignis feiern) fêter | U14
fern lointain/e | U2
fest|nehmen (i-a-o) arrêter | U4
Festival, das (-s) festival | U13
Feuerholz, das (Sg.) bois de chauffage | U8

Fleisch, das (Sg.) viande | U2
Flüchtling, der (-e) réfugié/e | U5
Folge, die (-n) conséquence | U9
fordern exiger | U6
fördern encourager, favoriser | U12
Forderung, die (-en) revendication, exigence | U6
Forscher, der (-) / Forscherin, die (-nen) chercheur / chercheuse | U9
Forst, der (-e) bois | U8
Fortschritt, der (Sg.) progrès | U10
Forum, das (Foren) forum | U6
Fotograf, der (-en) / Fotografin, die (-nen) photographe | U4
Frage, die (-n) question | U10
frei librement, en liberté | U3
Freiheit, die (-en) liberté | U5
Freizeitaktivität, die (-en) activité de loisir | U8
fremd (jemandem fremd sein) étranger / étrangère | U1 / U2
freuen, sich (über +A**)** être content/e (de) ; se réjouir (de) | U2 / U14
Frieden, der (Sg.) paix | U5
friedlich pacifique | U9
frisch (an der frischen Luft) frais / fraîche | U8
froh heureux / heureuse | U14
früher autrefois | U13
fühlen, sich (sich ausgegrenzt fühlen) se sentir | U1 / U11
führen (den Haushalt führen) tenir (tenir la maison) | U3

G

garantieren garantir | U10
Gebäude, das (-) bâtiment | U5
geboren sein être né/e | U1
Geborgenheit, die (Sg.) (sentiment de) sécurité | U1 / U8
Geburtsort, der (Sg.) lieu de naissance | U1
Gedanke, der (-n) pensée, idée | U4
Gedicht, das (-e) poème | U8
Gefahr, die (-en) danger | U9
gefährlich (für +A**)** dangereux / dangereuse | U5 / U8 / U10
Gefühl, das (-e) sensation, sentiment | U1 / U13
gefühlskalt insensible | U3
Gegend, die (-en) région | U1
Geist, der (-er) (gute Geister / böse Geister) esprit | U8
geistig behindert handicapé/e mental/e | U11
gemeinsam commun/e, ensemble | U2 / U6 / U9 / U14
Gemeinschaft, die (-en) communauté | U13
Gemütlichkeit, die (Sg.) confort, atmosphère sympathique | U1
Generation, die (-en) génération | U9
Geruch, der (¨-e) (von +D**)** odeur | U2
Geschäft, das (-e) magasin | U2
Geschichte, die (Sg.) **(Geschichte und Kultur kennen)** histoire | U12 / U13 / U14
geschieden divorcé/e | U13
Geschmack, der (Sg.) **(von** +D**)** goût | U2
Gesellschaft, die (-en) société | U2 / U9
Gesetz, das (-e) (sich an die Gesetze halten) loi | U6 / U12
Gesetzesänderung, die (-en) amendement législatif | U6
gewagt osé/e, risqué/e | U5
Gewissen, das (Sg.) **(nach seinem Gewissen handeln)** conscience | U6 / U9
gezwungen → zwingen (i-a-u) (zu +D**)** contraint/e → contraindre | U11
gigantisch gigantesque | U14
glauben (an +A**)** croire (en, à) | U10
gleichberechtigt égal/e en droits | U3
Gleichberechtigung, die (Sg.) égalité des droits | U3 / U12
gleichgeschlechtlich homosexuel/le | U5
Gleichstellung, die (Sg.) **(von** +A**)** assimilation | U3
Globalisierung, die (-en) mondialisation | U1
Glück, das (Sg.) bonheur | U13
glücklich (jemanden glücklich machen) heureux / heureuse | U2 / U13 / U14
Graffiti, das (-s) graffiti | U5
grandios grandiose | U14
grau gris/e | U2
Grenze, die (-n) frontière | U2 / U5
Grundrecht, das (-e) droit fondamental | U7
gruselig qui donne le frisson | U8

H

Haar, das (-e) cheveu | U3
halten (für +A**) (etwas für wichtig halten)** considérer (comme) | U14
halten, sich (ä-ie-a) (an +A**) (sich an die Gesetze halten)** s'en tenir (à), respecter | U12
handeln agir | U6 / U9
Handwerker, der (-) / Handwerkerin, die (-nen) artisan/e | U13
Haushalt, der (-e) tenue de la maison | U3
heilend médicinal/e | U8
Heimat, die pays (natal), patrie | U1
Heimatbegriff, der (-e) notion de patrie | U1
Heimatmuseum, das (-museen) musée local / régional | U1
Heimatverein, der (-e) association folklorique | U1
Heimweh, das (Sg.) mal du pays | U1
helfen (i-a-o) (bei +D**)** servir | U12
herausragend exceptionnel/le | U13

heute aujourd'hui | U13
Holz, das (Sg.) bois | U8

I

Identität, die (-en) (das Sinnbild der deutschen Identität) identité | U8
Ideologie, die (-n) idéologie | U4
in Frage stellen mettre en cause | U10
in Not sein dans le besoin | U13
Industriedenkmal, das (¨-er) monument industriel | U13
Installation, die (-en) installation | U5
Instrumentalisierung, die (-en) instrumentalisation | U1
Integration, die (Sg.) intégration | U12
Integrationskurs, der (-e) cours d'intégration | U12
integrieren, sich s'intégrer | U12
interessieren, sich (für +A**)** s'intéresser (à) | U14
Internet, das (Sg.) Internet | U6 / U7
irgendwo n'importe où | U1
irre dément/e, dingue | U14

J

Job, der (-s) job, boulot | U10
Jobkiller, der (-) mesure qui supprime des emplois | U10
Journalist, der (-en) / Journalistin, die (-nen) journaliste | U4
Jubiläum, das (Jubiläen) anniversaire (fête) | U14

K

Kaffee, der (-s) café | U2
Kakao, der (-s) cacao | U2
kämpfen (für +A **/ gegen** +A**) (gegen Rassismus kämpfen)** se battre (pour / contre) | U8 / U3 / U4 / U12
Karriere, die (-n) (Karriere machen) carrière | U3 / U9
kaufen acheter | U2
kennen (e-a-a) connaître | U12
kennen|lernen faire la connaissance (de) | U12
Kernspaltung, die (-en) fission nucléaire | U9
KI, die = künstliche Intelligenz, die (Sg.) IA = intelligence artificielle | U10
Kind, das (-er) enfant | U3
klären (Missverständnisse klären) clarifier, éclaircir | U12
Kleidung, die (Sg.) vêtements | U2
klicken cliquer | U6
Klicktivismus, der (Sg.) clicktivisme | U6
knapp juste | U2
Kommentar, der (-e) commentaire | U6
kommunizieren (über WhatsApp kommunizieren) communiquer | U7
Konflikt, der (-e) conflit | U2
Konkurrenz machen (den Menschen Konkurrenz machen) faire concurrence (à) | U10
Konkurrenz, die (Sg.) concurrence | U10
Konsequenz, die (-en) conséquence | U9
Konto, das (-s) (ein Konto haben) compte | U7
kontrollierbar contrôlable | U10
Konzert, das (-e) concert | U13
Konzerthaus, das (Sg.) salle de concert (à Berlin) | U5
körperlich behindert handicapé/e physique | U11
Kraut, das (Kräuter) (heilende Kräuter) herbe | U8
Krieg, der (-e) guerre | U5
Kritik üben (an +D**)** critiquer | U4
Kritik, die (-en) critique | U4
kritisch de façon critique ; critique | U9 / U10
Kultur, die (-en) culture, civilisation | U1 / U13 / U12
kümmern, sich (um +A**)** s'occuper (de) | U3 / U7 / U13
Kunst, die (Sg.) art | U5
Künstler, der (-) / Künstlerin, die (-en) artiste | U4 / U5
künstliche Intelligenz, die = KI (Sg.) intelligence artificielle = IA | U10
Kunstprojekt, das (-e) projet artistique | U5
Kunstwerk, das (-e) œuvre d'art | U4 / U5
kurz court/e | U3

L

Laden, der (¨-) magasin, boutique | U2
Land, das (¨-er) pays | U1
Landschaft, die (-en) paysage | U1
langfristig à long terme | U9
Leben, das (-) vie | U11
lebendig vivant/e | U14
Lebensmittel, das (-) denrées alimentaires | U2
leicht léger / légère | U2
Leistung, die (-en) performance | U3
lernen (aus +D**) (aus der Vergangenheit lernen)** apprendre | U9/ U11 / U12
Liebe, die (Sg.) amour | U5
liefern (Nahrung liefern) fournir | U8
live (etwas live erleben) en direct | U14
Lohn, der (¨-e) (Lohn bekommen) salaire (être payé/e) | U3
lösen (Probleme lösen) résoudre | U10
Lösung, die (-en) solution | U9
Luft, die (¨-e) (an der frischen Luft) air | U8

Lunge, die (-n) (die grüne Lunge) poumon | U8
lustig gai/e ; drôle, amusant, e | U2
Luxusartikel, der (-) article de luxe | U2

M

Macht, die (¨-e) pouvoir | U5
mächtig puissant/e | U5
Maler, der (-) / Malerin, die (-nen) peintre | U4
Mangel, der (an +D) pénurie (de) | U2
männlich masculin/e | U3
Märchen, das (-) conte | U8
märchenhaft fabuleux / fabuleuse | U8
Mauer, die (-n) mur | U5
mehr plus | U3
Meiler, der (-) réacteur | U10
Mensch, der (-en) homme, personne | U10 / U12
Menschenrecht, das (-e) droits de l'homme | U5
Menschheit, die (Sg.) **(das Erbe der Menschheit)** humanité | U13
Miete, die (-n) loyer | U13
missbilligen désapprouver | U4
missbraucht → missbrauchen abusé, e → abuser de | U1
Missstand, der (¨-e) anomalie, abus | U4
Missverständnis, das (-se) malentendu | U12
miterleben participer à, vivre | U14
Mitschüler, der (-) / Mitschülerin, die (-nen) camarade de classe | U11
Mobbing, das (Sg.) harcèlement moral | U11
mobilisieren (jemanden mobilisieren) mobiliser | U6
mutig courageux / courageuse | U5
Mythos, der (Mythen) mythe | U8

N

nächste/-r (die nächste Generation) prochain/e | U9
nah proche | U2
Nahrung, die (Sg.) nourriture | U8
Natur, die (Sg.) **(in der Natur)** nature | U8
negativ négatif / négative | U10
nett gentil/le | U13
neu nouveau / nouvelle | U3
Neuanfang, der (Sg.) nouveau départ | U5
Not, die (Sg.) misère | U13
Nuklearwaffe, die (-n) arme nucléaire | U9
nutzen (soziale Netzwerke nutzen) utiliser | U7
Nutzung, die (-en) utilisation | U9

O

öffentlich public / publique | U3
Öffentlichkeit, die (Sg.) domaine publique ; opinion publique | U6
online sein être connecté/e | U7
Online-Petition, die (-en) pétition en ligne | U6
Opfer, das (-) victime | U5 / U9
optimistisch optimiste | U10
organisieren (eine Feier organisieren) organiser | U14
organisiert organisé/e | U11
Ort, der (-e) lieu | U1 / U8
Ostdeutsche, der / die (-n) Allemand/e de l'Est | U2

P

Päckchen, das (-) petit paquet | U2
Paket, das (-e) paquet, colis | U2
Parfüm, das (-e) parfum | U2
Partei, die (-en) parti | U7
Pass, der (¨-e) passeport | U1
persönlich (die persönlichen Daten) personnel/le | U7
Persönlichkeit, die (-en) personnalité | U8
pessimistisch pessimiste | U10
Petition, die (-en) pétition | U6
Pflanze, die (-n) plante | U8
Pflicht, die (-en) (Rechte und Pflichten kennen) devoir | U12
physisch physique | U11
Pilz, der (-e) champignon | U8
poetisch poétique | U8
Politiker, der (-) / Politikerin, die (-nen) homme / femme politique | U5 / U6
politisch politique, politiquement | U5 / U6 / U9
Position, die (-en) poste | U3
positionieren, sich se positionner | U4
preis|geben (i-a-e) (persönliche Daten preisgeben) révéler | U7
Prinzip, das (Prinzipien) principe | U9
Privatbereich, der (Sg.) domaine privé | U3
Privatsphäre, die (-n) ((keine) Privatsphäre (mehr) haben) sphère privée | U7
Problem, das (-e) problème | U10
Profilbild, das (-er) photo de profil | U7
Projekt, das (-e) projet | U6
Promi, der (-s) VIP, star | U8
prominent éminent/e | U8
Propaganda, die (Sg.) **(Propaganda für etwas machen)** propagande | U4
propagieren (eine Ideologie propagieren) prôner | U4
Protest, der (-e) protestation | U7
protestieren (gegen +A**)** protester (contre) | U5 / U6 / U7 / U9
provozieren provoquer | U4

R

radikal radicalement | U11
radioaktiv radioactif / radioactive | U10

radioaktiv verseucht contaminé/e, irradié/e | U10
radioaktiv verstrahlt contaminé/e, irradié/e | U10
Rassismus, der (Sg.) racisme | U12
rassistisch raciste | U12
Räuber, der (-) brigand | U8
rauchen fumer | U3
Reaktor, der (-en) réacteur | U10
Reaktorkatastrophe, die (-n) catastrophe nucléaire | U10
Recht, das (-e) droit | U12
reflektieren refléter | U9
Regierung, die (-en) gouvernement | U5 / U6
Regime, das (-s) régime |
Region, die (-en) région | U1
Regisseur, der (-e) / Regisseurin, die (-nen) réalisateur / réalisatrice | U4
reich riche | U2
Reichstag, der (Sg.) **(der Deutsche Reichstag)** Reichstag | U5
Reichweite, die (Sg.) **(die große / geringe Reichweite)** portée | U6
Rentner, der (-) / Rentnerin, die (-nen) retraité/e | U13
repräsentieren représenter | U8
Respekt, der (Sg.) respect | U3
retten (den Wald retten) sauver | U8
riechen (ie-o-o) (nach +D**)** sentir | U1 / U2
riesig énorme, immense | U9
Risiko, das (Risiken) (ein Risiko eingehen) risque | U5 / U9
riskant risqué/e | U10
Roboter, der (-) robot | U10
roden (den Wald roden) défricher | U8
Rodung, die (-en) défrichage | U8
Rollenverteilung, die (Sg.) répartition des rôles | U3
Rollstuhl, der (¨-e) fauteuil roulant | U11
Rollstuhlfahrer, der (-) / Rollstuhlfahrerin, die (-nen) personne en fauteuil roulant | U11
rollstuhlgerecht adapté/e aux fauteuils roulants | U11
romantisch romantique | U8

S

sammeln (Pilze und Beeren sammeln) ; (Unterschriften sammeln) ramasser, cueillir (champignons) ; collecter, recueillir (signatures) | U8 / U7 / U6
Sänger, der (-) / Sängerin, die (-nen) chanteur / chanteuse | U4
sauber propre | U2
Säule, die (-n) colonne | U5
schaffen (a-u-a) (Jobs schaffen) créer | U10
schauderhaft horrible | U8
Schauspieler, der (-) / Schauspielerin, die (-nen) acteur / actrice | U4
schicken (ein Paket) envoyer | U2
schmecken (nach +D**)** avoir un goût (de) | U2
schmutzig sale | U2
schnell vite, rapidement | U10
Schokolade, die (-n) chocolat | U2
schön beau / belle | U8
Schriftsteller, der (-) / Schriftstellerin, die (-nen) écrivain | U4
Schulabschluss, der (¨-e) diplôme de fin de scolarité | U11
Schutz, der (Sg.) **(der Schutz der eigenen Daten / der Daten von Dritten)** protection | U7 / U8
schützen (den Wald schützen) protéger | U7 / U8 / U13
schweigen (ei-ie-ie) (über +A**)** se taire | U4
schwer lourd/e | U2
Schwimmweste, die (-n) gilet de sauvetage | U5
See, der (-n) lac | U1
sehnen, sich (nach +D**)** désirer ardemment, aspirer (à) | U2
Sehnsucht, die (¨-e) nostalgie | U1 / U2
Sehnsuchtsort, der (-e) lieu de nostalgie | U8
Selbstbewusstsein, das (Sg.) confiance en soi, conscience de sa propre valeur | U3
selbstfahrend qui se conduit tout/e seul/e | U10
selbstsicher sûr/e de soi | U3
sensibilisieren (die Öffentlichkeit sensibilisieren) sensibiliser | U6
Sinnbild, das (-er) symbole | U8
skeptisch sceptique | U10
solidarisch solidaire | U2
Solidarität, die (Sg.) solidarité | U5
Sonntagsbraten, der (-) rôti du dimanche | U1
Sorge, die (-n) souci | U7
Sorgen machen, sich (um +A**)** se faire du souci pour | U7
soziale Netzwerk, das (-e) réseau social | U7
soziale Online-Dienst, der (-e) réseau social | U7
Sozialsiedlung, die (-en) lotissement social | U13
spannend captivant/e | U14
Spaß, der (¨-e) (Spaß machen) plaisir (plaisanter) | U11
speichern sauvegarder | U7
spitze super | U14
Sport, der (Sg.) sport | U3
Sprachbarriere, die (-n) barrière linguistique | U12
Sprache, die (-n) langue | U12
Sprachmittler, der (-) / Sprachmittlerin, die (-nen) médiateur / médiatrice linguistique | U12
Spur, die (-en) (Spuren vergangener Kulturen) trace | U13

Staat, der (-en) État | U2 / U5
Stadt, die (¨-e) ville | U1
Stamm, der (¨-e) tronc | U8
starten (eine Bürgerinitiative starten) lancer | U6
stehen (für +A**)** signifier, représenter | U8
Stellung, die (-en) (Stellung beziehen) position | U4
sterben (i-a-o) (an +A**)** mourir (de) | U10
still|legen (ein AKW stilllegen) fermer | U10
stillgelegt → still|legen (stillgelegt werden) fermé/e → fermer | U13
Stilllegung, die (-en) fermeture, suppression | U10
Stimmung, die (-n) ambiance | U14
Stoff, der (-e) tissu | U5
stolz (auf +A**)** fier / fière | U14 / U13
Stolz, der (Sg.) fierté | U13
Strahlung, die (-en) (die radioaktive Strahlung) radiations | U10
suchen (gemeinsam Lösungen suchen) chercher | U9
Südfrucht, die (¨-e) fruits exotiques | U2
Symbol, das (-e) (ein Symbol für etwas sein) symbole | U5
symbolisieren symboliser | U8

T

Tag der Deutschen Einheit, der (Sg.) journée de l'Unité allemande / de la Réunification (fête nationale allemande) | U14
Tänzer, der (-) / Tänzerin, die (-nen) danseur / danseuse | U4
Technik, die (Sg.) technique | U10
technisch technique | U10
teil|nehmen (i-a-o) (an +D**) (an öffentlichen Diskussionen teilnehmen)** participer (à) | U9 / U6 / U14
Teilung, die (-en) division, partage | U2
teuer cher / chère | U2
Teufel, der (-) diable | U8
Theaterstück, das (-e) pièce de théâtre | U11
Tier, das (-e) animal | U8
tolerant tolérant/e | U12
Toleranz, die (Sg.) tolérance | U12
Tor, das (-e) porte | U5
Tote, der / die (-n) mort/e | U9
Trachtenverein, der (-e) association de costumes folkloriques | U1
traditionell traditionnel/le | U3
tragen (ä-u-a) (für etwas / jemanden Verantwortung tragen) porter | U9
traumhaft fantastique, de rêve | U8
traurig triste | U2
treiben (ei-ie-ie) (Sport treiben) faire (du sport) | U3
Trennung, die (-en) séparation | U2
treu (seinen Prinzipien treu bleiben) fidèle | U9
typisch typiquement | U3

U

überfallen (ä-ie-a) agresser | U8
überflüssig superflu/e | U10
überheblich arrogant/e | U2
überlegen (sich jemandem überlegen fühlen) supérieur/e | U2
überrascht étonné/e | U13
überschreiten (ei-i-i) (Grenzen überschreiten) dépasser | U5
überwachen (die Bürger überwachen) surveiller | U7
Überwachung, die (-en) surveillance | U7
überwinden (i-a-u) surmonter, franchir | U11 / U12
überzeugen (die Politiker überzeugen) convaincre | U6
Überzeugung, die (-en) conviction | U9
umeinander (sich umeinander kümmern) l'un/e de l'autre | U13
Umwelt, die (Sg.) environnement | U10
unabhängig indépendant/e | U3
UNESCO-Welterbe, das (Sg.) patrimoine mondial de l'UNESCO | U13
unheimlich sinistre, inquiétant/e | U8
unmündig sein mineur/e, immature | U3
Unmut, der (Sg.) **(seinen Unmut gegen etwas ausdrücken)** mauvaise humeur | U5
unsicher peu sûr/e, qui manque d'assurance | U3
unter Denkmalschutz stehen être classé/e monument historique | U13
unter|ordnen, sich se soumettre | U3
unternehmen (i-a-o) (gegen +A**) (etwas gegen Mobbing unternehmen)** entreprendre | U11
unterrepräsentiert (in wichtigen Positionen unterrepräsentiert sein) sous-représenté/e | U3
Unterschied, der (-e) différence | U2
unterschiedlich différent/e | U2
unterschreiben (ei-ie-ie) (eine Online-Petition unterschreiben) signer | U6
Unterschrift, die (-en) signature | U6
unterstützen (das Regime unterstützen) (ein Projekt unterstützen) soutenir | U4 / U6 / U11
ursprünglich initial/e | U1

V

verachten mépriser | U2
verändern changer, transformer | U10
veranstalten (eine Feier veranstalten) organiser | U14
Verantwortung, die (für +A**)** responsabilité (de) | U9
verbessern (den Alltag verbessern) améliorer | U10
verboten → verbieten (ie-o-o) interdit/e → interdire | U5 / U4
verbreiten, sich (sich viral verbreiten) se répandre | U6
verbrennen (Bücher verbrennen) brûler | U4
Verbundenheit, die (Sg.) liens, solidarité | U1
verfassen (einen Kommentar verfassen) rédiger | U6
verfolgen (Andersdenkende verfolgen) poursuivre | U4
vergangen → vergehen (e-i-a) passé/e → passer | U13
Vergangenheit, die (Sg.) passé | U9
Verhaltensweise, die (-n) (typisch männliche Verhaltensweisen) comportement (comportements typiquement masculins) | U3
verhören interroger | U4
verhüllen (mit +D**)** recouvrir (de) | U5
Verhüllung, die (-en) emballage, voilage | U5
verkaufen vendre | U2
verkörpern incarner | U8
verlassen (ä-ie-a) (das Land verlassen) quitter | U4
verlaufen, sich (äu-ie-au) se perdre | U8
verlieren (ie-o-o) (die Arbeit verlieren) perdre | U10
vermitteln (eine Botschaft vermitteln) transmettre | U5 / U12
vernichten (Jobs vernichten) supprimer | U10
Vernichtung, die (Sg.) destruction, extermination | U8
verständigen, sich communiquer, se faire comprendre | U12
verstecken cacher | U5
verstehen, sich (gut / nicht gut) s'entendre (bien / mal) (avec qqn) | U2
Vertraute, das (Sg.) intime | U1
Verwendung, die (-en) utilisation | U9
verzweifelt → verzweifeln désespéré/e → désespérer | U13
Verzweiflung, die (Sg.) désespoir | U13
Vielfalt, die (Sg.) **(die natürliche Vielfalt)** diversité | U8
vielfältig varié/e, divers/e | U8
viral (sich viral verbreiten) de manière virale | U6
Volksbegehren, das (-) initiative populaire | U6
Volksentscheid, der (-e) vote populaire | U6
Volksinitiative, die (-n) initiative populaire | U6
vollständig (vollständig erhalten sein) complet / complète | U13
Vorurteil, das (-e) préjugé | U12 / U2
Vorurteile haben (gegenüber +D**)** avoir des préjugés (contre) | U2

W

wählen voter | U3
Wald, der (¨-er) forêt | U1 / U8
Waldspaziergang, der (¨-e) promenade en forêt | U1
Wandbild, das (-er) tableau mural | U5
Ware, die (-n) marchandise | U2
warnen (vor +D**) (vor Risiken warnen)** mettre en garde (contre) | U9
weiter|geben (i-a-e) transmettre | U7
Welterbeliste, die (in die Welterbeliste aufgenommen werden) liste du patrimoine mondial | U13
weniger moins | U3
Werbeanzeige, die (-n) petite annonce publicitaire | U7
Werbung, die (-en) publicité | U7
Wert, der (-e) (wert sein) valeur (valoir) | U3 / U1 / U12
Westdeutsche, der / die (-n) Allemand/e de l'Ouest | U2
wichtig important/e | U3 / U14
wieder|beleben faire revivre | U13 / U14
wissen savoir | U12
Wissenschaftler, der (-) / Wissenschaftlerin, die (-nen) scientifique | U9
wohl (sich wohl fühlen) bien | U13
Wohl, das (Sg.) bien | U9
Wohlstand, der (Sg.) prospérité, aisance | U10
wohnen habiter | U1
Wohnort, der (-e) domicile | U1
wundervoll merveilleux / merveilleuse | U8
wütend (über +A**)** furieux / furieuse | U6

Z

zauberhaft merveilleux / merveilleuse | U8
zeigen montrer | U13
Zeitzeuge, der (-n) témoin de l'époque | U13
zentral central/e | U10
Zerfall, der (Sg.) désintégration | U5
zielstrebig déterminé/e | U3
zu Hause chez soi | U1
zueinander (nett zueinander sein) l'un/e avec l'autre | U13

Zufluchtsort, der (-e) refuge | U8
Zuhause, das (Sg.) maison, chez-soi | U1 / U8
Zukunft, die (Sg.) avenir, futur | U9
zusammen ensemble | U2 / U12
zusammen|halten (ä-ie-a) être solidaire(s) | U2
Zusammengehörigkeit, die (Sg.) union, cohésion | U1
Zwang, der (¨-e) (ohne Zwang lernen) contrainte | U11
zweifeln (an +D**)** douter (de) | U10
Zweite Weltkrieg, der (Sg.) Seconde Guerre mondiale | U9

Lexique français-allemand

A

à l'époque damals | U13
à long terme langfristig | U9
abattre fällen (einen Baum fällen) | U8
abus Missstand, der (¨-e) | U4
abuser de → abusé/e missbrauchen → missbraucht | U1
accepter akzeptieren | U6 / U11
accolade (fraternelle) Bruderkuss, der (Sg.) | U5
accrocher auf|hängen (Fotos aufhängen) | U8
acheter ein|kaufen ; kaufen | U2
acteur / actrice Schauspieler, der (-) / Schauspielerin, die (-nen) | U4
activité de loisir Freizeitaktivität, die (-en) | U8
adapté/e aux fauteuils roulants rollstuhlgerecht | U11
adapter, s' an|passen, sich | U4
admettre → admis/e auf|nehmen (i-a-o) (in +A) → aufgenommen | U13
agir handeln | U6 / U9
agresser überfallen (ä-ie-a) | U8
air Luft, die (¨-e) (an der frischen Luft) | U8
aisance Wohlstand, der | U10
Allemand/e de l'Est Ostdeutsche, der / die (-n) | U2
Allemand/e de l'Ouest Westdeutsche, der / die (-n) | U2
aller à besuchen | U12
alors damals | U13
ambiance Stimmung, die (-n) | U14
ambitieux / ambitieuse ehrgeizig | U3
améliorer verbessern | U10
amendement législatif Gesetzesänderung, die (-en) | U6
amour Liebe, die (Sg.) | U5
amuser, s' amüsieren, sich | U14
ananas Ananas, die (-) | U2
animal Tier, das (-e) | U8
anniversaire (fête) Jubiläum, das (Jubiläen) | U14
anomalie Missstand, der (¨-e) | U4
appareil électrique Elektrogerät, das (-e) | U2
apprendre lernen (aus +D) | U9 / U11 / U12
approuver billigen | U4
arbre Baum, der (¨-e) | U8
arme nucléaire Nuklearwaffe, die (-n) | U9
arrêter fest|nehmen (i-a-o) | U4
arrêter ab|schalten (ein AKW abschalten) | U10
arrogant/e arrogant ; überheblich | U2
art Kunst, die (Sg.) | U5
article de luxe Luxusartikel, der (-) | U2
article publié sur un blog Blogeintrag, der (¨-e) (einen Blogeintrag schreiben) | U6
artisan/e Handwerker, der (-) / Handwerkerin, die (-nen) | U13
artiste Künstler, der (-) / Künstlerin, die (-en) | U4 / U5
aspirer (à) sehnen, sich (nach +D) | U2
assimilation Gleichstellung, die (Sg.) (von +A) | U3
association de costumes folkloriques Trachtenverein, der (-e) | U1
association folklorique Heimatverein, der (-e) | U1
atmosphère Atmosphäre, die (-n) | U14
atmosphère sympathique Gemütlichkeit, die (Sg.) | U1
attaquer an|greifen (ei-i-i) | U8
atteindre erreichen (viele Menschen erreichen) | U6

Lexique français-allemand

attentif / attentive (faire remarquer qqch.) aufmerksam (auf etwas aufmerksam machen) | U6
au chômage arbeitslos | U10
aujourd'hui heute | U13
autre Andere, der / die (-n) ; anders | U2 / U11
autrefois früher | U13
avenir Zukunft, die (Sg.) | U9
avoir des préjugés (contre) Vorurteile haben (gegenüber +D) | U2
avoir l'air aus|sehen (i-a-e) | U12
avoir un goût (de) schmecken (nach +D) | U2

B

bac = baccalauréat Abi, das (-s) = Abitur, das (das Abitur machen) | U11
baie Beere, die (-n) | U8
banane Banane, die (-n) | U2
barrière Barriere, die (-n) | U11
barrière linguistique Sprachbarriere, die (-n) | U12
bâtiment Gebäude, das (-) | U5
battre (pour / contre), se kämpfen (für +A / gegen +A) (gegen Rassismus kämpfen) | U8 / U3 / U4 / U12
beau / belle schön | U8
bien wohl (sich wohl fühlen) ; Wohl, das (Sg.) | U13 / U9
bois Forst, der (-e) | U8
bois (de chauffage) (Feuer-)Holz, das (Sg.) | U8
bombe atomique Atombombe, die (-n) | U9
bon marché billig | U2
bonheur Glück, das (Sg.) | U13
boulot Job, der (-s) | U10
boutique Laden, der (¨-) ; Geschäft, das (-e) | U2
brigand Räuber, der (-) | U8
brûler verbrennen (Bücher verbrennen) | U4

C

cacao Kakao, der (-s) | U2
cacher verstecken | U5
café Kaffee, der (-s) | U2
camarade de classe Mitschüler, der (-) / Mitschülerin, die (-nen) | U11
captivant/e spannend | U14
carrière Karriere, die (-n) (Karriere machen) | U3 / U9
catastrophe nucléaire Atomkatastrophe, die (-n) ; Reaktorkatastrophe, die (-n) | U10
célèbre bekannt ; berühmt | U8
central/e zentral | U10
centrale nucléaire Atomkraftwerk, das (-e) = AKW, das (-s) | U10
champignon Pilz, der (-e) | U8
chance Chance, die (-n) | U9
changer ändern, sich | U2
chanteur / chanteuse Sänger, der (-) / Sängerin, die (-nen) | U4
cher / chère teuer | U2
chercher suchen (gemeinsam Lösungen suchen) | U9
chercheur / chercheuse Forscher, der (-) / Forscherin, die (-nen) | U9
cheveu Haar, das (-e) | U3
chez soi ; chez-soi zu Hause ; Zuhause, das (Sg.) | U1 / U8
chocolat Schokolade, die (-n) | U2
chômeur / chômeuse arbeitslos | U10
citoyen/ne Bürger, der (-) / Bürgerin, die (-nen) | U6 / U7
civilisation Kultur, die (-en) | U1 / U13 / U12
clairement eindeutig | U4
clarifier klären (Missverständnisse klären) | U12
clicktivisme Klicktivismus, der (Sg.) | U6
cliquer klicken | U6
cohésion Zusammengehörigkeit, die (Sg.) | U1
colis Paket, das (-e) | U2
collecter (signatures) sammeln (Unterschriften sammeln) | U8 / U7 / U6
colonne Säule, die (-n) | U5
coloré/e bunt | U2
comité de défense Bürgerinitiative, die (-n) | U6
commentaire Kommentar, der (-e) | U6
commun/e gemeinsam | U2 / U6 / U9 / U14
communauté Gemeinschaft, die (-en) | U13
communiquer kommunizieren (über WhatsApp kommunizieren) ; verständigen, sich | U7 / U12
complet / complète vollständig (vollständig erhalten sein) | U13
comportement Verhaltensweise, die (-n) | U3
compte Konto, das (-s) | U7
concert Konzert, das (-e) | U13
concurrence Konkurrenz, die (Sg.) | U10
conduire fahren (ä-u-a) | U3
confiance en soi Selbstbewusstsein, das (Sg.) | U3
conflit Konflikt, der (-e) | U2
confort Gemütlichkeit, die (Sg.) | U1
connaître kennen (e-a-a) | U12
conscience Bewusstsein, das (für +A) ; Gewissen, das (Sg.) (nach seinem Gewissen handeln) | U7 / U6 / U9
conscience de sa propre valeur Selbstbewusstsein, das | U3
conséquence Folge, die (-n) ; Konsequenz, die (-en) | U9
considérer (comme) halten (für +A) (etwas für wichtig halten) | U14

contaminé/e radioaktiv verstrahlt, radioaktiv verseucht | U10
conte Märchen, das (-) | U8
contraindre → contraint/e zwingen (i-a-u) (zu +D) → gezwungen | U11
contrainte Zwang, der (¨-e) (ohne Zwang lernen) ; Druck, der (Sg.) | U6 / U9 / U11
contrôlable kontrollierbar | U10
convaincre überzeugen | U6
conviction Überzeugung, die (-en) | U9
couper ab|schalten (ein AKW abschalten) | U10
courageux / courageuse mutig | U5
cours d'intégration Integrationskurs, der (-e) | U12
court/e kurz | U3
créer erschaffen (ein Kunstwerk erschaffen) ; schaffen (a-u-a) (Jobs schaffen) | U4 / U10
critique Kritik, die (-en) ; kritisch | U4 / U9 / U10
critiquer Kritik üben (an +D) | U4
croire (en, à) glauben (an +A) | U10
cueillir (champignons) Pilze sammeln | U8 / U7 / U6
culture Kultur, die (-en) | U1 / U13 / U12
cyber-harcèlement Cybermobbing, das (Sg.) | U11

D

danger Gefahr, die (-en) | U9
dangereux / dangereuse gefährlich (für +A) | U5 / U8 / U10
dans le besoin bedürftig ; in Not sein | U13
danseur / danseuse Tänzer, der (-) / Tänzerin, die (-nen) | U4
de façon critique kritisch | U9 / U10
de manière virale viral (sich viral verbreiten) | U6
de rêve traumhaft | U8
de/à l'autre côté drüben | U2
débat Debatte, die (-n) ; Diskussion, die (-en) | U6 / U9
déchets (nucléaires) Abfall, der (¨-e) ; Atommüll, der (Sg.) | U10
décider bestimmen (über sich selbst bestimmen) | U3
découverte Entdeckung, die (-en) | U9
défavoriser → défavorisé/e benachteiligen → benachteiligt ((nicht mehr) benachteiligt sein) | U3
défrichage Rodung, die (-en) | U8
défricher roden (den Wald roden) | U8
délimitation Abgrenzung, die (-en) | U1
dément/e irre | U14
démocratie Demokratie, die (-n) | U5
dénoncer denunzieren | U5
denrées alimentaires Lebensmittel, das (-) | U2
dépasser überschreiten (ei-i-i) (Grenzen überschreiten) | U5
dépendant/e abhängig (von jemandem abhängig sein) | U3
désapprouver missbilligen | U4
désespérer → désespéré/e verzweifeln → verzweifelt | U13
désespoir Verzweiflung, die (Sg.) | U13
désintégration Zerfall, der (Sg.) | U5
désirer ardemment sehnen, sich (nach +D) | U2
destruction Vernichtung, die (Sg.) | U8
déterminé/e zielstrebig | U3
développé/e ausgeprägt | U7
développer, se entwickeln, sich (sich zu schnell entwickeln) | U10
devoir Pflicht, die (-en) (Rechte und Pflichten kennen) | U12
diable Teufel, der (-) | U8
différence Differenz, die (-en) ; Unterschied, der (-e) | U2 / U12
différent/e anders | U2 / U11
différent/e unterschiedlich | U2
dingue irre | U14
diplôme (de fin de scolarité) (Schul-)Abschluss, der (¨-e) (einen Abschluss machen) | U11
discussion Diskussion, die (-en) | U9
dissident/e Andersdenkende, der / die (-n) | U4
divers/e vielfältig | U8
diversité Vielfalt, die (Sg.) (die natürliche Vielfalt) | U8
division Teilung, die (-en) | U2
divorcé/e geschieden | U13
domaine (privé) Bereich, der (-e) ; Privatbereich, der (Sg.) | U3
domaine publique Öffentlichkeit, die (Sg.) | U6
domicile Wohnort, der (-e) | U1
données Daten, die (Pl.) | U7
douter (de) zweifeln (an +D) | U10
dresser erstellen (eine Petition erstellen) | U6
droit (fondamental) (Grund-) Recht, das (-e) | U12 / U7
droits de l'homme Menschenrecht, das (-e) | U5

E

éclaircir klären (Missverständnisse klären) | U12
écrivain Schriftsteller, der (-) / Schriftstellerin, die (-nen) | U4
égal/e en droits gleichberechtigt | U3
égalité des droits Gleichberechtigung, die (Sg.) | U3 / U12
éliminer ab|bauen (Vorurteile abbauen) | U8 / U12

Lexique français-allemand

émancipé/e emanzipiert | U3
emballage Verhüllung, die (-en) | U5
éminent/e prominent | U8
émotif / émotive emotional | U3 / U14
en direct live (etwas live erleben) | U14
en liberté frei | U3
en tenir (à), s' halten, sich (ä-ie-a) (an +A) (sich an die Gesetze halten) | U12
encourager fördern | U12
énergie | U10
énergie (nucléaire) Energie, die (-en) ; Atomenergie, die (Sg.) | U9 / U10
énergie renouvelable erneuerbare Energie, die (-n) | U10
enfant Kind, das (-er) | U3
engager (pour / contre), s' engagieren, sich (für +A / gegen +A) (sich politisch engagieren) | U4 / U5 / U6 / U8 / U9 / U11
énorme riesig | U9
ensemble gemeinsam ; zusammen | U2 / U6 / U9 / U12 / U14
entendre, s' verstehen, sich | U2
enthousiaste begeistert, enthusiastisch | U14
entreprendre unternehmen (i-a-o) (gegen +A) | U11
environnement Umwelt, die (Sg.) | U10
envoyer schicken (ein Paket) | U2
épuisé/e ausverkauft | U2
esprit Geist, der (-er) (gute Geister / böse Geister) | U8
établir erstellen (eine Petition erstellen) | U6
État Staat, der (-en) | U2 / U5
étonné/e überrascht | U13
étranger Ausland, das (Sg.) | U1
étranger / étrangère Ausländer, der (-) / Ausländerin, die (-en) ; fremd (jemandem fremd sein) | U1 / U2
être atteint/e (de) erkranken (an +A) | U10
être classé/e monument historique unter Denkmalschutz stehen | U13
être connecté/e online sein | U7
être content/e (de) freuen, sich (über +A) | U2 / U14
être important/e von Bedeutung sein | U14
être né/e geboren sein | U1
être partisan/e (de) eingestellt sein (gegenüber +D) | U10
être solidaire(s) zusammen|halten (ä-ie-a) | U2
événement Ereignis, das (-se), Event, das (-s) | U14
examen final Abschluss, der (¨-e) (einen Abschluss machen) | U11
exceptionnel/le herausragend | U13
exclure (être exclu/e de qqch.) → **exclu/e** aus|grenzen → ausgegrenzt ; aus|schließen (i-o-o) → ausgeschlossen | U3 / U11 / U12
exercer (faire pression sur qqn) aus|üben (Druck auf jemanden ausüben) | U6 / U9
exigence Forderung, die (-en) | U6
exiger fordern | U6
exploiter ab|bauen (Vorurteile abbauen) (Braunkohle abbauen) | U8 / U12
exploser explodieren | U9
explosion Explosion, die (-en) | U10
exposition Ausstellung, die (-en) | U5 / U13
exprimer aus|drücken ; äußern | U5 / U4
extermination Vernichtung, die | U8

F

fabuleux / fabuleuse märchenhaft | U8
faciliter erleichtern | U11 / U10
faire (du sport) treiben (ei-ie-ie) (Sport treiben) | U3
faire comprendre, se verständigen, sich | U12
faire concurrence (à) Konkurrenz machen (den Menschen Konkurrenz machen) | U10
faire du souci pour, se Sorgen machen, sich (um +A) | U7
faire la connaissance (de) kennen|lernen | U12
faire partie de an|gehören (einer Gemeinschaft angehören) | U13
faire revivre wieder|beleben | U13 / U14
fantastique traumhaft | U8
faute Fehler, der (-) | U9
fauteuil roulant Rollstuhl, der (¨-e) | U11
favoriser fördern ; bevorzugen | U12 / U4
fermer → **fermé/e** still|legen (ein AKW stilllegen) → stillgelegt (stillgelegt werden) | U10 / U13
fermeture Stilllegung, die (-en) | U10
festival Festival, das (-s) | U13
fête Feier, die (-n) | U14
fêter feiern (ein Ereignis feiern) | U14
fidèle treu (seinen Prinzipien treu bleiben) | U9
fier / fière stolz (auf +A) | U14 / U13
fierté Stolz, der (Sg.) | U13
fin Ende, das (-n) | U9
fission nucléaire Kernspaltung, die (-en) | U9

forêt Wald, der (¨-er) | U1 / U8
forme de participation Beteiligungsform, die (-en) | U6
forum Forum, das (Foren) | U6
fournir liefern (Nahrung liefern) | U8
frais / fraîche frisch (an der frischen Luft) | U8
franchir überwinden (i-a-u) | U11 / U12
frontière Grenze, die (-n) | U2 / U5
fruits exotiques Südfrucht, die (¨-e) | U2
fumer rauchen | U3
furieux / furieuse wütend (über +A) | U6
futur Zukunft, die | U9

G

gai/e lustig | U2
garantir garantieren | U10
garder behalten (etwas in Erinnerung behalten) | U14
génération Generation, die (-en) | U9
gentil/le nett | U13
gigantesque gigantisch | U14
gilet de sauvetage Schwimmweste, die (-n) | U5
goût Geschmack, der (Sg.) (von +D) | U2
gouvernement Regierung, die (-en) | U5 / U6
graffiti Graffiti, das (-s) | U5
grandiose grandios | U14
grandir → grandi auf|wachsen (ä-u-a) → aufgewachsen | U1
gris/e grau | U2
guerre Krieg, der (-e) | U5

H

habiter wohnen | U1
handicapé/e behindert ; Behinderte, der / die (-n) | U11
handicapé/e mental/e geistig behindert | U11
handicapé/e physique körperlich behindert | U11
harcèlement moral Mobbing, das (Sg.) | U11
herbe Kraut, das (Kräuter) (heilende Kräuter) | U8
héritage Erbe, das (Sg.) (das Erbe der Menschheit) | U13
heureux / heureuse froh ; glücklich (jemanden glücklich machen) | U14 / U2 / U13
histoire Geschichte, die (Sg.) | U12 / U13 / U14
homme Mensch, der (-en) | U10 / U12
homme / femme politique Politiker, der (-) / Politikerin, die (-nen) | U5 / U6
homosexuel/le gleichgeschlechtlich | U5
horrible schauderhaft | U8
humanité Menschheit, die (Sg.) (das Erbe der Menschheit) | U13

I

idée Gedanke, der (-n) | U4
identité Identität, die (-en) (das Sinnbild der deutschen Identität) | U8
idéologie Ideologie, die (-n) | U4
IIIe Reich Dritte Reich, das (Sg.) | U4
immature unmündig sein | U3
immense riesig | U9
immigration Einwanderung, die (Sg.) | U1
importance Bedeutung, die (-en) | U14
important/e wichtig | U3 / U14
impression Eindruck, der (¨-e) | U14
impressionnant/e beeindruckend, eindrucksvoll | U14
incarner verkörpern | U8
indépendant/e unabhängig | U3
infini/e endlos | U9
infliger erteilen (Berufsverbot erteilen) | U4
initial/e ursprünglich | U1
initiative populaire Volksbegehren, das (-) ; Volksinitiative, die (-n) | U6
inquiet / inquiète besorgt (über +A) | U6
inquiétant/e unheimlich | U8
insensible gefühlskalt | U3
installation Installation, die (-en) | U5
instrumentalisation Instrumentalisierung, die (-en) | U1
intégration Integration, die (Sg.) | U12
intégrer, s' integrieren, sich | U12
intelligence artificielle = IA künstliche Intelligenz, die (Sg.) = KI | U10
interdiction professionnelle Berufsverbot, das (-e) | U4
interdire → interdit/e verbieten (ie-o-o) → verboten | U4 / U5
intéresser (à), s' interessieren, sich (für +A) | U14
Internet Internet, das (Sg.) | U6 / U7
interpréter auf|führen | U11
interroger verhören | U4
intervenir (pour) ein|setzen, sich (für +A) (sich für mehr Datenschutz einsetzen) | U7 / U5
intime Vertraute, das (Sg.) | U1
investir (pour), s' ein|setzen, sich (für +A) (sich für mehr Datenschutz einsetzen) | U7 / U5
inviter (qqn à faire qqch.) auf|fordern (zu +A) | U6
irradié/e radioaktiv verstrahlt, radioaktiv verseucht | U10

J

job Job, der (-s) | U10
jouer auf|führen | U11

journaliste Journalist, der (-en) / Journalistin, die (-nen) | U4
juste knapp | U2

L

lac See, der (-n) | U1
lâcher ab|werfen (i-a-o) (eine Atombombe abwerfen) | U9
lancer starten (eine Bürgerinitiative starten) | U6
Land Bundesland, das (¨-er) | U1
langue Sprache, die (-n) | U12
larguer ab|werfen (i-a-o) (eine Atombombe abwerfen) | U9
léger / légère leicht | U2
libérer (de), se befreien, sich (von +D) | U3
liberté Freiheit, die (-en) | U5
librement frei | U3
liens Verbundenheit, die (Sg.) | U1
lieu (de naissance) Ort, der (-e) ; Geburtsort, der (Sg.) | U1 / U8
lignite Braunkohle, die (Sg.) (Braunkohle abbauen) | U8
liste du patrimoine mondial Welterbeliste, die (in die Welterbeliste aufgenommen werden) | U13
livre Buch, das (¨-er) | U4
loi Gesetz, das (-e) (sich an die Gesetze halten) | U6 / U12
lointain/e fern | U2
lotissement social Sozialsiedlung, die (-en) | U13
lourd/e schwer | U2
loyer Miete, die (-n) | U13
lugubre düster | U8

M

magasin Geschäft, das (-e), Laden, der (¨-) | U2
maintenir erhalten (ä-ie-a) (Geschichte lebendig erhalten) | U13 / U14
maison Zuhause, das (Sg.) | U1 / U8
maîtriser beherrschen (eine Sprache beherrschen) | U12
mal du pays Heimweh, das (Sg.) | U1
malentendu Missverständnis, das (-se) | U12
manifestation Demonstration, die (-en) (an einer Demonstration teilnehmen) | | U6
manifester demonstrieren | U6 / U7
marchandise Ware, die (-n) | U2
masculin/e männlich | U3
mauvaise humeur Unmut, der (Sg.) | U5
médiateur / médiatrice linguistique Sprachmittler, der (-) / Sprachmittlerin, die (-nen) | U12
médicinal/e heilend | U8
mémoire Erinnerung, die (-en) | U14
mépriser verachten | U2
merveilleux / merveilleuse wundervoll , zauberhaft | U8
message Botschaft, die (-en) | U5
mettre en cause in Frage stellen | U10
mettre en évidence auf|zeigen (Missstände aufzeigen) | U4
mettre en garde (contre) warnen (vor +D) (vor Risiken warnen) | U9
mineur/e unmündig sein | U3
misère Not, die (Sg.) | U13
mobiliser mobilisieren (jemanden mobilisieren) | U6
mobiliser, se aktiv werden | U11
moins weniger | U3
monde du travail Arbeitswelt, die (-en) | U10
mondialisation Globalisierung, die (-en) | U1
montagne Berg, der (-e) | U1
montrer zeigen ; auf|zeigen | U13 / U4
monument (industriel) (Industrie-)Denkmal, das (¨-er) | U13
mort/e Tote, der / die (-n) | U9
mourir (de) sterben (i-a-o) (an +A) | U10
multicolore bunt | U2
mur Mauer, die (-n) | U5
musée local / régional Heimatmuseum, das (-museen) | U1
mythe Mythos, der (Mythen) | U8

N

n'importe où irgendwo | U1
nature Natur, die (Sg.) (in der Natur) | U8
négatif / négative negativ | U10
nostalgie Sehnsucht, die (¨-e) | U1 / U2
notion (de patrie) Begriff, der (-e) ; Heimatbegriff, der (Sg.) | U1
nourriture Nahrung, die (Sg.) | U8
nouveau / nouvelle neu | U3
nouveau départ Neuanfang, der (Sg.) | U5

O

obscur/e dunkel | U8
occuper (de), s' kümmern, sich (um +A) | U3 / U7 / U13
odeur Geruch, der (¨-e) (von +D) | U2
œuvre d'art Kunstwerk, das (-e) | U4 / U5
offrir bieten (Schutz bieten) | U8
opinion publique Öffentlichkeit, die (Sg.) | U6
optimiste optimistisch | U10
organisation Einrichtung, die (-en) | U11
organisé/e organisiert | U11
organiser organisieren ; veranstalten | U14
osé/e gewagt | U5

P

pacifique friedlich | U9
paix Frieden, der (Sg.) | U5
paquet Paket, das (-e) | U2
parfum Parfüm, das (-e) | U2
partage Teilung, die (-en) | U2
parti Partei, die (-en) | U7
participation en ligne E-Partizipation, die (-en) | U6
participer (à) beteiligen, sich (an +D) ; teil|nehmen (i-a-o) (an +D) ; miterleben | U6 / U9 / U14
passé Vergangenheit, die (Sg.) | U9
passeport Pass, der (¨-e) | U1
passer → passé/e vergehen (e-i-a) → vergangen (vergangene Kulturen) | U13
passionnant/e aufregend | U14
patrie Heimat, die | U1
patrimoine mondial de l'UNESCO UNESCO-Welterbe, das (Sg.) | U13
pauvre arm | U2 / U13
payer bezahlen (Miete bezahlen) | U2 / U13
pays Land, das (¨-er) | U1
pays natal Heimat, die | U1
paysage Landschaft, die (-en) | U1
peindre bemalen | U5
peintre Maler, der (-) / Malerin, die (-nen) | U4
pensée Gedanke, der (-n) | U4
penser (à) denken (e-a-a) (an +A) | U9
pénurie (de) Mangel, der (an +D) | U2
perdre verlieren (ie-o-o) (die Arbeit verlieren) | U10
perdre, se verlaufen, sich (äu-ie-au) | U8
performance Leistung, die (-en) | U3
personnalité Persönlichkeit, die (-en) | U8
personne Mensch, der (-en) | U10 / U12
personne en fauteuil roulant Rollstuhlfahrer, der (-) / Rollstuhlfahrerin, die (-nen) | U11
personnel/le persönlich (die persönlichen Daten) | U7
pessimiste pessimistisch | U10
petit pain Brötchen, das (-) | U2
petit paquet Päckchen, das (-) | U2
petite annonce publicitaire Werbeanzeige, die (-n) | U7
pétition (en ligne) (Online-)Petition, die (-en) | U6
peu sûr/e unsicher | U3
peur (de) Angst, die (¨-e) (vor +D) | U10 / U12
photo de profil Profilbild, das (-er) | U7
photographe Fotograf, der (-en) / Fotografin, die (-nen) | U4
physique physisch | U11
pièce de théâtre Theaterstück, das (-e) | U11
plaisir (plaisanter) Spaß, der (¨-e) (Spaß machen) | U11
plante Pflanze, die (-n) | U8
plus mehr | U3
poème Gedicht, das (-e) | U8
poétique poetisch | U8
politique (-ment) politisch | U5 / U6 / U9
porte Tor, das (-e) | U5
portée Reichweite, die (Sg.) | U6
porter tragen (ä-u-a) (für etwas / jemanden Verantwortung tragen) | U9
position Stellung, die (-en) (Stellung beziehen) | U4
positionner, se positionieren, sich | U4
poste Position, die (-en) | U3
poumon Lunge, die (-n) (die grüne Lunge) | U8
poursuivre verfolgen (Andersdenkende verfolgen) | U4
pouvoir Macht, die (¨-e) | U5
préférer bevorzugen | U4
préjugé Vorurteil, das (-e) | U12 / U2
prendre (position) beziehen (ie-o-o) (Stellung beziehen) | U4
prendre des décisions Entscheidungen treffen | U9
préserver bewahren ; erhalten (ä-ie-a) | U13 / U14
pression Druck, der (Sg.) | U6 / U9 / U11
principe Prinzip, das (Prinzipien) | U9
prix d'entrée Eintrittsgeld, das (-er) | U13
problème Problem, das (-e) | U10
prochain/e nächste/-r (die nächste Generation) | U9
proche nah | U2
progrès Fortschritt, der (Sg.) | U10
projet (artistique) (Kunst-)Projekt, das (-e) | U5 / U6
promenade en forêt Waldspaziergang, der (¨-e) | U1
prôner propagieren (eine Ideologie propagieren) | U4
prononcé/e ausgeprägt | U7
propagande Propaganda, die (Sg.) (Propaganda für etwas machen) | U4
proposer an|bieten (ie-o-o) | U13
propre sauber | U2
prospérité Wohlstand, der (Sg.) | U10
protection (des données) (Daten-)Schutz, der (Sg.) | U7 / U8
protection des monuments historiques Denkmalschutz, der (Sg.) | U13
protéger schützen (den Wald schützen) | U7 / U8 / U13

protestation Protest, der (-e) | U7
protester (contre) protestieren (gegen +A) | U5 / U6 / U7 / U9
provoquer provozieren | U4
public / publique öffentlich | U3
publicité Werbung, die (-en) | U7
puissant/e mächtig | U5

Q

question Frage, die (-n) | U10
quitter verlassen (ä-ie-a) (das Land verlassen) | U4
quotidien Alltag, der (Sg.) | U10

R

racisme Rassismus, der (Sg.) | U12
raciste rassistisch | U12
raconter erzählen | U13
radiations Strahlung, die (-en) (die radioaktive Strahlung) | U10
radicalement radikal | U11
radioactif / radioactive radioaktiv | U10
ramasser (champignons) sammeln (Pilze und Beeren sammeln) | U8 / U7 / U6
rapidement schnell | U10
réacteur Meiler, der (-) ; Reaktor, der (-en) | U10
réalisateur / réalisatrice Regisseur, der (-e) / Regisseurin, die (-nen) | U4
rebeller, se auf|lehnen, sich (gegen +A) | U3
recevoir bekommen (o-a-o) (ein Paket) | U2
reconnaissance Anerkennung, die (Sg.) | U3
reconnaître an|erkennen (e-a-a) (jemanden / etwas an|erkennen) | U3
recouvrir (de) verhüllen (mit +D) | U5
recueillir (signatures) sammeln (Unterschriften sammeln) | U8 / U7 / U6
rédiger verfassen (einen Kommentar verfassen) | U6
réfléchir (à) bedenken (e-a-a) (die Folgen bedenken) | U9
refléter reflektieren | U9
refuge Zufluchtsort, der (-e) | U8
réfugié/e Flüchtling, der (-e) | U5
refus Ablehnung, die (-en) | U7
regarder an|sehen (ie-a-e) | U14
régime Regime, das (-s) |
région Gegend, die (-en), Region, die (-en) | U1
réjouir (de), se freuen, sich (über +A) | U2 / U14
remplacer ersetzen (Menschen ersetzen) | U10
renouveau Aufbruch, der (¨-e) | U5
renouvelable erneuerbar | U10
répandre, se verbreiten, sich (sich viral verbreiten) | U6
répartition des rôles Rollenverteilung, die (Sg.) | U3
représenter repräsentieren ; stehen (für +A) | U8
réseau social soziale Netzwerk, das (-e) ; soziale Online-Dienst, der (-e) | U7
résoudre lösen (Probleme lösen) | U10
respect Respekt, der (Sg.) | U3
respecter halten, sich (ä-ie-a) (an +A) (sich an die Gesetze halten) | U12
respirer atmen (frische Luft atmen) | U8
responsabilité (de) Verantwortung, die (für +A) | U9
rester (stable) bleiben (so) (ei-ie-ie) | U2
retraité/e Rentner, der (-) / Rentnerin, die (-nen) | U13
réussir erfolgreich sein | U3
révéler preis|geben (i-a-e) (persönliche Daten preisgeben) | U7
revendication Forderung, die (-en) | U6
riche reich | U2
risque Risiko, das (Risiken) (ein Risiko eingehen) | U5 / U9
risqué/e riskant ; gewagt | U5 / U10
robot Roboter, der (-) | U10
romantique romantisch | U8
rôti du dimanche Sonntagsbraten, der (-) | U1

S

saisir beschlagnahmen (Kunstwerke beschlagnahmen) | U4
salaire Lohn, der (¨-e) | U3
sale schmutzig | U2
sang Blut, das (Sg.) | U1
sauvegarder speichern | U7
sauver retten (den Wald retten) | U8
savoir wissen | U12
sceptique skeptisch | U10
scientifique Wissenschaftler, der (-) / Wissenschaftlerin, die (-nen) | U9
sculpteur / sculptrice Bildhauer, der (-) / Bildhauerin, die (-nen) | U4
Seconde Guerre mondiale Zweite Weltkrieg, der (Sg.) | U9
sécurité (sentiment de) Geborgenheit, die (Sg.) | U1 / U8
sensation Gefühl, das (-e) | U1 / U13
sensibiliser sensibilisieren (die Öffentlichkeit sensibilisieren) | U6
sentiment Gefühl, das (-e) | U1 / U13
sentir riechen (ie-o-o) (nach +D) | U1 / U2
sentir, se fühlen, sich (sich ausgegrenzt fühlen) | U1 / U11
séparation Trennung, die (-en) | U2

servir helfen (i-a-o) (bei +D) | U12
signature Unterschrift, die (-en) | U6
signer unterschreiben (ei-ie-ie) | U6
signifier stehen (für +A) (für etwas stehen) | U8
sinistre unheimlich | U8
société Gesellschaft, die (-en) | U2 / U9
solidaire solidarisch | U2
solidarité Verbundenheit, die (Sg.) | U1
solidarité Solidarität, die (Sg.) | U5
solution Lösung, die (-en) | U9
sombre düster, dunkel | U8
sortie du nucléaire Atomausstieg, der (Sg.) | U10
souci Sorge, die (-n) | U7
soulagé/e erleichtert | U13
soulagement Erleichterung, die (Sg.) | U13
soumettre, se unter|ordnen, sich | U3
source d'énergie Energiequelle, die (-n) | U9
sous-représenté/e unterrepräsentiert | U3
soutenir unterstützen | U4 / U6 / U11
souvenir Erinnerung, die (-en) | U14
souvenir (de), se erinnern, sich (an +A) | U1 / U2 / U14
sphère privée Privatsphäre, die (-n) | U7
sport Sport, der (Sg.) | U3
star Promi, der (-s) | U8
super spitze | U14
superflu/e überflüssig | U10
supérieur/e überlegen (sich jemandem überlegen fühlen) | U2
suppression Stilllegung, die | U10
supprimer vernichten (Jobs vernichten) ; ab|bauen (Vorurteile abbauen) | U10 / U8 / U12
sûr/e de soi selbstsicher | U3
surmonter überwinden (i-a-u) | U11 / U12
surveillance Überwachung, die (-en) | U7
surveiller überwachen (die Bürger überwachen) | U7
symbole Symbol, das (-e) (ein Symbol für etwas sein) ; Sinnbild, das (-er) | U5 / U8
symboliser symbolisieren | U8

T

tableau mural Wandbild, das (-er) | U5
taire, se schweigen (ei-ie-ie) (über +A) | U4
technique Technik, die (Sg.) ; technisch | U10
témoin de l'époque Zeitzeuge, der (-n) | U13
tenir (tenir la maison) führen (den Haushalt führen) | U3
tenue de la maison Haushalt, der (-e) | U3
tissu Stoff, der (-e) | U5
tolérance Toleranz, die (Sg.) | U12
tolérant/e tolerant | U12
tolérer dulden | U4
trace Spur, die (-en) | U13
traditionnel/le traditionell | U3
traitement des données Datenverarbeitung, die (-en) | U7
transformer verändern | U10
transmettre vermitteln ; weiter|geben (i-a-e) | U5 / U12 / U7
travailler berufstätig sein | U3
triste traurig | U2
tronc (d'arbre) (Baum-)Stamm, der (¨-e) | U8
typiquement typisch | U3

U

union Zusammengehörigkeit, die (Sg.) | U1
usine (sidérurgique) Fabrik, die (-en) ; Eisenwerk, das (-e) | U13
utilisation Nutzung, die (-en) , Verwendung, die (-en) | U9
utiliser benutzen ; nutzen | U8 / U7

V

valeur Wert, der (-e) | U3 / U1 / U12
valoir wert sein | U3 / U1 / U12
varié/e vielfältig | U8
vendre verkaufen | U2
vêtements Kleidung, die (Sg.) | U2
viande Fleisch, das (Sg.) | U2
victime Opfer, das (-) | U5 / U9
vie Leben, das (-) | U11
village Dorf, das (¨-er) | U1
ville Stadt, die (¨-e) | U1
VIP Promi, der (-s) | U8
vite schnell | U10
vivant/e lebendig | U14
vivre erleben (etwas live erleben) ; miterleben | U14
voilage Verhüllung, die (-en) | U5
voiture Auto, das (-s) | U3
vote populaire Volksentscheid, der (-e) | U6
voter wählen | U3

CRÉDITS PHOTOGRAPHIQUES ET IMAGES

Couverture : **1** senorcampesino / iStock **2** Pixelshop / AdobeStock **3** druvo / iStock **4** Noppasinw / AdobeStock **5** Mirko Raatz / AdobeStock

Sommaire : **p. 4** **1** Christian Jung / AdobeStock **2** kyoshino / iStock **3** © Woessner, www.woessner.de **p. 5** **1** guukaa / AdobeStock ; **2** Natalija Grigel / iStock ; **3** © INTERFOTO / Alamy Stock Foto **4** gmast3r / iStock **5** © Album / Granger, NYC **p. 6** **1** © Richee, E.R. / Album **2** © imago / Sven Simon **3** rzelich / iStock **p. 7** **1** Serjio74 / iStock **2** Miceking / AdobeStock **3** bo68 / iStock **4** Devenorr/iStock **5** © David von Bassewitz, www.davidvonbassewitz.de **6** hocus-focus / iStock **p. 8** **1** © imago / Schöning **2** © imago / Schöning **3** kaisersosa67 / iStock **p. 9** **1** © Waldemar Mandzel **2** Vadmary / iStock **3** RomoloTavani / iStock **4** Meilun / iStock **5** mennovandijk / iStock **6** klenger / iStock **p. 10** **1** © Andi Weiland / wheelmap.org **2** © WikimediaCommons **p. 11** **1** BillionPhotos.com / AdobeStock **2** catalby / iStock **3** SilviaJansen / iStock **4** kali9 / iStock **5** Rawpixel / iStock **6** © Bundesfinanzministerium. Markengestaltung: Antonia Graschberger, München

Unité 1 : **p. 17** **1** Tempura / iStock **3** © Album / akg-images / Paul Kalkbrenner **4** structuresxx / iStock **p. 18** **1** image de la vidéo © Deutscher Caritasverband e.V., www.zusammen-sind-wir-heimat.de **2** © n-tv und Forsa **p. 19** **1** Jung / AdobeStock **2** secondcorner / AdobeStock **3** fotograv / iStock **4** Martin Rettenberger / AdobeStock **5** juefraphoto / AdobeStock **p. 20** GlobalP / iStock **p. 21** **1** © 2009 dtv Verlagsgesellschaft mbH. & Co. KG **2** image de la vidéo © WDR mediagroup GmbH **p. 22** **1** Noppasinw / AdobeStock **2** juefraphoto / AdobeStock **3** Martin Debus / Fotolia **4** Gwengoat / iStock **p. 23** guukaa / AdobeStock **p. 24** **1** image de la vidéo © Stadt Bochum **2** Frank Schwichtenberg / WikimediaCommons **3** Cover © Ullstein Verlag

Unité 2 : **p. 25** **1** Alexrk2 / WikimediaCommons **2** © Album / dpa **3** © INTERFOTO / Alamy Stock Foto **4** Friedrich / iStock **p. 26** **1** image de la vidéo © rbb, lizenziert durch die rbb media GmbH **2** © Album / akg / ddrbildarchiv.de **3** © Landesarchiv Baden-Württemberg, Abt. Staatsarchiv Freiburg, W 124 Nr. 0122 **p. 27** **1** image de la vidéo © DDR Museum 2019 (Dieses Video wurde gekürzt. Das Originalvideo können Sie unter https://www.youtube.com/watch?v=5bpijVgZWhg ansehen.) **2** kyoshino / iStock **p. 28** **1** Jutta Voigt. *Westbesuch. Vom Leben in den Zeiten der Sehnsucht* © Aufbau Verlag GmbH & Co. KG 2009 2 © Album / akg-images 3 Animaflora / iStock 4 © Album / akg / ddrbildarchiv.de / Klaus Morgenstern 5 © Album / dpa **6** image de la vidéo © ZDF Enterprises **p. 29** Natalija Grigel / iStock **p. 30** **1** Photoshooter / AdobeStock **2** Kovaleva_Ka / iStock **3** AntonioGuillem / iStock **4** Freda Bouskoutas / iStock **p. 31** **1 - 3** © INTERFOTO / Alamy Stock Foto **p. 32** **1** image de la vidéo © AFPTV – Agence France-Presse

Unité 3 : **p. 33** **1** © Woessner, www.woessner.de **2 (Hg)** dziewul / iStock **p. 34** **1** © Album / akg-images **2** © Album / akg-images **3** image de la vidéo © ver.di-TV **4** © Album / Granger, NYC **p. 35** **1** © Album / akg-images **2** © Album / akg-images **3** © Album / Universal Images Group / Underwood Archives / UIG **p. 36** **1** Popartic / iStock **2** Marcit / AdobeStock **3** © Infografik Die Welt **4** image de la vidéo © ver.di-TV **p. 37** **1** © Verlag der Autoren, Frankfurt am Main 1997 **2** gmast3r / iStock **p. 38** **1** George Marks / iStock 2 © Album / Granger, NYC 3 Kubkoo / iStock p. 39 thodonal / iStock **p. 40** **1** image de la vidéo *Schülerumfrage* © Jugendmagazin YAEZ, 2013, www.yaez.de **2** CalypsoArt / iStock **3** monkeybusinessimages / iStock

Unité 4 : **p. 41** Serjio74/iStock **p. 42** **1-2** image de la vidéo *Ausschnitt aus der Reihe Geschichte interaktiv 4: Der Nationalsozialismus I – Ideologie und Menschenbild 1933-1945*, ein Film von:Anne Roerkohl und Carola Halfmann © 2018 Anne Roerkohl dokumentARfilm GmbH, weitere Informationen unter: https://www.dokumentarfilm.com/nationalsozialismus-1 **3** © Album / akg-images / Dieter E. Hoppe **4** © Richee, E.R. / Album **p. 43** **1** © Album / akg-images / Pictures From History **2** © Album / akg-images **p. 44** **1** © Album / akg-images **2-4** seamartini/iStock **5** © Album / Fine Art Images **p. 45** © Album / akg-images © Album / Universal Images Group / Universal History Archive © Richee, E.R. / Album © Album / akg-images / Pictures From History © Album / akg-images **p. 4** **1** image de la vidéo *Ausschnitt aus der Reihe deutsch interaktiv 5: Literatur des 20. Jahrhunderts I. Zwischen Expressionismus und Exil 1910-1945* © 2008 Anne Roerkohl dokumentARfilm GmbH, Informationen unter: https://www.dokumentarfilm.com/literatur-20-jahrhundert-i-expressionismus-exil-1910-1945/ **2** Marcito / AdobeStock **3** © Album / Prisma

Unité 5 : **p. 47** © imago / IPON **p. 48** **1** Grafissimo / iStock **2** © imago / Ulli Winkler **p. 49** **1** © imago / Christian Mang **2** © imago / Ulli Winkler **3** Baloncici / iStock **p. 50** **1** © imago/Sven Simon **2** © imago / Ulli Winkler **p. 51** **1** image de la vidéo www.brandenburgertor-museum.de © TRIAD Entertainment, 2017 **2** © imago / PEMAX **p. 52** **1** Miceking/AdobeStock **2** Paffy69 / iStock **3** kameraauge / AdobeStock **4** Baloncici / iStock **p. 53** bo68 / iStock **p. 54** **1** image de la vidéo © AFPTV – Agence France-Presse **2-3** strichfiguren.de / AdobeStock

Unité 6 : **p. 55** **1** © Illustration: Nontira Kigle **2** © Change.org **3** © Katharina Schulze, Sprecherin Olympia München **4** AlexandrBognat/iStock **p. 56** **1** © Bundesministerium für Umwelt, Naturschutz und nukleare Sicherheit **2** RapidEye / iStock **3** image de la vidéo © edeos - digital education GmbH **4** Pro Web Design / AdobeStock **p. 57** **1** © KARRY / toonpool.com **2** Terminator3D / iStock **p. 58** **1** rzelich / iStock **2** image de la vidéo © Jana Demnitz / Der Tagesspiegel **3-4** © imago / Bernd Friedel **p. 59** **1** © statista.com **2** Andrii Yalanskyi/iStock **p. 60** **1** © imago / Christian Mang **2** AndreyPopov / iStock **3** Devenorr / iStock **p. 61** Yevhenii Dubinko / iStock **p. 62** **1** image de la vidéo © Florian Kech, Badische Zeitung online vom 23.01.2019

Unité 7 : **p. 63** © David von Bassewitz, www.davidvonbassewitz.de **p. 64** **1** © Matthias Schlechta / toonpool.com **2** image de la vidéo © JFF- Institut für Medienpädagogik **3** hocus-focus/iStock **p. 65** **1** © imago/IPON **2** © Piratenpartei Deutschland **3** Zerbor/AdobeStock **p. 66** **1** hocus-focus / iStock **2** vanillya / AdobeStock **3** Zerbor / AdobeStock **p. 67** Weissblick / AdobeStock **p. 68** **1** Benjamin Haas / AdobeStock **2** L.Klauser / AdobeStock

Unité 8 : **p. 69** **1** © imago / Schöning **2-3** © imago / Joko **4-6** © imago / Schöning **7** kyoshino / iStock **p. 70** **1** miriam-doerr / iStock **2** borchee / iStock **3** stock_colors / iStock **4** © Album / akg-images **5** © Waldemar Mandzel **p. 71** **1** image de la vidéo © SWR SWR» **2** PavelPV / iStock **p. 72** **1** adventtr / iStock **2** Kirsten Fuchs, Mädchenmeute. © 2015 Rowohlt Berlin GmbH, Berlin (RB 764) **3** Watcha / iStock **p. 73** **1** © imago / epd **2** wabeno / iStock **p. 74** **1** Vadmary / iStock **2** Natalia Bodrova / iStock **3** Smitt / iStock **p. 75** AVTG / iStock **p. 76** **1** Imgorthand / iStock **2** © Album / akg-images

Unité 9 : **p. 77** nibb13 / iStock **p. 78** **1** RomoloTavani / iStock **2** © Album / TT News Agency **3** © imago / Schöning **4** image de la vidéo © Georg-August-Universität Göttingen **p. 79** **1** image de la vidéo © Mascha Film DVD des Films in 6 Sprachfassungen mit EDU-Lizenz verfügbar (http://www.maschafilm.de/en/dvd_plug_pray.html) **2** © Album / picture-alliance / dpa / dpaweb **3** Meilun / iStock **p. 80** **1** © imago / Schöning **2** AldanNa / iStock **3** Bigmouse108 / iStock **4** DigtialStorm / iStock **p. 81** frender / iStock **p. 82** **1** image de la vidéo © AFPTV – Agence France-Presse

Unité 10 : **p. 83** **1** mennovandijk / iStock **2** Gang Zhou / iStock **3** dimdimich / iStock **4** ipopba / iStock **5** Sasha_Suzi_iStock **6** elenavolkova / iStock **p. 84** **1** © imago/biky **2** Gudrun Pausewang: Die Wolke © 1987 Ravensburger Verlag **3** kaisersosa67 / iStock **p. 85** **1** klenger / iStock **2** © BMU **p. 86** **1** image de la vidéo © EDEKA 2017 **2** © Trumix / toonpool.com **3** dimdimich / iStock **p. 87** © acatech / Körber-Stiftung (Hrsg.): TechnikRadar 2018. Was die Deutschen über Technik denken (Kurzfassung), München/Hamburg 2018. **p. 88** **1** klenger / iStock **2** © imago / epd © imago / JOKER **3** phonlamaiphoto / AdobeStock **4** Freder / iStock **5** M. Schuppich / AdobeStock **p. 89** alisa_rut / AdobeStock **p. 90** **1** © Rovey / toonpool.com **2** Sentavio / iStock

Unité 11 : **p. 91** **1-2** © Sozialhelden e.V. **p. 92** **1** image de la vidéo © Kay tennemann : direction & animation / Maren kaschner : illustration **2** © Sozialhelden e.V. **3** © wheelmap. org **4** © Andi Weiland / wheelmap.org **p. 93** **1** © Neue Visionen Filmverleih GmbH **2** image de la vidéo © Neue Visionen Filmverleih GmbH **p. 94** **1** Cover design by Herburg Weiland © 2005 Arena Verlag GmbH, Würzburg, Germany, www.arena-verlag.de **2** Damir Khabirov / iStock **p. 95** **1-2** © Sotano-Theaterproduktionen Copyright 2017 – Alle Inhalte, insbesondere Texte, Fotografien und Grafiken sind urheberrechtlich geschützt. Alle Rechte, einschließlich der Vervielfältigung, Veröffentlichung, Bearbeitung und Übersetzung, bleiben vorbehalten. **3** image de la vidéo © Sotano-Theaterproduktionen Copyright 2017 – Alle Inhalte, insbesondere Texte, Fotografien und Grafiken sind urheberrechtlich geschützt. Alle Rechte, einschließlich der Vervielfältigung, Veröffentlichung, Bearbeitung und Übersetzung, bleiben vorbehalten. **4** xana_ukr / AdobeStock **p. 96** **1** C. Schüßler / AdobeStock **2** skodonnell / iStock **3** BillionPhotos.com / AdobeStock **p. 97** Christian Schwier / AdobeStock **p. 98** **1** image de la vidéo © GEMEINSAM LEBEN LERNEN e. V. **2** cirano83 / iStock

Unité 12 : **p. 99** franckreporter / iStock **p. 100** **1** image de la vidéo © triaphon Konzept: Jana Gebhard Animationen & Schnitt: Caspar Schleicher Illustrationen: Seb Holltrieu Sprecherin: Theresa Tripp Dreh: Janis Westphal (sevenpeaks) **2** cnythzl / iStock **p. 101** **1** © 2003, 2004 Diogenes Verlag AG Zürich **2** SilviaJansen/iStock **p. 102** **1** catalby /iStock **2** fotostorm / iStock **p. 103** SilviaJansen / iStock **p. 104** **1** image de la vidéo © www.ueberdentellerrand.org

Unité 13 : **p. 105** **1** © Album / Granger, NYC **2** VvoeVale / iStock **3** © Album / akg-images / Brigitte Hellgoth **4** © imago / Becker&Bredel **5** © Gerhard Kassner / Weltkulturerbe Völklinger Hütte **6** letoosen / iStock **p. 106** **1** © WikimediaCommons Public Domain **2** © Weltkulturerbe Völklinger Hütte **3** © imago / Becker&Bredel **4** © imago / Becker&Bredel **p. 107** **1** © Hans-Georg Merkel / Weltkulturerbe Völklinger Hütte **2** image de la vidéo © Weltkulturerbe Völklinger Hütte **3** © imago / Becker&Bredel **4** © imago / Becker&Bredel **p. 108** **1** image de la vidéo © ZDF-Enterprises **2** Pixelshop / AdobeStock **3** © imago / Rüdiger Wölk **4** TASPP / AdobeStock **5** laufer / AdobeStock **p. 109** **1** kali9 / iStock **2** jhorrocks / iStock **3** curtoicurto / iStock **p. 110** **1** oriredmouse / iStock **2** Rawpixel / iStock **3** © WikimediaCommons Public Domain **4** © imago / Becker&Bredel **p. 111** miakievy / iStock **p. 112** **1** image de la vidéo © Deutsche Welle **2** © imago images / ecomedia / robert fishman **3** dirkr / iStock

Unité 14 : **p. 113** **1** © Sächsische Staatskanzlei (mit freundlicher Genehmigung) **2** © Staatskanzlei Rheinland-Pflaz **3** Tierney / AdobeStock **p. 114** **1** © imago / Sämmer **2** ullstein bild / Kontributor **3** diego_cervo / iStock **4** kupicoo / iStock **5** Ridofranz / iStock **6** © imago/Avanti **p. 115** **1** image de la vidéo © MDR **2** © Playmobil - geobra Brandstätter Stiftung & Co. KG, Zirndorf. **3** © Bundesfinanzministerium. Markengestaltung: Antonia Graschberger, München **4** nmann77 / AdobeStock **5** image de la vidéo © Pop-Oratorium Luther www.luther-oratorium.de, ein Projekt der Stiftung Creative Kirche, mit freundlicher Genehmigung **p. 116** **1** Sven Vietense / AdobeStock **2** Viktor Gladkov / iStock **3** TomasSimkus / iStock **p. 117** © imago / epd **p. 118** **1** imago images / Schöning **2** © imago images / Müller-Stauffenberg

CRÉDITS DES TEXTES

Unité 1 : **p. 19** Petra Bahr, *Meine Heimat riecht nach Pflaumenkuchen mit Zimt. Ein Sprechessay zum Thema Heimat*, Haus der EKD Berlin, 2010 **p. 20** *Deutsche und die Heimat*, www.zdf.de/nachrichten/heute,17.3.2018 © ZDF **p. 21** © 2009 dtv Verlagsgesellschaft mbH. & Co.KG

Unité 2 : **p. 26** © Wiebke Ziegler **p. 27** © Axel Springer SE **p. 28** Aus: Jutta Voigt, *Westbesuch. Vom Leben in den Zeiten der Sehnsucht* © Aufbau Verlag GmbH & Co. KG 2009 **p. 29** David Ruch, *Wir leben weitgehend in zwei Gesellschaften*, Interview bei t-online.de, 5.2.2018

Unité 3 : **p. 35** © www.zeitklicks.de **p. 37** © Verlag der Autoren, Frankfurt am Main 1997

Unité 4 : **p. 42** © www.kuenste-im-exil.de, Eine virtuelle Ausstellung des Deutschen Exilarchivs 1933-1945 der Deutschen Nationalbibliothek **p. 43** **1** © www.was-war-wann.de**2** Kriegel, Kirsti: Erich Kästner. In: *Rossipotti-Literaturlexikon*; hrsg. von Annette Kautt; https://www.literaturlexikon.de/autoren/kaestner_erich.html; Stand: 03.05.2012.

Unité 5 : **p. 48** © Deutsche Welle **p. 49** © dpa **p. 50** © Anastasia Arinushkina **p. 51** Gisa Bodenstein, Julius Betschka, *Umstrittenes Bus-Mahnmal steht vor dem Brandenburger Tor*, Berliner Morgenpost, 10.11.2017

Unité 6 : **p. 56** © Bundesministerium für Umwelt, Naturschutz und nukleare Sicherheit **p. 57** © Andre Wolf, www.mimikama.at **p. 58** Martin Frenk, *Erklär's mir: Was ist eine Bürgerinitiative?*, www.badische-zeitung.de/erklaers-mir **p. 59** © CitizenLab

Unité 7 : **p. 64** © dpa **p. 65** © Johannes Boie, Süddeutsche Zeitung vom 02.09.2014.

Unité 8 : **p. 72** Kirsten Fuchs, *Mädchenmeute.* © 2015 Rowohlt Berlin GmbH, Berlin (RB 764) **p. 73** © Deutsche Welle

Unité 9 : **p. 78** © dpa **p. 79** © Bundespräsident a. D. Johannes Rau, Berliner Rede 18.05.2001, Staatsbibliothek zu Berlin, www.bundespraesident.de

Unité 10 : **p. 84** Gudrun Pausewang, *Die Wolke* © 1987 Ravensburger Verlag **p. 85** © Axel Springer SE **p. 86** © Kerstin Dämon, *Die Angst vor dem Jobkiller*, WirtschaftsWoche, 19.08.2015, nutzungsrechte@handelsblattgroup.com **p. 87** © acatech/Körber-Stiftung (Hrsg.): TechnikRadar 2018. *Was die Deutschen über Technik denken (Kurzfassung)*, München/Hamburg 2018.

Unité 11 : **p. 92** © Sozialhelden e.V. **p. 93** Stefan Strauß, *Berlin Rebel High School*, Berliner Zeitung, 10.05.2017 **p. 94** © Simone Weizenegger

Unité 12 : **p. 100** © Bundesamt für Migranten und Flüchtlinge **p. 101** Aus: Yadé Kara, *Selam Berlin* © 2003, 2004 Diogenes Verlag AG Zürich

Unité 13 : **p. 106** © Weltkulturerbe Völklinger Hütte **p. 107** © Marko Völke **p. 108** © 2019 RTL interactive GmbH, www.rtl.de **p. 109** **1-3** © Ina Marks

éditions maison des langues
www.emdl.fr

MIXTE
Papier issu de sources responsables
FSC www.fsc.org FSC® C019520